JN448891

파이썬과 함께하는

생활 속의 통계학

안기수 지음

생능

저자 소개

안기수

- 성균관대학교 경상대학 통계학과 졸업
- 성균관대학교 대학원 통계학과 졸업(경제학 석사)
- 성균관대학교 대학원 통계학과 전산통계전공(경제학 박사)
- 현재 동남보건대 세무회계학과 교수

저서

- 《단계별로 설명한 C 프로그래밍》(2000, 생능출판사)
- 《응용 프로그램 개발을 위한 명품 C 언어 프로젝트》(2010, 생능출판사)
- 《명품 C 언어 프로그래밍》(2013, 생능출판사)
- 《엑셀로 풀어보는 생활 속의 통계학》(2021, 생능)

파이썬과 함께하는 생활 속의 통계학

초판인쇄 2022년 11월 29일
초판발행 2022년 12월 12일

지은이 안기수
펴낸이 김승기, 김민정
펴낸곳 (주)생능 / **주소** 경기도 파주시 광인사길 143
출판사 등록일 2014년 1월 8일 / **신고번호** 제406-2014-000003호
대표전화 (031)955-0761 / **팩스** (031)955-0768
홈페이지 www.booksr.co.kr

책임편집 이종무 / **편집** 신성민, 김민보, 유제훈 / **디자인** 유준범, 표혜린
마케팅 최복락, 김민수, 심수경, 차종필, 백수정, 송성환, 최태웅, 명하나
인쇄 천일문화사 / **제본** 일진제책사

ISBN 979-11-86689-48-6 93310
정가 23,000원

- 이 책의 저작권은 (주)생능과 지은이에게 있습니다. 무단 복제 및 전재를 금합니다.
- 잘못된 책은 구입한 서점에서 교환해 드립니다.

머리말

우리말이나 외국어든 어떤 단어 또는 문구가 한두 가지 다른 뜻으로 사용되는 경우는 흔하지만, '시원하다'의 '시원'처럼 극과 극을 달리며 다양한 뜻으로 쓰이는 말도 없을 것입니다.

몸으로 또는 목 넘김으로 느껴지는 온도 차이의 청량감, 무나 콩나물국의 뜨거움이 속을 달래주는 상쾌함, 눈에 거슬릴 것 없이 확 트인 공간이 가져다주는 장쾌함, 그리고 인저리 타임(injury time)에 터진 또는 버저비터(buzzer beater)에 의한 역전 골의 통쾌함 등을 표현하는 그 단어의 쓰임새는 실로 무궁무진하기 그지없습니다.

아버지께서 뜨거운 욕탕 물속에 들어가시면서 내뱉은 '시원하다'의 뜻을 단지 온도 차이로만 해석한 아들이 느꼈던 배신감으로 내뱉은 말은 오래전에 유행했던 유머지만, 이 단어가 그 세대가 아니면 도저히 설명할 수 없는, 이해할 수 없는 그래서 자칫 오해까지 일으킬 수 있음을 단적으로 보여준 예라 생각합니다.

데이터의 통계분석을 위한 도구로써 파이썬이라는 언어가 준 느낌을 한 단어로 표현하려는 욕심으로 이리저리 궁리하다가 생각해낸 단어가 바로 '시원함'이었습니다. 언어적 표현의 간결성과 함축성 그리고 직관성은 파이썬만이 가져다주는 문제해결의 활력소이며, 이를 통한 생산성은 덤으로 얻는 혜택이 아닐 수 없습니다.

이 책에 포함된 예제들의 프로그램을 걸음마 단계에서부터 시작하여 작성하는 동안, 말로만 듣던 이 언어의 장점을 발견하면서 손이 닿지 않는 등쪽 한 구석 가려움의 스트레스가 파이썬이라는 보이지 않는 손에 의해 말끔히 해소된 시원함은 너무나도 큰 즐거움이었습니다.

데이터 분석의 기본 이론과 내용은 통계학을 통해 설명하였지만, 이해하기 쉽게 표현하기 위해서 복잡한 수리적 이론은 생략하였고, 아무런 지식 없이 데이터가 가지고 있는 진정한 의미를 찾아 떠나는 초보 통계 탐험가에게 이 책이 목적지를 가리키는 작은 나침반이 되기를 희망합니다.

'구슬이 서 말이라도 꿰어야 보배'라는 속담이 있듯이 아무리 파이썬이라는 언어가 많은 장점을 가지고 있어도 결국, 여러분이 다듬고 정리하여 쓸모 있는 유용한 프로그램으로 만들어 놓을 때 그 가치가 빛을 낼 것이며, 그때 비로소 목욕탕의 아버지께서 느끼셨던 '시원함'의 진정한 의미를 이해할 수 있으리라 기대합니다.

2022년 11월

안기수

이 책의 구성과 특징

이 책은 통계이론과 분석 방법을 이해하기 쉽게 서술한 통계학 입문서로서 파이썬 언어를 통계계산 및 분석 도구로 활용합니다. 통계처리를 위해 SAS, SPSS와 같은 통계처리 패키지 또는 R, Stata, 엑셀과 같은 프로그램을 활용하지만, 사용법이 쉽지 않기에 비교적 배우기 쉬운 파이썬을 활용하고자 합니다. 또한 파이썬은 전문 프로그래머와 개발자가 작성한 프로그램과 라이브러리를 무료로 활용할 수 있으므로 통계 패키지나 통계처리 프로그램의 기능을 갖추고 있습니다.

이 책은 프로그램 언어를 경험해 보지 않았거나 더욱이 파이썬 언어를 경험한 독자가 아니더라도 통계처리를 위해 파이썬을 활용할 수 있도록 다양한 예제와 설명을 포함하고 있습니다.

학습 일정은 한 학기 주당 3시간을 기준으로 하고 파이썬을 사용해보지 않은 학습자 대상(초급)과 파이썬을 사용(경험)해본 학습자 대상(중급)으로 구분하여 진행할 수 있습니다. 이를 위하여 크게 세 개의 Part로 구성하였습니다.

<table>
<tr><th>Part</th><th>내용</th><th>세부 목차</th><th colspan="2">진행</th></tr>
<tr><td>Part 1</td><td>파이썬 기초와 데이터 다루기</td><td>1장 통계분석 도구 파이썬을 준비하자
2장 분석을 시작하려면 데이터 사용법을 알아야 한다</td><td rowspan="2">초급 대상</td><td></td></tr>
<tr><td>Part 2</td><td>통계학과 통계분석을 위한 파이썬의 활용</td><td>3장 데이터의 특성을 그래프와 숫자로 요약하기
4장 어떤 사건이 일어날 가능성을 도표나 그래프로 나타내기
5장 표본의 결과를 이용하여 모집단의 특성을 밝혀내기
6장 표본에 대한 통계적 추론을 통해 가설의 진위여부를 밝혀내기</td><td rowspan="2">중급 대상</td></tr>
<tr><td>Part 3</td><td>모의실험과 시각화 응용</td><td>7장 모의실험을 위한 특정한 확률분포를 따르는 난수를 만들어보기
8장 대화형 도형을 통해 데이터에 숨겨진 정보와 변화를 탐색해보기</td><td></td></tr>
</table>

■ 파이썬 언어(또는 프로그램 언어) 미사용 학습자 대상(초급)

이 과정은 기본적으로 Part 1(파이썬 기초와 데이터 다루기)과 Part 2(통계학과 통계분석을 위한 파이썬의 활용)의 내용을 학습합니다.

주별	Chapter(장)	학습 진도(초급 대상)
1	1. 통계분석 도구 파이썬을 준비하자	1.1 파이썬과 통계처리 1.2 파이썬 설치
2		1.3 파이썬 프로그램 실행 1.4 파이썬 라이브러리와 설치
3	2. 분석을 시작하려면 데이터 사용법을 알아야 한다	2.1 데이터 구조 2.2 데이터 파일 다루기
4	3. 데이터의 특성을 그래프와 숫자로 요약하기	3.1 데이터의 특성을 그래프로 나타내는 시각화
5		3.2 데이터의 특성을 숫자로 요약하기
6	4. 어떤 사건이 일어날 가능성을 도표나 그래프로 나타내기	4.1 데이터와 척도 4.2 확률분포와 확률변수 4.3 이산확률분포와 연속확률분포
7		4.4 이항확률분포와 확률 계산 4.5 정규분포와 확률 계산
8	중간평가	
9	5. 표본의 결과를 이용하여 모집단의 특성을 밝혀내기	5.1 모집단과 표본분포
10		5.2 모집단 평균의 추측
11		5.3 유죄인가 무죄인가를 판단하는 가설의 검정
12	6. 표본에 대한 통계적 추론을 통해 가설의 진위여부를 밝혀내기	6.1 모집단이 한 개인 경우의 통계적 추론 6.2 모집단이 두 개인 경우의 통계적 추론 6.2.1 독립인 두 표본에 대한 t검정
13		6.2.2 대응 표본에 대한 t검정
14		6.3 세 개 이상의 모집단 평균을 비교하는 분산분석 6.3.1 분산분석의 기본 개념 6.3.2 일원 분산분석
15		6.4 상관과 회귀분석
16	기말평가	

■ 파이썬 언어(또는 프로그램 언어)를 경험한 학습자(중급)

이 과정은 주로 Part 2(통계학과 통계분석을 위한 파이썬의 활용)와 Part 3(모의실험과 시각화 응용)의 내용을 학습합니다.

주별	Chapter(장)	학습 진도(중급 대상)
1	1. 통계분석 도구 파이썬을 준비하자	1.1 파이썬과 통계처리 1.4 파이썬 라이브러리와 설치
2	2. 분석을 시작하려면 데이터 사용법을 알아야 한다	2.1.4 데이터 구조의 변환 2.2 데이터 파일 다루기 2.3 결측값 다루기
3	3. 데이터의 특성을 그래프와 숫자로 요약하기	3.1 데이터의 특성을 그래프로 나타내는 시각화
		3.2 데이터의 특성을 숫자로 요약하기
4	4. 어떤 사건이 일어날 가능성을 도표나 그래프로 나타내기	4.1 데이터와 척도 4.2 확률분포와 확률변수 4.3 이산확률분포와 연속확률분포
5		4.4 이항확률분포와 확률 계산 4.5 정규분포와 확률 계산
6	5. 표본의 결과를 이용하여 모집단의 특성을 밝혀내기	5.1 모집단과 표본분포 5.2 모집단 평균의 추측
7		5.3 유죄인가 무죄인가를 판단하는 가설의 검정
8	중간평가	
9	6. 표본에 대한 통계적 추론을 통해 가설의 진위여부를 밝혀내기	6.1 모집단이 한 개인 경우의 통계적 추론 6.2.1 독립인 두 표본에 대한 t검정
10		6.2 모집단이 두 개인 경우의 통계적 추론
11		6.3 세 개 이상의 모집단 평균을 비교하는 분산분석
12		6.4 상관과 회귀분석
13		6.5 카이제곱 분석
14	7. 모의실험을 위한 특정한 확률분포를 따르는 난수를 만들어보기	
15	8. 대화형 도형을 통해 데이터에 숨겨진 정보와 변화를 탐색해보기	
16	기말평가	

이 책의 특징은 다음과 같습니다.

- 파이썬 언어에 대한 지식이 없어도 통계처리에 파이썬 언어를 활용할 수 있도록 이해하기 쉽게 설명하였습니다.
- 파이썬의 통계 관련 함수의 사용법에 대한 추가적인 설명을 부록에 정리하였습니다.
- 파이썬 언어를 사용해보지 않은 학습자 대상(초급)과 파이썬 언어를 경험(사용)해본 학습자 대상(중급)으로 구분하였습니다.
- 통계 개념을 쉽게 이해할 수 있도록 기본적으로 필요한 내용만으로 구성하였습니다.
- 통계 이론의 추가적인 설명은 [참고]로 분류하여 선택적으로 학습할 수 있도록 했습니다.
- 통계 이론의 개념과 수식에 대해 가능한 그림이나 이미지를 통해서 쉽게 설명하였습니다.
- 예제와 연습문제는 실생활에서 쉽게 접할 수 있는 데이터로 구성하였습니다.

일러두기

이 책은 통계학 입문서로서 통계학을 설명하고 통계처리를 위하여 파이썬이라는 프로그램 언어를 사용합니다. 이 책은 파이썬 언어의 기초를 경험해본 사람이라면 어렵지 않게 예제를 실습할 수 있지만, 파이썬 언어에 대한 지식과 경험이 없는 초보자들도 쉽게 따라 할 수 있도록 구성하였습니다.

이 책에 수록된 예제와 데이터는 생능출판사 홈페이지(https://www.booksr.co.kr/)에서 압축 파일(파이썬_통계학.zip)을 내려받을 수 있으며, 압축을 해제하여 사용합니다. 압축 파일을 해제하면 [파이썬_통계학]이라는 폴더 안에 다음과 같이 [데이터]와 [프로그램] 두 개의 폴더가 구성되어 있습니다. 예제 프로그램(.py)들은 프로그램 폴더에, 데이터(엑셀, txt, CSV)는 데이터 폴더에 저장되어 있습니다.

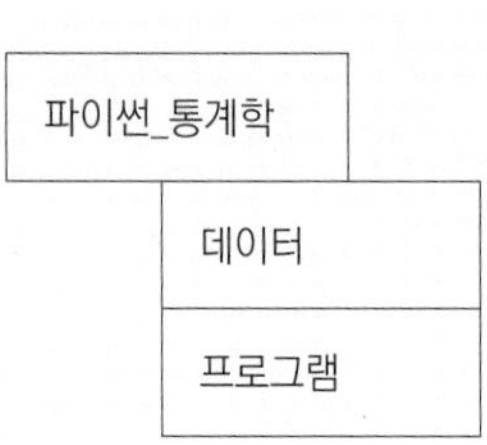

파이썬에서는 한글을 지원하지 않으므로 프로그램에서 주석을 제외한 부분에서 한글을 사용하기 위해서는 인코딩을 처리해 주어야 하지만, 이 책에서는 그러한 번거로움을 피하고자 영문 사용을 기본으로 합니다. 단, 데이터에 한글이 포함된 경우는 대부분 별문제 없이 처리(엑셀 또는 CSV 파일)할 수 있으나, 특히 파일 확장자가 txt인 텍스트 형식의 데이터에 한글이 포함된 경우에는 인코딩이 필요하며, 이에 관한 내용은 [2.2.1 데이터 파일 불러오기]에서 설명합니다.

이 책에서 사용한 운영체제는 Windows 10 Enterprise(8GB RAM)이고 설치한 파이썬(ver 3.10.0)과 주요 라이브러리(package, version)는 다음과 같습니다. 파이썬 프로그램과 라이브러리의 설치는 [1장 통계분석 도구 파이썬을 준비하자]에서 설명합니다.

Package	Version
matplotlib	3.5.0
numpy	1.21.4
openpyxl	3.0.9
pandas	1.3.4
pip	21.3.1
scipy	1.7.3
seaborn	0.11.2
statsmodels	0.13.1

이 책의 예제 프로그램은 다음과 같이 구성되어 있습니다.

중학교 남학생들의 몸무게에 대한 대푯값 출력(예제3-8.py)

```
# 실습에 필요한 라이브러리와 모듈
import numpy as np
import pandas as pd
from scipy import stats

x = pd.read_excel("..\데이터\중학생_남자_몸무게.xlsx")

# 평균 계산
print('mean = ', np.average(x), '\n')
```

```
mean =  47.5   55.070945
```

```
# 중앙값 계산
print('median =', np.median(x),'\n')
```

```
median = 50
```

```
# 최빈값 계산
print('mode =', stats.mode(x))
```

```
mode = ModeResult(mode=array([46.0]), count=array([40]))
```

라이브러리 numpy를 np라는 이름으로 불러옴
라이브러리 scipy의 모듈 stats를 불러옴

데이터 파일(엑셀 형식) 불러오기

간단한 설명, 주석(comment)

데이터의 중앙값을 화면에 출력하는 프로그램
중앙값을 계산하는 함수 median()은 라이브러리 numpy의 함수임

실행 결과

차례

예제 차례

2장

3장

4장

5장

6장

7장

8장

참고 차례

1장

2장

3장

4장

5장

6장

CHAPTER

01 통계분석 도구 파이썬을 준비하자

데이터를 분석하기에 앞서 탐험 도구로 활용하려는 파이썬의 특징과 설치, 파이썬에서 통계처리와 분석을 위해 필요한 라이브러리와 설치 방법에 대해서 알아봅니다.

contents

CHAPTER 01

통계분석 도구 파이썬을 준비하자

| 이 장에서 학습할 내용 |

1. 파이썬의 필요성
2. 파이썬 프로그램의 설치와 실행
3. 통계처리를 위한 라이브러리와 설치

1.1 파이썬과 통계처리

통계란 어떤 현상을 종합적으로 한눈에 알아보기 쉽게 일정한 체계에 따라 나타낸 것으로서 숫자를 포함하여 다양한 방법으로 나타낼 수 있습니다. 통계학은 통계로부터 의미 있는 정보를 추출하고 이를 토대로 불확실한 사실에 대해 합리적인 의사결정을 내릴 수 있도록 도와주는 학문입니다. 따라서 적절한 방법으로 통계를 나타내고, 의사결정에 도움을 줄 수 있는 정보를 추출하기 위하여 SAS, SPSS와 같은 통계처리 패키지 또는 R, Stata, Excel과 같은 프로그램을 활용합니다.

이와 같은 프로그램들은 장단점을 가지고 있지만, 처리 방법이나 프로그램을 배우기가 쉽지 않습니다. 물론 이 책에서 도구로 사용하고자 하는 파이썬도 단점은 있지만, 가장 큰 장점은 사용하기가 쉽다는 것입니다. 다음은 1부터 10까지의 합을 계산하는 프로그램 언어의 예입니다.

```c
#include <stdio.h>
void main()
{
  int i, sum = 0;
  for(i=1;i<=10;i++)
    sum+= i;
  printf("sum=%d", sum);
}
```

C 언어의 예

```python
sum = 0
for i in range(1, 11):
   sum = sum + i
print('sum=', sum)
```

파이썬 언어의 예

```vb
Option Explicit
Dim i, sum
Private Sub Form_Load()
sum = 0
For i = 1 To 10
sum = sum + i
Next i
MsgBox (sum)
End Sub
```

Visual BASIC 언어의 예

```java
import java.io.*;
public class A{
 public static void main(String[] args) {
  System.out.println("sum="+ Calc(10));
 }
static int Calc(int i) {
  int sum =0;
  for (int j=1; j<=i; j++)
   sum += j;
  return sum;
 }
```

JAVA 언어의 예

파이썬은 다른 프로그래밍 언어보다 문법이 비교적 쉽고 간결하여 배우기 쉬우며, 전문 프로그래머와 개발자가 만들어 놓은 다양한 프로그램과 1.4절에서 설명할 라이브러리를 무료로 활용할 수 있는 장점이 있습니다. 또한 C/C++ 언어와 결합하여 응용 프로그램을 개발할 수도 있습니다.

TIOBE 인덱스는 구글, 유튜브(YouTube) 등의 검색엔진을 통해 프로그래밍 언어의 인기를 순위로 나타내는 지표로 활용하는데, 파이썬은 2022년 10월 기준 1위([그림 1-1] 참고)를 유지하고 있습니다. 인기가 있다고 해서 좋은 언어라고 볼 수는 없지만, 프로그램 작성을 포함하여 그와 관련된 글이 인터넷에 많이 올라오고 있으며, 그만큼 관심과 활용도가 높다고 볼 수 있습니다.

TIOBE Index for October 2022

October Headline: The big 4 languages keep increasing their dominance

Oct 2022	Oct 2021	Change	Programming Language	Ratings	Change
1	1		Python	17.08%	+5.81%
2	2		C	15.21%	+4.05%
3	3		Java	12.84%	+2.38%
4	4		C++	9.92%	+2.42%
5	5		C#	4.42%	-0.84%
6	6		Visual Basic	3.95%	-1.29%
7	7		JavaScript	2.74%	+0.55%

[그림 1-1] TIOBE 인덱스[1)]

파이썬 언어의 특징과 장점을 요약하면 다음과 같습니다.

- 문법이 간결하고 쉬우므로 프로그램의 작성이 다른 언어에 비해 쉽다.
- 전문 프로그래머와 개발자가 작성한 프로그램과 라이브러리를 무료로 활용할 수 있다.
- 딥러닝, 인공지능 등 4차 산업의 발전에 부응하여 활용도가 점차 높아지고 있다.

이 책에서 데이터 분석을 위한 도구로써 파이썬을 선택한 이유 역시, 통계분석용 전문 프로그램들이 제공하는 기능들을 갖추고 있으며, 프로그램 언어로서의 특징과 장점을 통해 초보자나 비전문가도 어렵지 않게 파이썬을 활용할 수 있기 때문입니다.

이 책은 파이썬 프로그램 문법을 설명한 책이 아니며, 통계 데이터를 분석하기 위해 파이썬을 도구로 활용하려는 목적으로 집필하였습니다. 따라서 프로그램 언어를 경험해 보지 않았거나, 더욱이 파이썬 언어를 경험한 독자가 아니더라도 통계처리를 위해 파이썬을 활용할 수 있도록 쉽게 집필하였습니다. 또한 데이터의 시각화나 통계분석을 위하여 파이썬이 가지고 있는 다양한 라이브러리를 활용하는 방법에 대해서도 이해하기 쉽게 설명하고자 합니다.

1) https://www.tiobe.com/tiobe-index/

1.2 파이썬 설치

파이썬 언어로 작성한 프로그램 또는 파이썬 소스 코드(source code)라 부르는 파일을 실행하기 위해서는 파이썬을 설치해야 하는데 두 가지 방법이 있습니다.

첫 번째 방법은 초보자를 위한 방법으로 비교적 간단하게 작성한 프로그램을 실행하고, 그 결과를 확인하기 위한 목적으로 활용하는 것입니다. 이 경우에는 공식 설치 파일을 제공하는 파이썬 공식 홈페이지[2]에서 다운로드 받아서 설치합니다.

두 번째 방법은 프로그래밍 언어를 경험한 사용자를 위한 방법으로 빅데이터 분석과 기계학습(machine learning) 등을 활용하고자 한다면 아나콘다(Anaconda)[3]를 설치하여 사용하는 것이 편리합니다.

파이썬은 여러 전문 개발자들이 참여하여 프로젝트를 진행하면서 기존의 라이브러리들을 빈번하게 업데이트하고 있습니다. 라이브러리들은 대부분 의존성(dependency)을 가지고 있으므로 과거 버전에서 정상적으로 실행되던 프로그램들이 파이썬의 버전이 바뀐 후에 오류가 발생하기도 합니다. 이러한 이유로 모든 패키지를 포함한 배포판인 아나콘다를 설치하여 사용하지만, 설치 시에 4GB의 잔여 용량(Window 10)을 요구합니다.

그러나 이 책에서는 파이썬을 통해 해당 단원의 문제해결에 필요한 부분만을 사용할 것이기에 아나콘다 대신 파이썬 공식 사이트에서 다운로드 받아 설치하여 활용하기로 합니다. 설치 과정은 다음과 같습니다.

파이썬 공식 사이트에 접속한 다음 Download 메뉴를 선택하고 [그림 1-2]와 같이 버튼 [Python version](2022년 4월 기준 3.10.4 version)을 눌러 설치를 진행합니다. 이때 브라우저 화면의 왼쪽 아랫부분에 실행 프로그램(예를 들어, 64bit 프로그램이라면 python-3.10.4-amd64.exe)이 표시되고 다운로드가 끝나면 해당 프로그램을 클릭하여 설치를 시작합니다.

이어서 명령 프롬프트 상의 어느 위치에서도 파이썬을 실행하거나 외부 라이브러리를 설치할 수 있도록 [그림 1-3]과 같이 Add Python 3.□□ to PATH에 체크 표시를 하는 것이 좋습니다. 이어서 Install Now를 선택하면 [그림 1-4]와 같이 설치 진행 화면이 나타납니다. 모든 설치가 끝나면 [그림 1-5]와 같이 성공적으로 설치되었다는 설치 완료 화면이 나타나며, [Close] 버튼을 누릅니다.

---

2) https://www.python.org/

3) https://www.anaconda.com/products/distribution

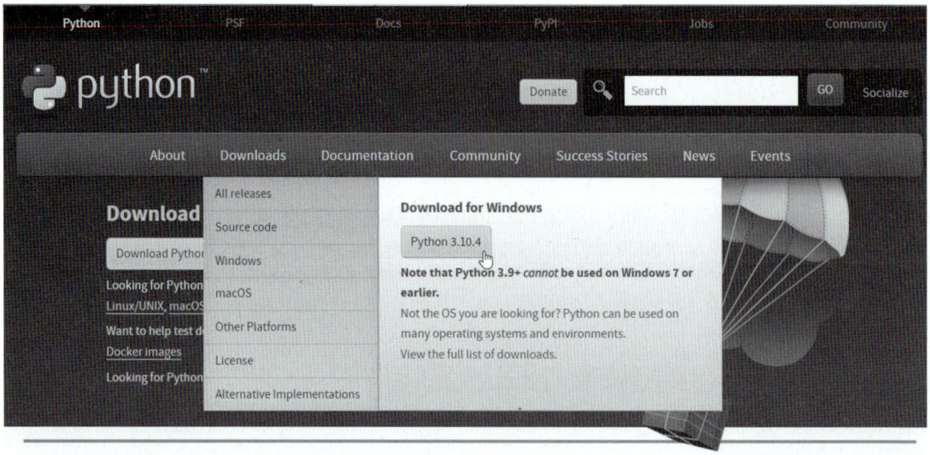

[그림 1-2] 파이썬 공식 홈페이지[4]

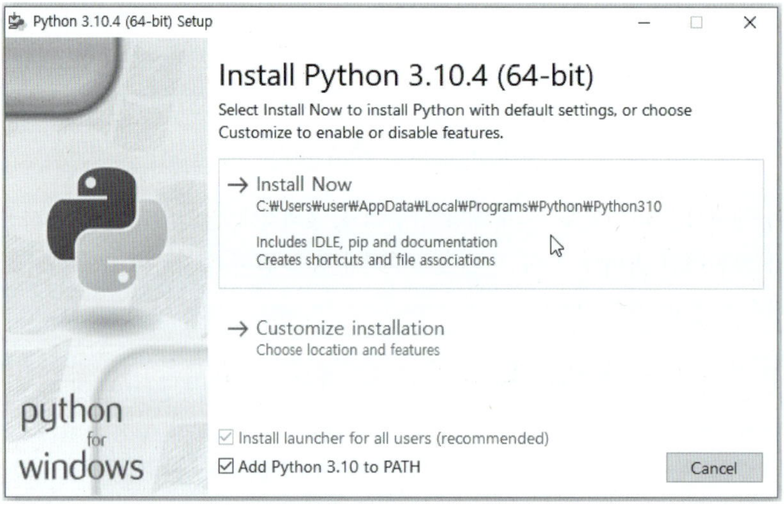

[그림 1-3] 파이썬 설치 초기 화면

4) https://www.python.org/

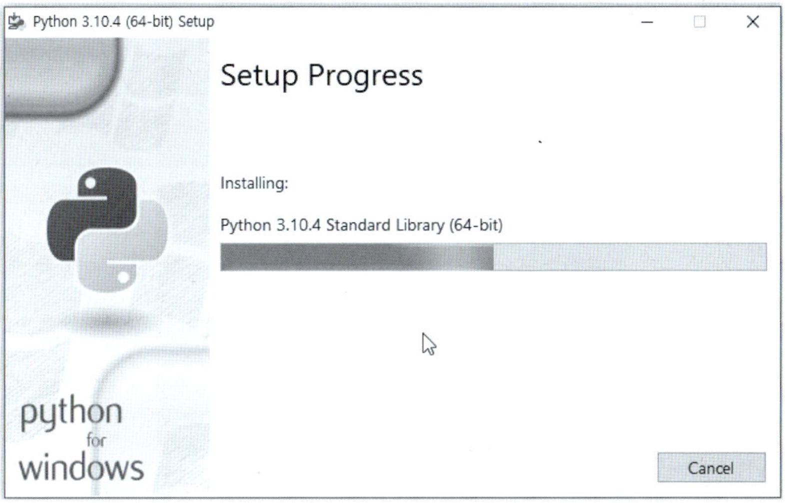

[그림 1-4] 파이썬 설치 진행 화면

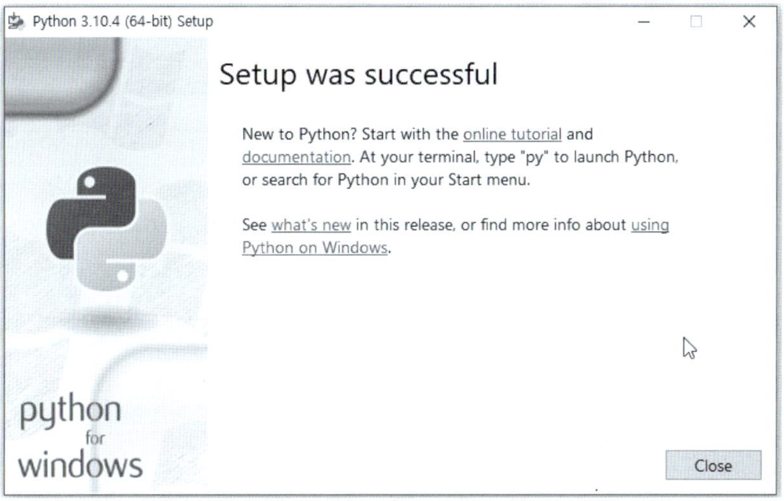

[그림 1-5] 설치 완료 화면

파이썬의 설치가 끝난 다음에 윈도에서 실행하기 위해서 시작 버튼을 누른 다음 Python으로 이동하면 [그림 1-6]과 같이 나타나고 파이썬을 실행하려면 IDLE (Python)을 선택합니다.

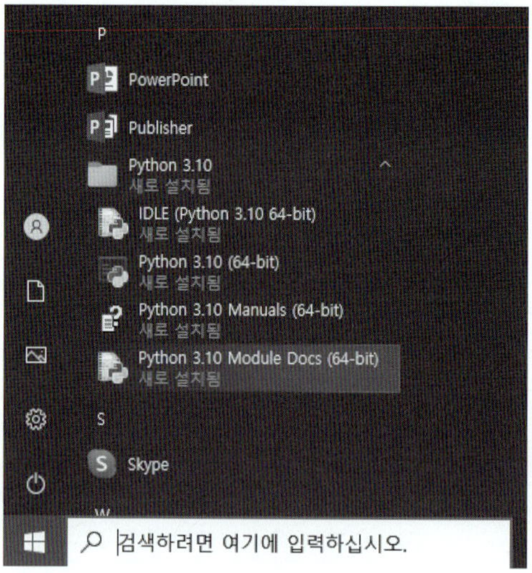

[그림 1-6] 파이썬 설치 확인

1.3 파이썬 프로그램 실행

위와 같은 과정으로 설치했다면 파이썬 언어로 작성한 프로그램은 두 가지 방법으로 실행할 수 있습니다. 첫 번째 방법은 윈도 안에서 프로그램 편집기를 사용하여 프로그램을 새로 작성하거나 이미 작성하여 저장한 프로그램을 불러온 다음 실행(Run)하는 방법이고, 두 번째 방법은 명령 프롬프트 상에서 파이썬 실행 프로그램(Python.exe)을 이용하여 프로그램 파일을 실행하는 것입니다.

1.3.1 편집기(IDLE)를 이용한 프로그램 실행

초보자를 위한 간단한 예제나 일시적인 계산 결과를 확인하는 경우, 파이썬 인터프리터(참고 [그림 1-8])를 사용할 수 있습니다. 그러나 대부분의 프로그램들은 여러 줄로 작성되고 빈번한 수정과 편집이 이루어지므로 프로그램 편집기를 사용하여 저장한 다음 실행(Run)하는 것이 편리합니다. 파이썬의 프로그램 편집기인 IDLE(Integrated Development and Learning Environment)은 파이썬 프로그램을 설치할 때 기본적으로 포함되어 있습니다.

[그림 1-7] 파이썬 IDLE

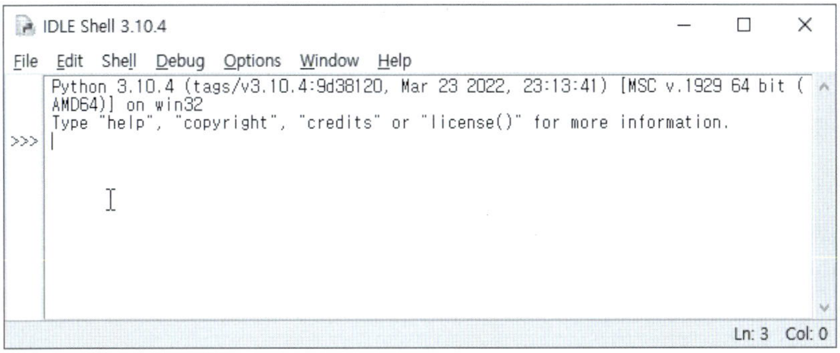

[그림 1-8] 파이썬 IDLE Shell

[그림 1-7]에서 IDLE을 선택하면 [그림 1-8]과 같이 IDLE Shell이 나타납니다. IDLE Shell은 파이썬 인터프리터(interpreter)이며, 이곳에 직접 커서를 클릭한 다음 간단한 프로그램을 작성하여 실행할 수도 있습니다.

이제 프로그램 편집기를 실행시키기 위해서 [그림 1-9]와 같이 [File] 메뉴에서 [New File]을 선택하면 [그림 1-10]의 오른쪽과 같이 프로그램 편집기가 나타납니다.

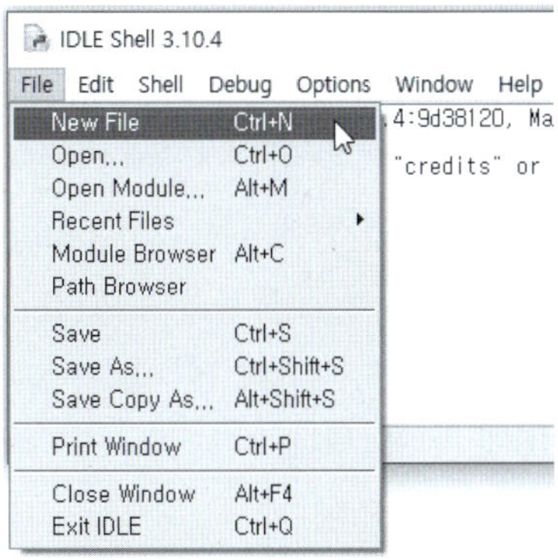

[그림 1-9] IDLE Shell의 파일 메뉴

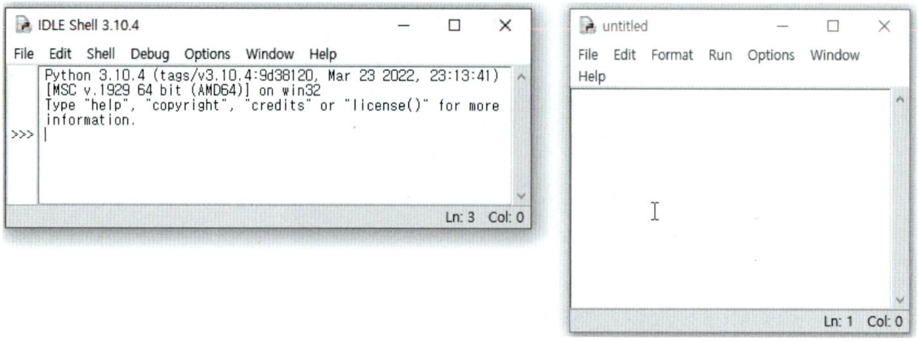

[그림 1-10] IDLE Shell과 프로그램 편집기(오른쪽)

화면에 나타난 오른쪽의 프로그램 편집기에서 [그림 1-11]과 같이 프로그램을 작성합니다. 프로그램에서 # 기호로 시작하는 부분은 프로그램에 대한 간단한 설명을 표시하기 위한 주석(comment)을 작성할 때 사용하고, 실제 프로그램은 그다음 줄에서 "Python Hello!"를 출력(print)하는 것입니다.

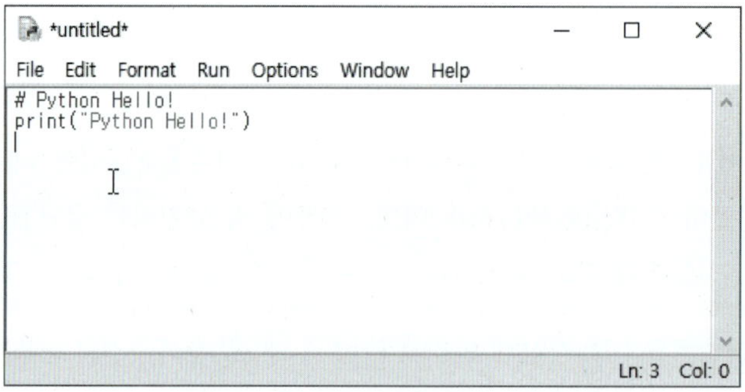

[그림 1-11] 프로그램 편집기(editor)

편집기에서 작성한 프로그램을 실행하기 위해서 [그림 1-12]와 같이 [Run] 메뉴에서 [Run Module]을 실행하면 [그림 1-13]과 같이 파일을 저장하라는 대화상자가 나타나고, 이어서 [그림 1-14]와 같이 저장하려는 폴더(이 예에서는 D:\Python Program)를 선택한 다음 파일 이름(이 예에서는 Hello)만 쓰고 [저장] 버튼을 누릅니다. 이때 프로그램 파일의 확장자는 기본적으로 py로 설정되어 있으며, [저장] 버튼을 누름과 동시에 실행 결과는 [그림 1-15]의 왼쪽과 같이 셸(Shell)에 나타납니다.

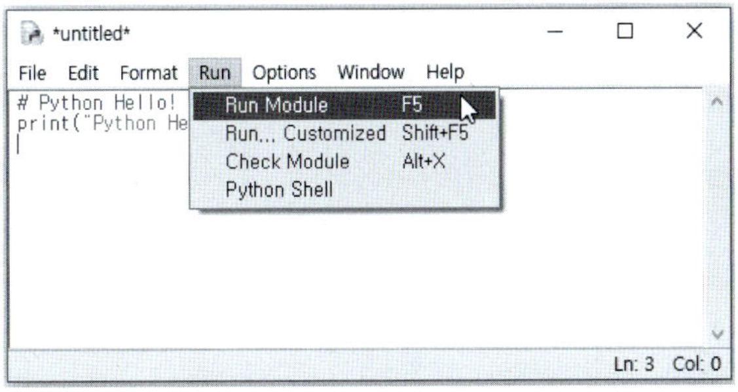

[그림 1-12] 프로그램 실행

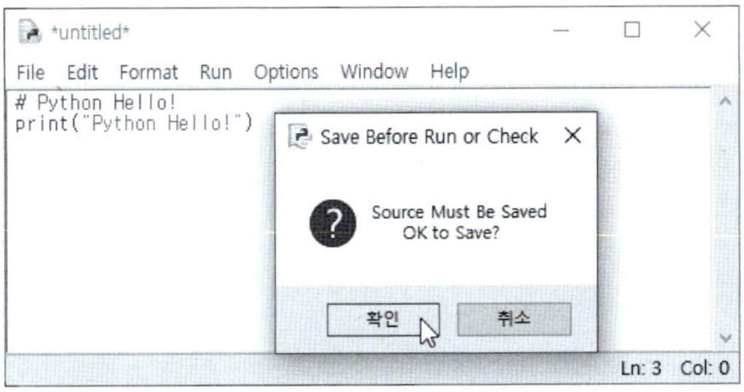

[그림 1-13] 프로그램 파일 저장

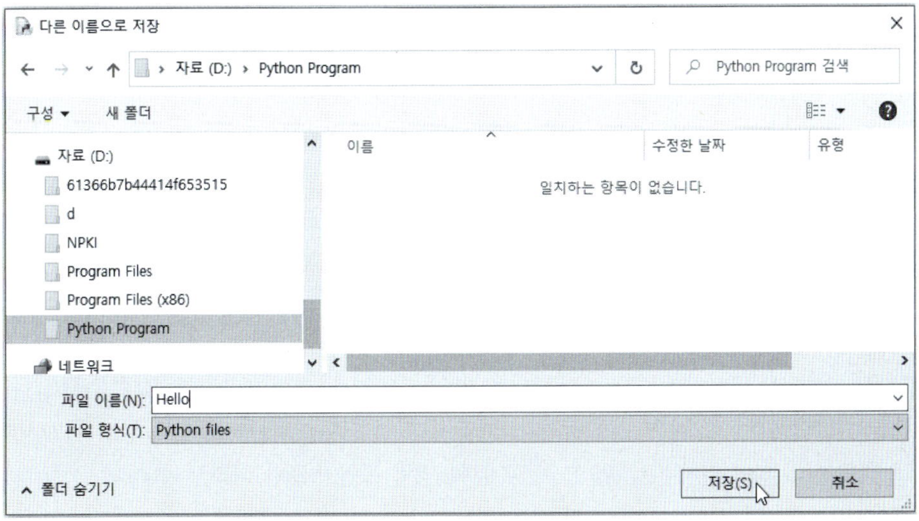

[그림 1-14] 프로그램 파일을 저장할 폴더 선택과 파일 이름 지정

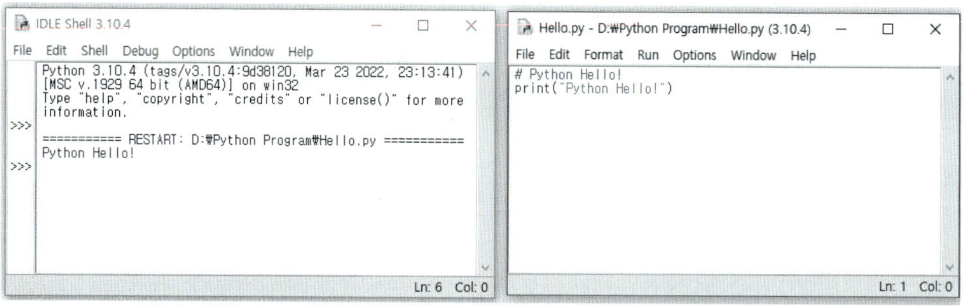

[그림 1-15] IDLE Shell에 나타난 프로그램의 실행 결과

이미 작성하여 저장한 파이썬 프로그램(확장자 py) 파일이 있다면 편집기의 IDLE 쉘(Shell)의 [File] 메뉴에서 [Open] 메뉴를 선택하여 불러온 앞서 설명한 바와 같이 [그림 1-15]와 같이 편집기에서 실행(Run)할 수 있습니다.

[참고 1] 그 밖의 파이썬 프로그램 편집기

앞서 설명한 IDLE 편집기는 마이크로소프트 윈도의 기본 프로그램인 메모장(notepad)과 같이 아주 단순한 편집기로서 초보자가 사용하기에는 쉽지만, 프로그램을 작성하는 동안 기본적인 문법만을 체크해 주기 때문에 프로그램 편집기로의 기능이 제한적입니다. 반면, 설치와 사용법이 비교적 간단하고 프로그램 작성 중에 자동완성 기능을 포함한 문법 체크도 도와 주는 기능이 포함된 파이썬 편집기인 PyCharm[5]이 있습니다.

파이썬 프로그램을 작성하고 프로그램 개발환경을 제공하는 주피터 노트북(Jupyter Notebook)[6]은 아나콘다를 설치하면 사용할 수 있는 편집기로 웹 브라우저에서 파이썬 프로그램을 실행할 수 있습니다.

1.3.2 명령 프롬프트 상에서 프로그램 실행

명령 프롬프트 상에서 파이썬 프로그램을 실행하려면 먼저 작성한 프로그램 파일이 저장된 폴더로 이동해야 합니다. 앞서 예에서 저장한 프로그램 Hello.py는 D:₩Python Program이라는 폴더에 저장하였다고 가정합니다.

[그림 1-16]과 같이 윈도 화면 왼쪽 아랫부분의 검색창(또는 검색 버튼을 누르고)에 cmd라고 입력하고 Enter↵ 하면 [그림 1-17]과 같이 명령 프롬프트가 나타납니다.

5) https://www.jetbrains.com/ko-kr/pycharm-edu/
6) https://jupyter.org/

[그림 1-16] 윈도 창에서 cmd 입력

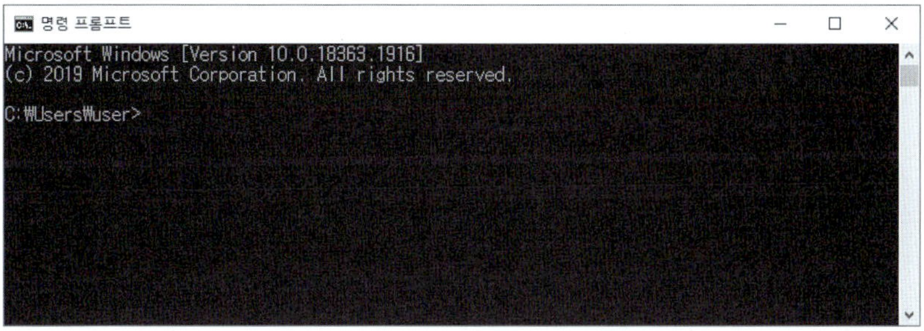

[그림 1-17] 명령 프롬프트가 실행된 창

[그림 1-17]에서 폴더의 현재 위치가 C:\User\user이므로 위치를 D:\Python Program으로 바꾸기 위해 다음과 같은 명령을 프롬프트 상에서 순서대로 입력합니다.

```
d: Enter↵
cd Python Program Enter↵
```

첫 줄의 d:는 현재의 드라이브 위치(c)를 d로 바꾸라는 것이고 두 번째 줄의 cd는 change directory를 의미하며, 폴더의 위치를 Python Program으로 바꾸라는 것입니다. 정상적으로 폴더의 위치가 바뀌면 프롬프트 상에서도 해당 폴더가 [그림 1-18]과 같이 표시(D:\Python Program>)됩니다.

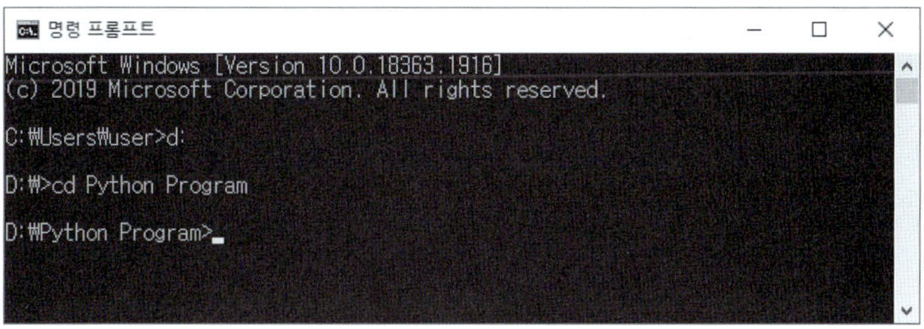

[그림 1-18] 프롬프트 상에서 폴더의 이동

프로그램 파일이 해당 폴더에 있는지 확인하기 위해 [그림 1-19]와 같이 프롬프트 상에서 dir Enter↵ 하면 폴더와 파일 이름을 표시합니다.

```
dir Enter↵
```

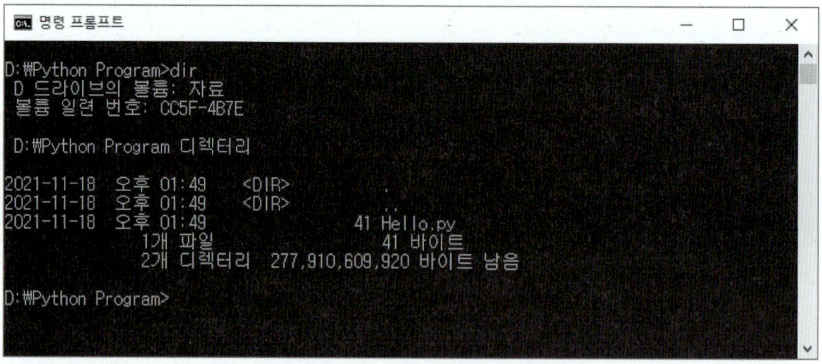

[그림 1-19] 해당 폴더의 파일 표시

Hello.py라는 파일(41 byte)이 있음을 확인하였고, 이어서 그림과 같이 프롬프트 상에서 python Hello.py Enter↵ 하면 실행 결과가 [그림 1-20]과 같이 나타납니다.

```
python Hello.py Enter↵
```

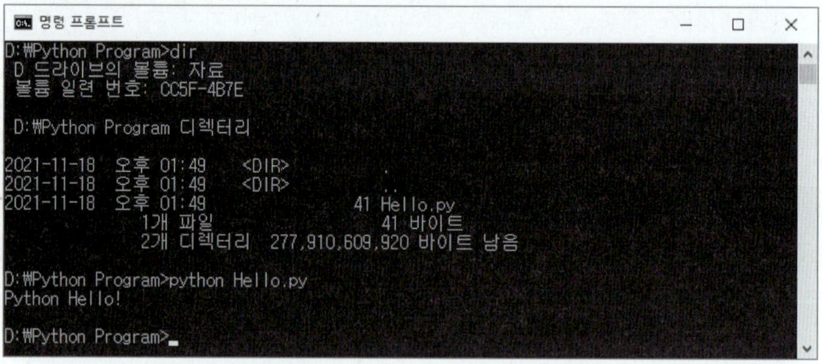

[그림 1-20] 프로그램 파일의 실행 결과

파일 이름은 대소문자를 구별하지 않으므로 python hello.py로 쓸 수 있습니다. [그림 1-21]은 중앙값을 계산하는 프로그램을 명령 프롬프트 상에서 실행한 결과입니다.

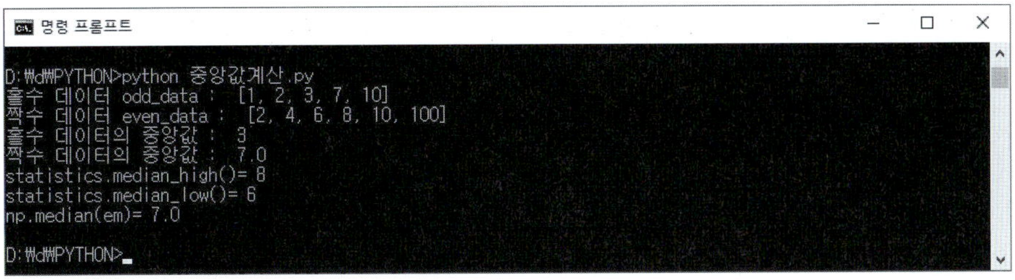

[그림 1-21] 프로그램 파일(중앙값계산.py)의 실행 결과

1.4 파이썬 라이브러리와 설치

라이브러리(library)는 프로그램을 작성할 때 활용할 수 있도록 만든 특수한 기능들을 묶어 놓은 것입니다. 파이썬 프로그램을 작성할 때 문제 해결의 영역별로 다양한 라이브러리들을 무료로 활용할 수 있으며, 전문가들에 의해 지속해서 개발되고 있으므로 언제든지 업그레이드된 버전으로 다시 설치하여 사용할 수 있습니다.

파이썬에서 라이브러리는 패키지(package)라고도 하며, 크게 표준 라이브러리와 외부 라이브러리로 구분합니다. 표준 라이브러리는 파이썬을 설치할 때 기본으로 포함되지만, 외부 라이브러리는 파이썬 설치 후에 필요에 따라 별도로 설치해야 합니다. 주요 외부 라이브러리를 소개하면 [표 1-1]과 같습니다.

[표 1-1] 파이썬 외부 라이브러리

외부 라이브러리	내용과 기능
NumPy	선형대수, 행렬, 통계처리를 위한 수치계산
Pandas	데이터 핸들링 도구와 NumPy에 기반을 둔 수치계산
SciPy	NumPy에 기반을 둔 수학, 과학, 공학 계산
Matplotlib	NumPy, Pandas, SciPy 등과 결합하여 데이터의 시각적 표현
Seaborn	Matplotlib을 기반으로 다양한 색상 테마와 통계용 차트 등의 시각화 기능
statsmodels	R에서 사용했던 다양한 통계분석 기능 제공
Plotly	시각화 구축을 위한 웹 기반 도구
scikit-learn	다양한 머신러닝 모형 제공
TensorFlow	하이엔드 수치 계산을 위한 머신러닝 라이브러리
openpyxl	엑셀 파일을 다루기 위한 함수 제공

파이썬의 내장 함수와 라이브러리 등에 통계 관련 함수들이 중복되어 있지만, 기본적인 데이터 처리를 위해서 NumPy와 Pandas를, 통계 계산과 분석 그리고 그래프 작성을 위해 SciPy와 Matplotlib 라이브러리를 사용합니다. 함수, 모듈(module), 패키지, 라이브러리의 관계는 [그림 1-22]와 같이 표현할 수 있습니다.

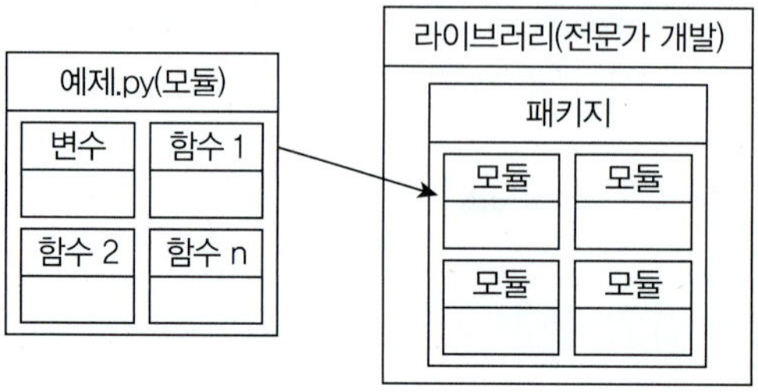

[그림 1-22] 함수, 모듈, 패키지, 라이브러리의 관계

앞에서 라이브러리를 표준 라이브러리와 외부 라이브러리로 구분하였는데 요약하면 [표 1-2]와 같습니다. 표준 라이브러리의 내장(built-in) 함수는 C 언어의 printf와 scanf 또는 엑셀에서의 합계를 계산하는 SUM, 평균을 계산하는 AVERAGE와 같이 기본적으로 제공되어 자유롭게 사용할 수 있습니다. 그러나 표준 라이브러리의 외장(external) 함수는 기본적으로 설치는 되어 있지만, 사용하려면 별도로 불러와야 합니다. 외장 함수는 C 언어에서 특정 함수를 사용하기 위해서 그 함수가 정의된 헤더 파일을 #include라는 문장을 통해 불러와야만 사용할 수 있는 것과 같습니다.

[표 1-2] 표준 라이브러리와 외부 라이브러리의 비교

구분	표준 라이브러리		외부 라이브러리
제공	프로그램 설치 시에 기본으로 제공		특별한 목적으로 제작되지만, 무료로 사용 가능
구분	내장함수	외장함수(모듈)	외부 라이브러리(외부 패키지)
사용 제한 /사용법	없음	프로그램에서 별도로 불러와야 사용 가능함(예로 import 사용)	별도의 설치 과정이 필요하고(예로 pip 사용) 설치 후에 프로그램에서 별도로 불러와야 사용 가능함(예로 import 사용)
예	print, input	sys, time, random	Pandas, NumPy, Matplotlib

파이썬에는 통계처리와 관련된 많은 라이브러리가 있으나 이 책의 범위 안에서 사용하려는 라이브러리로는 앞의 [표 1-1] 중에서 NumPy, Pandas, SciPy, Matplotlib,

Seaborn, statsmodels 그리고 openpyxl을 사용하고자 합니다. 이 7개의 라이브러리들은 다음 장의 내용을 실습하기 위해서 반드시 설치해야 하며, 이때 명령 프롬프트 상에서 pip 명령을 이용합니다.

라이브러리를 설치하는 방법은 다음과 같습니다. 우선 명령 프롬프트를 나타내기 위하여 [그림 1-23]과 같이 윈도 화면 왼쪽 아랫부분의 검색창(또는 검색 버튼을 누르고)에 cmd라 입력하고 Enter↵ 합니다. 그러면 [그림 1-24]와 같이 명령 프롬프트가 나타납니다.

[그림 1-23] 윈도 검색창에서 cmd 입력

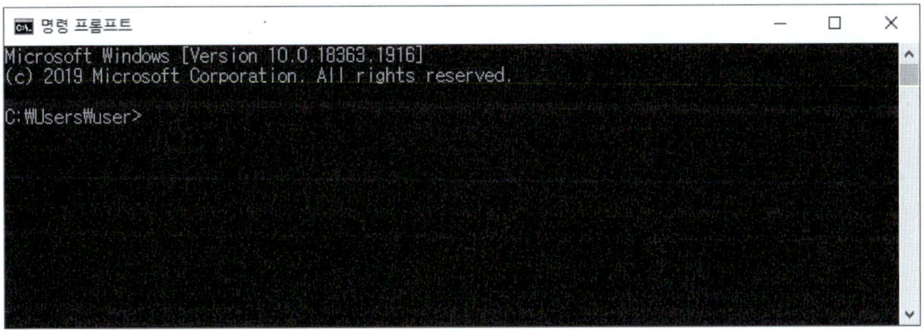

[그림 1-24] 명령 프롬프트가 실행된 창

라이브러리의 설치는 다음과 같이 프롬프트 상에서 'pip install [라이브러리 이름]'을 쓰고 Enter↵ 합니다. 만약 NumPy라는 라이브러리를 설치하려면 다음과 같이 작성하고 Enter↵ 합니다.

```
pip install numpy Enter↵
```

[그림 1-25]와 [그림 1-26]은 각각 NumPy와 statsmodels를 설치하는 동안에 화면에 나타난 내용을 보여줍니다.

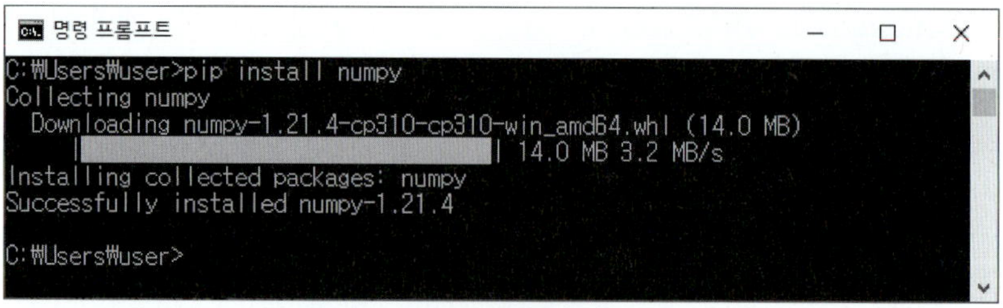

[그림 1-25] 라이브러리 NumPy 설치

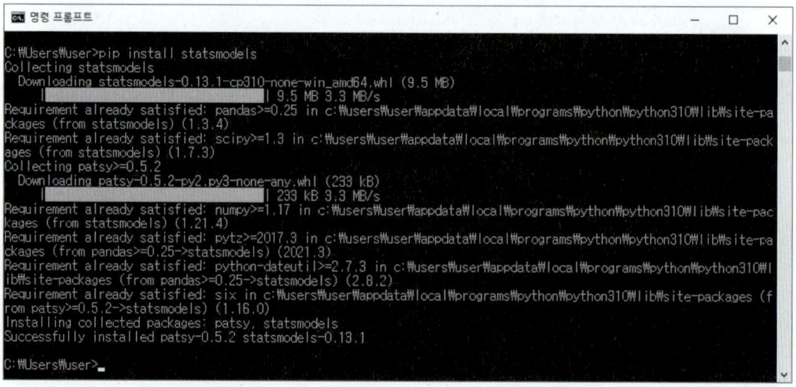

[그림 1-26] 라이브러리 statsmodels 설치

pip를 이용하여 라이브러리를 설치할 때 pip 명령 자체를 업그레이드하라는 메시지가 나타날 수 있습니다. 이 경우에는 다음과 같이 프롬프트 상에서 python 명령을 사용하여 [그림 1-27]과 같이 pip 명령을 업그레이드할 수 있습니다.

```
python -m pip install --upgrade pip [Enter↵]
```

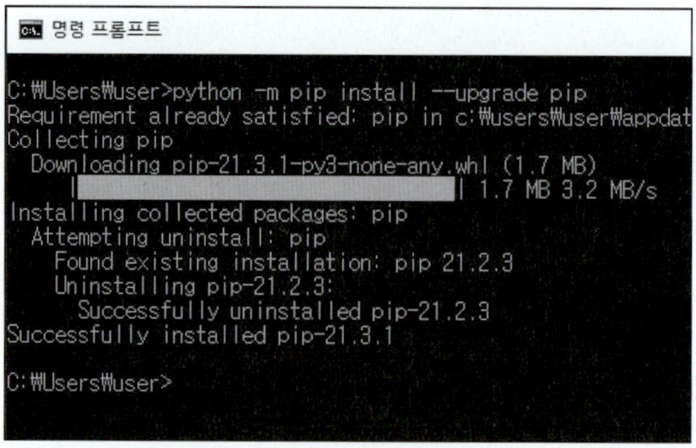

[그림 1-27] pip의 업그레이드

pip 명령의 버전을 확인할 때는 [그림 1-28]과 같이 pip —version을 사용하며, 이 예에서 pip 버전은 22.0.4로 확인됩니다.

```
pip --version Enter↵
```

```
명령 프롬프트
Microsoft Windows [Version 10.0.19042.1645]
(c) Microsoft Corporation. All rights reserved.

C:\Users\user>pip --version
pip 22.0.4 from C:\Users\user\AppData\Local\Programs\Python\Python310\lib\site-packages\pip (python 3.10)

C:\Users\user>_
```

[그림 1-28] pip 명령의 버전 확인

현재 파이썬에 설치된 라이브러리(패키지)와 버전을 확인할 때는 pip list를 사용합니다.

```
pip list Enter↵
```

[그림 1-29]는 NumPy, Pandas, SciPy, Matplotlib, Seaborn, statsmodels 그리고 openpyxl 등 7개의 외부 라이브러리를 설치하고 나서 pip list를 통해 설치한 라이브러리를 출력한 화면입니다.

```
명령 프롬프트

C:\Users\user>pip list
Package                Version
---------------------- ---------
bioinfokit             0.6
bleach                 4.1.0
certifi                2021.10.8
charset-normalizer     2.0.9
colorama               0.4.4
cycler                 0.11.0
docopt                 0.6.2
docutils               0.18.1
et-xmlfile             1.1.0
fonttools              4.28.3
idna                   3.3
importlib-metadata     4.8.2
joblib                 1.1.0
keyring                23.4.0
kiwisolver             1.3.2
lib                    3.0.0
matplot                0.1.9
matplotlib             3.5.0
matplotlib-venn        0.11.6
numpy                  1.21.4
```

[그림 1-29] pip list 결과의 일부

단원 정리

■ 파이썬 언어의 특징과 장점

프로그램 언어들은 나름대로 문법 체계를 갖고 있는데 파이썬은 비교적 쉽고 간결한 문법으로 인해 프로그램 개발 시간을 단축할 수 있으며, 전문 프로그래머와 개발자에 의해 만들어진 다양한 프로그램들을 무료로 활용할 수 있다. 또한 C/C++ 언어와 결합하여 응용 프로그램을 개발할 수도 있다.

- 문법이 간결하고 쉬우므로 프로그램의 작성이 다른 언어에 비해 쉽다.
- 전문 프로그래머와 개발자가 작성한 프로그램과 라이브러리를 무료로 활용할 수 있다.
- 딥러닝, 인공지능 등 4차 산업의 발전에 부응하여 활용도가 점차 높아지고 있다.

■ 파이썬 프로그램 실행

이 책에서 파이썬 언어로 작성한 프로그램을 실행하는 방법은 두 가지이다. 첫 번째는 프로그램 편집기를 사용하여 프로그램을 작성하거나 이미 작성하여 저장한 프로그램을 불러온 다음 실행(Run)하는 방법이고, 두 번째는 명령 프롬프트 상에서 프로그램 파일이 저장된 곳에서 Python 실행 프로그램을 이용하는 방법이다.
초보자를 위한 간단한 예제나 일시적인 계산 결과를 확인할 때 파이썬 인터프리터를 사용할 수 있지만, 여러 줄의 파이썬 프로그램을 작성한다면 프로그램 편집기를 사용하여 저장한 다음 사용하는 것이 편리하다.
파이썬의 프로그램 편집기인 IDLE(Integrated Development and Learning Environment)은 파이썬 프로그램을 설치할 때 기본적으로 포함되어 있으므로 별도로 설치할 필요가 없다.
명령 프롬프트 상에서 파이썬 프로그램을 실행하려면 작성한 프로그램 파일이 저장된 폴더로 이동한 후에 >python [프로그램 파일명(~.py)]과 같이 입력하여 실행한다.

■ 파이썬 라이브러리와 설치

파이썬에서 라이브러리는 패키지(package)라고도 하며, 크게 표준 라이브러리와 외부 라이브러리로 구분한다. 표준 라이브러리는 파이썬을 설치할 때 기본으로 제공되지만, 외부 라이브러리는 파이썬 설치 후에 필요에 따라 별도로 설치해야 한다. 이 책의 범위 안에서 사용하는 라이브러리들은 다음과 같다.

외부 라이브러리 (패키지)	내용과 기능
NumPy	선형대수, 행렬, 통계처리를 위한 수치 계산
Pandas	데이터 핸들링 도구와 NumPy에 기반을 둔 수치 계산
SciPy	NumPy에 기반을 둔 수학, 과학, 공학 계산
Matplotlib	NumPy, Pandas, SciPy 등과 결합하여 데이터의 시각적 표현
Seaborn	Matplotlib을 기반으로 다양한 색상 테마와 통계용 차트 등의 시각화 기능
statsmodels	R에서 사용했던 다양한 통계분석 기능 제공
openpyxl	Excel(엑셀) 파일을 다루기 위한 함수 제공

위의 라이브러리들은 예제를 실습하기 위해서 반드시 설치해야 하며, 이때 명령 프롬프트 상에서 pip 명령을 이용하여 >pip install [라이브러리 이름]과 같이 사용한다.

연습문제

1. 파이썬 언어의 특징과 활용을 조사하시오.

2. 파이썬 언어가 통계처리와 분석에 어떻게 활용되고 있는지를 조사하시오.

3. 이 책에서 소개한 파이썬 라이브러리 외에 어떤 라이브러리를 제공하는지를 조사하시오.

4. 파이썬의 표준 라이브러리와 외부 라이브러리를 비교하여 설명하시오.

5. 파이썬 라이브러리를 설치할 때 어떤 방법을 이용하는지 설명하시오.

CHAPTER

02

분석을 시작하려면 데이터 사용법을 알아야 한다

데이터 구조는 컴퓨터 또는 프로그램 언어에서 데이터를 효율적으로 저장, 처리, 관리하는 방법을 의미합니다. 수집한 자료를 파이썬으로 불러들일 때 적절한 데이터 구조를 사용하는 방법과 필요에 따라 데이터 구조를 변환하는 방법을 설명합니다. 그리고 통계처리를 위하여 결측값을 다루는 방법에 대해서 알아봅니다.

contents

CHAPTER 02

분석을 시작하려면 데이터 사용법을 알아야 한다

| 이 장에서 학습할 내용 |

1. 데이터 구조인 리스트와 배열의 사용 방법
2. 데이터 구조의 변환
3. 데이터 파일 다루기
4. 결측값 다루기

2.1 데이터 구조

파이썬의 라이브러리에는 다양한 데이터 구조가 있지만, 이 책에서는 통계처리를 위해 필요한 내용을 중심으로 데이터 구조를 설명합니다.

2.1.1 리스트(list)

데이터를 저장하는 방식에 차이가 있으므로 사용 목적에 따라 데이터 구조를 구분하여 사용합니다. 파이썬에서 행렬과 벡터 연산을 목적으로 한다면 배열(array)을 사용하는 것이 좋고 다양한 자료형이 포함된 연속적인 데이터를 이용하려면 리스트(list)를 사용합니다.

리스트는 데이터를 추가해 나갈 수 있지만, 배열은 선언과 동시에 고정된 크기를 갖는 차이가 있고 파이썬에서는 리스트 역시 배열과 마찬가지로 인덱스를 사용하여 접근이 가능합니다.

배열을 사용하려면 라이브러리 NumPy가 필요하지만, 리스트는 별도의 라이브러리가 필요 없이 기본적으로 사용할 수 있는 데이터 구조입니다. 리스트에 대한 생성과 요소에 대한 접근은 〈예제 2-1〉과 같습니다.

예제 2-1 리스트의 생성과 요소에 대한 접근

<table>
<tr><th>설명</th><th>예제2-1.py</th></tr>
<tr><td>리스트 List_Data 생성과 출력</td><td>

```
List_Data = [2, 4, 6, 8, 10, 12]
print(List_Data)
```

```
[2, 4, 6, 8, 10, 12]
```

</td></tr>
<tr><td>리스트의 첫 번째 요소(인덱스 [0])에 대한 접근
<table>
<tr><td>인덱스</td><td>0</td><td>1</td><td>2</td><td>3</td><td>4</td><td>5</td></tr>
<tr><td>List_Data</td><td>2</td><td>4</td><td>6</td><td>8</td><td>10</td><td>12</td></tr>
</table>
</td><td>

```
print(List_Data[0], '\n')
```

```
2
```

</td></tr>
<tr><td>요소와의 연산
List_Data[1]+List_Data[2] = 4 + 6</td><td>

```
print(List_Data[1]+List_Data[2], '\n')
```

```
10
```

</td></tr>
<tr><td>리스트의 마지막 요소에 대한 인덱스는 [− 1]을 사용</td><td>

```
print(List_Data[-1], '\n')
```

```
12
```

</td></tr>
<tr><td>리스트 List_Data의 첫 번째 요소
List_Data에 대해 마지막 인덱스가 [−1]이므로 [−6]은 첫 번째 인덱스를 의미
<table>
<tr><td>인덱스</td><td>−6</td><td>−5</td><td>−4</td><td>−3</td><td>−2</td><td>−1</td></tr>
<tr><td>List_Data</td><td>2</td><td>4</td><td>6</td><td>8</td><td>10</td><td>12</td></tr>
</table>
</td><td>

```
print(List_Data[-6], '\n')
```

```
2
```

</td></tr>
</table>

〈예제 2-1〉에 대한 실행 결과는 글상자 부분에 나타나 있으며, [그림 2-1]과 같이 파이썬 IDLE Shell에서 프로그램을 한 줄씩 입력하고 Enter↵ 하면서 결과를 확인할 수도 있습니다. 예제2-1.py 전체를 실행(Run)하면 글상자 부분에 나타난 내용이 순서대로 화면에 출력됩니다.

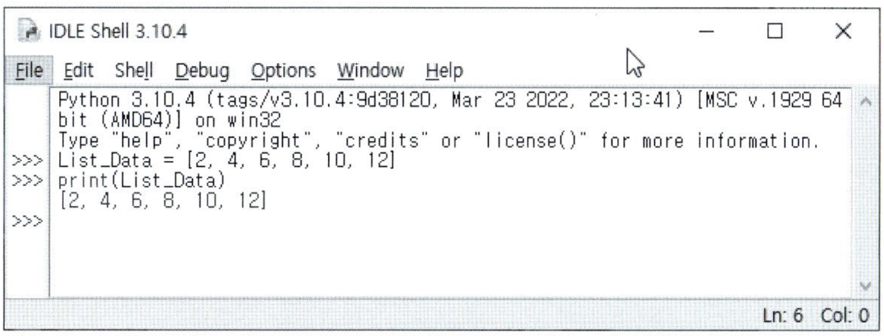

[그림 2-1] 〈예제 2-1〉의 리스트 List_Data 생성과 출력

print(List_Data[0], '\n')에서 '\n'은 출력할 줄을 다음 줄로 바꾸라는 의미입니다. 리스트는 메소드를 이용하여 데이터의 추가와 삭제 그리고 정렬을 사용할 수 있으며, 이에 대한 예는 〈예제 2-2〉와 같습니다.

[참고 1] 함수(function)와 메소드(method)

파이썬 프로그램을 설명할 때 함수와 메소드가 자주 등장합니다. 파이썬에서 함수는 〈예제 2-1〉에서 사용한 print()와 같이 단독으로 사용합니다. 그러나 메소드는 객체가 가지고 있는 어떤 기능을 말하는데, 예를 들어 〈예제 2-2〉의 Lst1.index()에서 Lst1은 클래스(Class)인 리스트(list)에 의해 생성된 객체, 즉 인스턴스(instnance)이며, index()는 Lst1이 가지고 있는 메소드라 합니다. 즉, 메소드는 객체가 가지고 있는 함수라고 생각할 수 있지만, 사용할 때 반드시 self인 Lst1이 필요합니다.

함수와 메소드를 구별하지 않아도 프로그램 작성에 문제가 되지 않고, 함수가 메소드보다는 포괄적인 개념이므로 메소드를 함수로 칭하는 경우가 많습니다. 따라서 이 책에서는 메소드와 함수를 엄격하게 구별하지 않고 사용하고자 합니다.

예제 2-2 리스트의 메소드 사용법

메소드	설명	예제2-2.py

	Lst1과 Lst2 생성과 출력	`Lst1 = [1, 3, 5, 7]`
		`Lst2 = [2, 4, 6, 8, 10, 12]`
		`print(Lst1, '\n')`
		`[1, 3, 5, 7]`
		`print(Lst2, '\n')`
		`[2, 4, 6, 8, 10, 12]`

index	Lst1의 특정 요소(7)에 대한 인덱스 출력	`print(Lst1.index(7), '\n')` `3`

append	리스트의 마지막에 요소 추가 (append)	`Lst1.append(9)`
		`print(Lst1, '\n')`
		`[1, 3, 5, 7, 9]`

insert	메소드 insert를 이용하여 특정 인덱스 위치 (0)에 요소(11) 추가	`Lst1.insert(0, 11)`
		`print(Lst1, '\n')`
		`[11, 1, 3, 5, 7, 9]`

remove	메소드 remove를 이용하여 특정 요소(12) 삭제	Lst2.remove(12) print(Lst2, '\n') [2, 4, 6, 8, 10]
extend	메소드 extend를 이용하여 리스트의 연장. Lst1의 마지막에 Lst2를 연결하여 연장	Lst1.extend(Lst2) print(Lst1, '\n') [11, 1, 3, 5, 7, 9, 2, 4, 6, 8, 10]
sort	메소드 sort를 이용한 정렬	Lst1.sort() print(Lst1, '\n') [1, 2, 3, 4, 5, 6, 7, 8, 9, 10, 11]
reverse	메소드 reverse를 이용한 역순	Lst1.reverse() print(Lst1, '\n') [11, 10, 9, 8, 7, 6, 5, 4, 3, 2, 1]

2.1.2 리스트와 배열의 차이

배열(array)은 NumPy에서 ndarray라는 객체를 이용하며, 통계 계산과 관련된 다양한 함수와 메소드를 사용할 수 있는 장점이 있습니다. 다양한 자료형이 포함된 데이터보다는 주로 동일한 데이터형을 다룰 것이므로 리스트(list)보다는 배열을 활용하는 것이 좋습니다. 배열과 리스트의 차이는 [표 2-3]과 같습니다.

〈예제 2-3〉에서 `import numpy as np`는 외부 라이브러리인 numpy를 파이썬 프로그램 안으로 불러오되 np라는 이름으로 사용하겠다는 의미입니다. 앞에서 배열을 사용하는 데 필요한 ndarray라는 객체가 라이브러리 NumPy(프로그램에서는 numpy로 사용)에 있으므로 이를 프로그램으로 불러들이기 위해 `import`를 사용합니다. 그리고 `import`를 사용할 때 `import A as B`와 같이 사용하는데 라이브러리 A를 B라는 이름으로 줄여서 사용하는 방법입니다.

np.array()는 라이브러리 np가 가지고 있는 함수 array()를 이용하여 배열을 만들 때 사용합니다. 〈예제 2-3〉에서 오른쪽 리스트는 별도의 라이브러리가 필요 없습니다.

배열에 대해서는 예제2-3.py와 같이 모든 사칙연산이 가능하지만, 예제2-4.py의 경우 리스트는 덧셈을 제외하고 나머지 연산에 대해서 오류(TypeError:)가 발생합니다.

그리고 객체 ndarray에는 산술연산과 더불어 add(), subtract(), multiply(), divide() 등의 함수를 사용할 수 있습니다. numpy에서 배열은 동일한 데이터 형으로 구성되는데 다음의 〈예제 2-5〉는 1차원 배열 a, b에 대한 간단한 연산 처리와 결과이며, 각 배열 요소의 순서대로 연산이 처리됩니다.

[참고 2] 파이썬 프로그램의 오류

파이썬 프로그램을 실행할 때 자주 발생하는 오류를 요약하면 다음과 같습니다.

오류 메시지	발생 사례
ValueError	부적절한 값을 함수의 인자로 사용하는 경우
IndexError	배열 또는 리스트에서 사용이 가능한 범위를 벗어난 index를 사용하는 경우
SyntaxError	프로그램 문법이 틀렸을 경우
NameError	선언하지 않은 변수 이름을 사용하는 경우
TypeError	연산 또는 함수 인자의 데이터 타입이 잘못되었을 경우

예제 2-3 예제 2-4 배열(array)과 리스트(list)의 차이

[표 2-3] 배열과 리스트의 차이

구분	배열의 사용 예(예제2-3.py)	리스트(예제2-4.py)
저장	import numpy as np arr1 = np.array([1, 2, 3, 4, 5]) arr2 = np.array([6, 7, 8, 9, 10]) print(arr1) [1 2 3 4 5]	list1 = [1, 2, 3, 4, 5] list2 = [6, 7, 8, 9, 10] print(list1) [1, 2, 3, 4, 5]
덧셈	print(arr1+arr2) [7 9 11 13 15]	print(list1+list2) [1, 2, 3, 4, 5, 6, 7, 8, 9, 10]
	print(arr1+5) [6 7 8 9 10]	print(list1+5) TypeError:
뺄셈	print(arr1-arr2) [-5 -5 -5 -5 -5]	print(list1-list2) TypeError:
	print(arr1-5) [-4 -3 -2 -1 0]	print(list1-5) TypeError:

곱셈	print(arr1*arr2) [6 14 24 36 50]	print(list1*list2) TypeError:
	print(arr1*2) [2 4 6 8 10]	print(list1*2) [1, 2, 3, 4, 5, 1, 2, 3, 4, 5]
나눗셈	print(arr1/arr2) [0.16666667 0.28571429 0.375 0.44444444 0.5]	print(list1/list2) TypeError:
	print(arr1/5) [0.2 0.4 0.6 0.8 1.]	print(list1/5) TypeError:

예제 2-5 1차원 배열의 연산

▌예제2-5.py

```
import numpy as np

a = np.array([1,2,3])
b = np.array([4,5,6])

# 1차원 배열의 덧셈 c = a + b
c = np.add(a, b)
print(c)

# 1차원 배열의 뺄셈 c = a - b
c = np.subtract(a, b)

# 1차원 배열의 곱셈 c = a * b
c = np.multiply(a, b)
print(c)

# 1차원 배열의 나눗셈 c = a / b
c = np.divide(a, b)
print(c)
```

1차원 배열 a

배열 인덱스	a[0]	a[1]	a[2]
값	1	2	3

1차원 배열 b

배열 인덱스	b[0]	b[1]	b[2]
값	4	5	6

함수	처리	결과
add(a,b)	$[a_0+b_0\ a_1+b_1\ a_2+b_2]$	[5 7 9]
subtract(a, b)	$[a_0-b_0\ a_1-b_1\ a_2-b_2]$	[-3 -3 -3]
multiply(a, b)	$[a_0\times b_0\ a_1\times b_1\ a_2\times b_2]$	[4 10 18]
divide(a, b)	$[a_0/b_0\ a_1/b_1\ a_2/b_2]$	[0.25 0.4 0.5]

〈예제 2-6〉은 2차원 배열에 대해 함수 add()와 함수 dot()를 사용하여 행렬 a와 b에 대한 덧셈과 곱셈을 계산한 것입니다.

예제 2-6 **2차원 배열의 합과 곱**

▌ 예제2-6.py

```
import numpy as np

list1 = [[1,2], [3,4]]
list2 = [[5,6], [7,8]]

a = np.array(list1)
b = np.array(list2)

# 행렬 덧셈
c = np.add(a, b)
print(c)

# 행렬 곱셈
c = np.dot(a, b)
print(c)
```

$$a=\begin{pmatrix}1 & 2\\ 3 & 4\end{pmatrix},\ b=\begin{pmatrix}5 & 6\\ 7 & 8\end{pmatrix}$$

함수	처리	결과
add(a, b)	$[[a_{00}+b_{00}\ a_{01}+b_{01}]$ $[a_{10}+b_{10}\ a_{11}+b_{11}]]$	[[6 8] [10 12]]
dot(a, b)	$[[a_{00}\times b_{00} + a_{01}\times b_{10}\ \ a_{00}\times b_{01} + a_{01}\times b_{11}]$ $[a_{10}\times b_{00} + a_{11}\times b_{10}\ \ a_{10}\times b_{01} + a_{11}\times b_{11}]]$	[[19 22] [43 50]]

배열에서 평균, 표준편차 등의 기술통계를 계산하려면 〈예제 2-7〉과 같이 사용하며, sum()과 mean() 등은 배열의 속성을 가지고 있는 인스턴스 arr이 가지고 있는 메소드입니다.

예제 2-7 **배열에서 메소드를 사용한 기술통계 사용의 예**

구분	예제2-7.py	결과
생성	`import numpy as np` `arr = np.array([1, 2, 3, 4, 5, 6, 7])`	배열 arr 생성
합계	`print(arr.sum())`	28
평균	`print(arr.mean())`	4.0
표준편차	`print(arr.std())`	2.0
분산	`print(arr.var())`	4.0
최솟값	`print(arr.min())`	1
최댓값	`print(arr.max())`	7
누적합	`print(arr.cumsum())`	[1 3 6 10 15 21 28]
누적곱	`print(arr.cumprod())`	[1 2 6 24 120 720 5040]

2.1.3 배열 초기화와 조건 배열

배열을 생성할 때 대부분 저장할 값을 지정하지만, 모든 배열 요소를 1 또는 특정한 값으로 초기화할 수도 있습니다. 〈예제 2-8〉에서 shape는 배열의 크기(형태), dtype은 데이터의 유형을 나타냅니다.

예제 2-8 배열 초기화

초기화 방법	함수	예제2-8.py
모든 요소를 0으로	np.zeros(shape, dtype)	import numpy as np a = np.zeros(5, dtype=int) print(a) [0 0 0 0 0]
		a = np.zeros((2,2), dtype=int) print(a) [[0 0] [0 0]]
모든 요소를 1로	np.ones(shape, dtype)	a = np.ones(5, dtype=float) print(a) [1. 1. 1. 1. 1.]
모든 요소를 n으로	np.full(shape, n, dtype)	a = np.full(5, 9) print(a) [9 9 9 9 9]
모든 요소를 빈 값으로	np.empty(shape, dtype)	a = np.empty(5) print(a) [1. 1. 1. 1. 1.]
크기 n의 단위 행렬	np.eye(n)	a = np.eye(3) print(a) [[1. 0. 0.] [0. 1. 0.] [0. 0. 1.]]

배열을 생성할 때 〈예제 2-9〉와 같이 특정한 조건을 만족하는 배열 요소를 지정할 수도 있습니다.

예제 2-9 **특정 조건의 배열 요소로 초기화**

<table>
<tr><th>초기화 방법</th><th>함수</th><th>예제2-9.py</th></tr>
<tr><td rowspan="2">step 간격으로</td><td rowspan="2">np.arange(start, stop, step, dtype)</td><td><pre>a = np.arange(3)
print(a)

[0 1 2]</pre></td></tr>
<tr><td><pre>a = np.arange(-1, 1, 0.5)
print(a)

[-1. -0.5 0. 0.5]</pre></td></tr>
<tr><td>n개만큼 균일 하게</td><td>np.linspace(start, stop, n, dtype)</td><td><pre>a = np.linspace(0, 1, 5)
print(a)

[0. 0.25 0.5 0.75 1.]</pre></td></tr>
</table>

2.1.4 데이터 구조의 변환

통계분석에 따라 수집한 데이터의 구조를 변환해야 하는데 이때 라이브러리 numpy와 pandas를 주로 이용합니다. 기술통계와 같이 비교적 간단한 통계량을 계산한다면 numpy의 리스트나 배열을 이용할 수 있지만, pandas의 데이터프레임(DataFrame)을 사용하면 데이터 구조의 변환이 편리합니다. 다음의 내용은 pandas의 Cheat Sheet[1)]의 내용을 참고하였습니다.

〈예제 2-10〉에서 import pandas as pd는 외부 라이브러리인 pandas를 불러오되 pd라는 이름으로 사용하겠다는 의미이고 함수 pd.DataFrame()은 pd(pandas)가 가지고 있는 함수 DataFrame()을 사용한다는 의미입니다.

1) https://pandas.pydata.org/Pandas_Cheat_Sheet.pdf

예제 2-10 데이터프레임의 생성과 함수 melt()를 이용한 데이터 재구조화

프로그램 1(예제2-10.py)

```
import pandas as pd
df1 = pd.DataFrame(
      [[1, 4],
      [2, 5],
      [3, 6]],
      columns=['a', 'b'])
print(df1, '\n')
```

| 결과 |

	a	b
0	1	4
1	2	5
2	3	6

```
df2 = pd.DataFrame(
      {"c" : [7, 8, 9],
      "d" : [10, 11, 12]})
print(df2, '\n')
```

	c	d
0	7	10
1	8	11
2	9	12

프로그램 2(예제2-10.py)

```
df3 = pd.melt(df1)
print(df3)
```

| 결과 |

	variable	value
0	a	1
1	a	2
2	a	3
3	b	4
4	b	5
5	b	6

위의 함수 melt()는 분산분석(6.3.2 일원 분산분석)을 처리할 때 사용하는 데이터 구조입니다.

예제 2-11 함수 concat()을 이용한 데이터 재구조화

예제2-11.py

```
import pandas as pd
# <예제2-10>의 df1을 이용
print(df1, '\n')
```

| 결과 |

	a	b
0	1	4
1	2	5
2	3	6

```python
# <예제2-10>의 df2를 이용
print(df2, '\n')
```

| 결과 |

	c	d
0	7	10
1	8	11
2	9	12

```python
df4 = pd.concat([df1, df1], axis=0)
print(df4, '\n')
```

| 결과 |

	a	b
0	1	4
1	2	5
2	3	6
0	1	4
1	2	5
2	3	6

```python
df4 = pd.concat([df1, df1], axis=1)
print(df4, '\n')
```

| 결과 |

	a	b	a	b
0	1	4	1	4
1	2	5	2	5
2	3	6	3	6

```python
df5= pd.concat([df1, df2], axis=0)
print(df5, '\n')
```

| 결과 |

	a	b	c	d
0	1.0	4.0	NaN	NaN
1	2.0	5.0	NaN	NaN
2	3.0	6.0	NaN	NaN
0	NaN	NaN	7.0	10.0
1	NaN	NaN	8.0	11.0
2	NaN	NaN	9.0	12.0

```python
df6 = pd.concat([df1, df2], axis=1)
print(df6, '\n')
```

| 결과 |

	a	b	c	d
0	1	4	7	10
1	2	5	8	11
2	3	6	9	12

※ NaN은 Not a Number의 약어로 결측값을 의미합니다.

예제 2-12 함수 merge()를 이용한 결합

예제2-12.py

```
import pandas as pd
df_x = pd.DataFrame(
     [['A', 1],
      ['B', 2],
      ['C', 3]],
     columns=['x1', 'x2'])
print(df_x, '\n')
```

| 결과 |

	x1	x2
0	A	1
1	B	2
2	C	3

```
df_y = pd.DataFrame(
     {"x1" : ['B', 'C', 'D'],
      "x3" : [2, 3, 4]})
print(df_y, '\n')
```

| 결과 |

	x1	x3
0	B	2
1	C	3
2	D	4

```
print(pd.merge(df_x, df_y, how='left'), '\n')
```

| 결과 |

	x1	x2	x3
0	A	1	NaN
1	B	2	2.0
2	C	3	3.0

```
print(pd.merge(df_x, df_y, how='right'),
'\n')
```

| 결과 |

	x1	x2	x3
0	B	2.0	2
1	C	3.0	3
2	D	NaN	4

```
print(pd.merge(df_y, df_x))
```

| 결과 |

	x1	x2	x3
0	B	2	2
1	C	3	3

예제 2-13 함수 pivot()을 이용한 행렬 전환

▌예제2-13.py

```
import pandas as pd
df = pd.DataFrame([
   ['20225001','A', 77],
   ['20225001','B', 80],
   ['20225002','A', 85],
   ['20225002','B', 82],
   ['20225003','A', 95],
   ['20225003','B', 90]],
   columns=['ID_num','Subject', 'Score'])
print(df, '\n')
```

| 결과 |

	ID_num	Subject	Score
0	20225001	A	77
1	20225001	B	80
2	20225002	A	85
3	20225002	B	82
4	20225003	A	95
5	20225003	B	90

```
df_pivot = df.pivot(index = 'ID_num',
columns='Subject', values = 'Score')
print(df_pivot, '\n')
```

| 결과 |

Subject_ID_num	A	B
20225001	77	80
20225002	85	82
20225003	95	90

```
print(pd.merge(df_y, df_x))
```

| 결과 |

ID_num	
20225001	157
20225002	167
20225003	185

예제 2-14 함수 groupby()를 이용한 그룹화

▌예제2-14.py

```
import pandas as pd
# <예제 2-13>의 df 사용
print(df, '\n')
```

| 결과 |

	ID_num	Subject	Score
0	20225001	A	77
1	20225001	B	80
2	20225002	A	85
3	20225002	B	82
4	20225003	A	95
5	20225003	B	90

```
group_mean = df.groupby(by='Subject').mean()
print(group_mean)
```

| 결과 |

Subject	Score
A	85.66667
B	84.00000

함수 groupby()와 더불어 유용하게 사용할 수 있는 함수로 pivot_table()이 있습니다. 이 기능은 엑셀의 피벗 테이블과 유사하게 기존의 표에 대해 다양한 접근 방법을 이용한 재구성이 가능한데 이때 함수 인자 index와 column 그리고 value 등을 사용합니다.

예제2-추가2.py

```
import pandas as pd
# <예제 2-13>의 df 사용

fdv1 = pd.pivot_table(df, index='Subject', values='Score')
print(fdv1)

Subject
A      85.666667
B      84.000000

print('\n')
fdv2 = pd.pivot_table(df, index='ID_num', columns = 'Subject', values='Score')
print(fdv2)

Subject   A  B
ID_num
20225001  77  80
20225002  85  82
20225003  95  90
```

예제 2-15 메소드 sort_value를 이용한 데이터 정렬

예제2-15.py

```
import pandas as pd
# <예제 2-13>의 df 사용
print(df, '\n')
```

| 결과 |

	ID_num	Subject	Score
0	20225001	A	77
1	20225001	B	80
2	20225002	A	85
3	20225002	B	82
4	20225003	A	95
5	20225003	B	90

```
print(df.sort_values(by='Score', ascending=False))
```

| 결과 |

	ID_num	Subject	Score
0	20225003	A	95
1	20225003	B	90
2	20225002	A	85
3	20225002	B	82
4	20225001	B	80
5	20225001	A	77

```
print(df.sort_values(by=['Score', 'Subject']))
```

| 결과 |

	ID_num	Subject	Score
0	20225001	A	77
1	20225001	B	80
2	20225002	B	82
3	20225002	A	85
4	20225003	B	90
5	20225003	A	95

```
print(df.sort_values(by=['Subject', 'Score']))
```

| 결과 |

	ID_num	Subject	Score
0	20225001	A	77
1	20225002	A	85
2	20225003	A	95
3	20225001	B	80
4	20225002	B	82
5	20225003	B	90

2.2 데이터 파일 다루기

적은 분량의 데이터라면 배열 또는 리스트를 이용하여 프로그램에서 직접 입력할 수도 있지만, 대부분 이미 만들어진 데이터 파일을 이용합니다. pandas는 여러 형식으로 작성된 파일을 읽어 들이거나 불러온 다음, 적절한 데이터 구조로 변환하거나 다른 형식으로 저장하는 기능들을 제공합니다. 여기에서는 텍스트 형식으로 작성한 파일과 엑셀로 작성한 파일을 파이썬에서 처리하는 방법을 설명합니다.

저장된 파일 형식은 다르지만, 그 안에 포함된 데이터의 내용은 [표 2-4]와 같다고 가정합니다. 예로 사용할 파일 모두는 4개의 열(이름, 성별, 점수, 출석 점수)이 있고 총 10개의 행으로 구성되어 있습니다. 점수 열은 객관식 문제에 대해 맞춘 개수를 의미하며, 출석 점수는 20점 만점입니다. 객관식 문제를 80점 만점으로 계산하기 위해 점수×5로 계산하여 100점 만점으로 계산할 총점은 다음의 식을 이용합니다.

[표 2-4] 데이터의 내용과 계산할 식

이름	성별	점수	출석 점수
손선영	남	10	17
김영주	여	12	17
이희진	여	15	19
정지민	남	7	15
김윤미	여	9	14
고상준	남	15	20
박혜진	여	10	15
유인석	남	16	20
최나리	여	8	16
김웅기	남	5	10

총점 = (점수 × 5) + 출석 점수

2.2.1 데이터 파일 불러오기

텍스트 파일 형식으로 저장된 데이터 파일로 CSV 파일(파일 확장자가 csv)과 텍스트 파일(파일 확장자가 txt)이 있습니다.

첫 번째로 CSV 형식의 파일에서 CSV는 Comma Seperated Values의 약자로 데이터들이 콤마(comma)로 분리된 텍스트 형식의 파일입니다. CSV 형식의 파일은 엑셀로 불러올 수도 있고, 메모장(notepad)으로도 불러올 수 있습니다.

CSV 파일은 엑셀에서 다른 이름으로 저장할 때 [그림 2-2]와 같이 [파일 형식]에서 [CSV UTF-8(쉼표로 분리)]을 선택하여 저장할 수 있습니다. 예제에서 사용할 CSV 파일은 [그림 2-2]와 같이 엑셀을 이용하여 만든 CSV 파일(파일 이름 sample1.csv)로서 메모장(notepad)으로 불러오면 [그림 2-3]과 같이 콤마로 분리되어 있습니다.

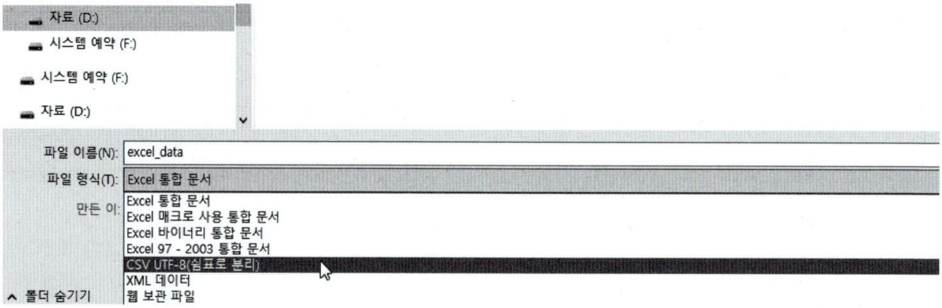

[그림 2-2] 엑셀에서 [다른 이름으로 저장]할 경우의 파일 형식

두 번째와 세 번째는 모두 파일 확장자가 txt인 텍스트 파일인데 파일 sample2.txt는 데이터가 CSV 형식과 같이 콤마로 구분된 파일이고 sample3.txt는 탭(tab)으로 구분된 파일입니다. 마지막으로 sample4.xlsx는 엑셀로 작성하여 저장한 파일입니다.

파일 1: sample1.csv

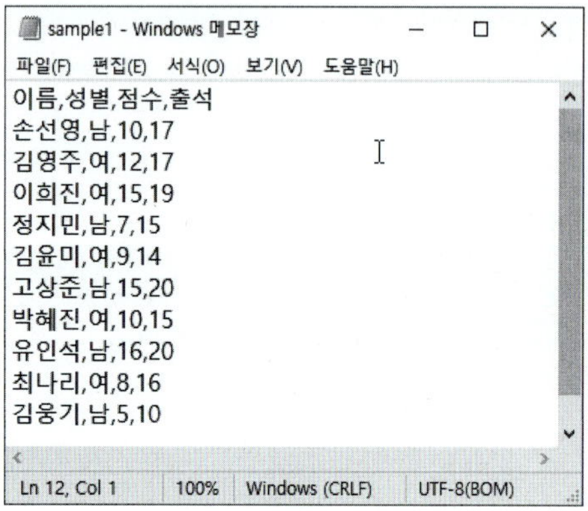

[그림 2-3] CSV 파일

파일 2: sample2.txt

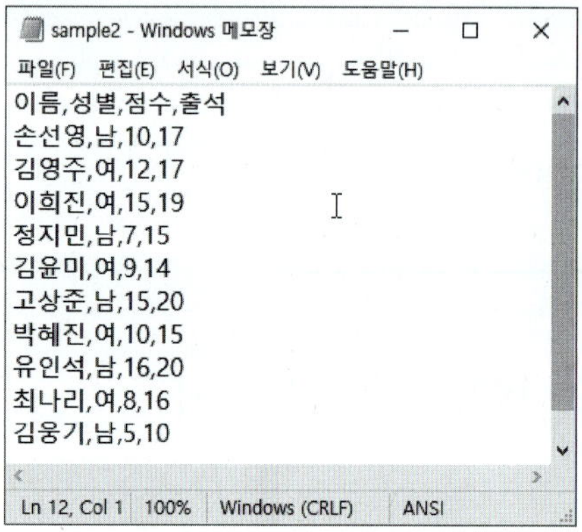

[그림 2-4] 콤마로 구분한 텍스트 파일

▌ 파일 3: sample3.txt

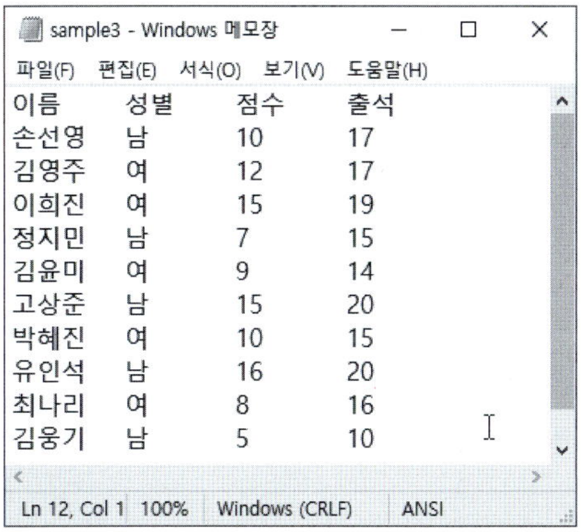

이름	성별	점수	출석
손선영	남	10	17
김영주	여	12	17
이희진	여	15	19
정지민	남	7	15
김윤미	여	9	14
고상준	남	15	20
박혜진	여	10	15
유인석	남	16	20
최나리	여	8	16
김웅기	남	5	10

[그림 2-5] 탭(tab)으로 구분한 텍스트 파일

▌ 파일 4: sample4.xlsx

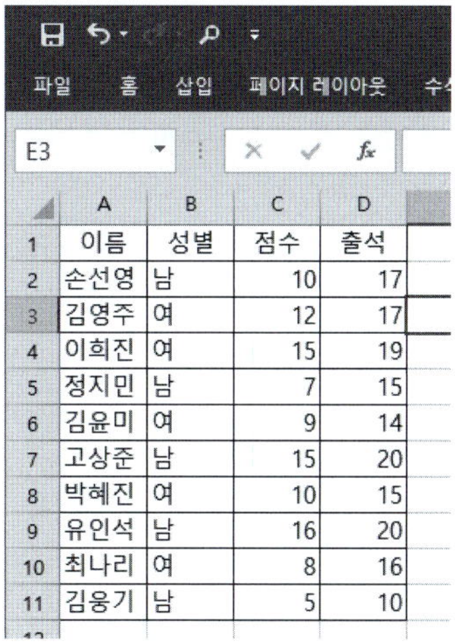

	A	B	C	D
1	이름	성별	점수	출석
2	손선영	남	10	17
3	김영주	여	12	17
4	이희진	여	15	19
5	정지민	남	7	15
6	김윤미	여	9	14
7	고상준	남	15	20
8	박혜진	여	10	15
9	유인석	남	16	20
10	최나리	여	8	16
11	김웅기	남	5	10

[그림 2-6] 엑셀 파일

이와 같은 4가지 유형의 파일을 파이썬 내부로 읽어 들이기 위하여 pandas의 함수인 read_csv()와 read_excel()을 사용합니다. 함수 read_csv()와 read_excel()을 통해 읽어 들인 데이터(file_data)는 엑셀 형식과 같은 행과 열로 만들어진 데이터프레임 구조를 가집니다.

[표 2-5] 데이터 파일 불러오기 요약

파일	해당 파일을 불러온 다음 데이터 처음 5줄만 출력하기
sample1.csv	import pandas as pd file_data = pd.read_csv("..\데이터\sample1.csv") print(file_data[0:5])
sample2.txt	import pandas as pd file_data = pd.read_csv("..\데이터\sample2.txt", encoding="cp949") print(file_data[0:5])
sample3.txt	import pandas as pd file_data = pd.read_csv("..\데이터\sample3.txt", sep = "\t", encoding = "euc-kr") print(file_data[0:5])
sample4.xlsx	import pandas as pd file_data = pd.read_excel("..\데이터\sample4.xlsx") print(file_data[0:5])

[표 2-5]에서 encoding은 파일을 읽거나 쓰는 방식을 선택하는 것인데 utf-8이 표준이자 기본이지만, 만약 실행 과정에서 오류가 발생한다면 cp949 또는 euc-kr을 사용합니다. [표 2-5]의 각 예제에서 사용한 함수 print(file_data[0:5])에 의해 데이터의 처음 5번째 행까지 출력하며, 결과([그림 2-7])는 모두 동일합니다.

```
    이름  성별   점수   출석
0  손선영   남   10  17
1  김영주   여   12  17
2  이희진   여   15  19
3  정지민   남    7  15
4  김윤미   여    9  14
```

[그림 2-7] IDLE Shell에 출력된 데이터

예제 2-16 CSV 파일 불러오기

[표 2-5]에서 첫 번째 파일(CSV)을 불러온 다음 화면에 출력하는 프로그램은 다음과 같습니다.

CSV 파일 불러오기(예제2-16.py)

```
import pandas as pd
file_data = pd.read_csv("..\데이터\sample1.csv")
print(file_data)
```

실행 결과

```
    이름  성별   점수   출석
0  손선영   남   10  17
1  김영주   여   12  17
2  이희진   여   15  19
3  정지민   남    7  15
4  김윤미   여    9  14
5  고상준   남   15  20
6  박혜진   여   10  15
7  유인석   남   16  20
8  최나리   여    8  16
9  김웅기   남    5  10
```

pandas의 함수 read_excel()를 사용하려면 명령 프롬프트 상에서 pip to install openpyxl을 실행하여 설치(1.4 파이썬 라이브러리와 설치)해야 합니다. 이 책에서 사용하는 모든 데이터는 [데이터] 폴더에 저장되어 있고, 프로그램은 [프로그램] 폴더에 저장되어 있으므로 데이터 파일을 불러올 때 [표 2-7]에서 "..\데이터\sample1.csv"와 같이 경로를 모두 표시하였지만, 프로그램과 데이터가 동일한 폴더에 저장되어 있다면 경로 표시 없이 파일 이름만 사용합니다.

2.2.2 데이터 파일 생성하기

앞에서 [표 2-4]에 대해서 점수는 객관식 문제의 맞은 개수이므로 객관식 문제를 80점 만점으로 계산하기 위해 점수×5로 계산하고, 20점 만점의 출석 점수를 합하여 100점 만점으로 계산하기 위해서 다음의 식을 이용합니다.

총점 = (점수 × 5) + 출석 점수

예제 2-17 데이터 파일의 생성

[표 2-4]의 데이터에서 이름 자료와 위의 계산식에 의해 새로 만들어진 총점(변수 total_score) 자료만으로 구성된 새로운 데이터프레임(new_data)을 CSV 형식(파일 result1.csv)과 엑셀 형식(파일 result1.xlsx)으로 저장한다면 다음과 같이 작성할 수 있으며, IDLE Shell에 나타난 결과는 [실행 결과 1]과 같습니다.

이 과정에 의해 새로 생성된 데이터 파일 result1.csv와 result1.xlsx의 내용은 각각 [실행 결과 2]와 [실행 결과 3]과 같습니다. 예를 들어, 첫 번째 학생인 손선영의 경우 맞춘 개수는 10이고 출석 점수는 17이므로, 총점은 67(= 10 × 5 + 17)입니다.

함수 concat()은 데이터를 연결할 때 사용하며, 데이터를 수직 방향의 위아래로 연결할 때는 axis=0를, 수평 방향의 오른쪽으로 연결할 때는 axis=1을 사용합니다.

▌데이터 파일의 생성(예제2-17.py)

```
import pandas as pd
file_data = pd.read_csv("..\데이터\sample1.csv")
print(file_data[0:5])

total_score = file_data['점수'] * 5 + file_data['출석']
new_data = [file_data['이름'], total_score]

# axis = 0는 위 + 아래로, axis=1은 왼쪽 + 오른쪽으로 합치기
result = pd.concat(new_data, axis=1, keys=['name', 'total'])

print(result)                # [실행 결과 1] 참고
result.to_csv("result1.csv")    # [실행 결과 2] 참고
result.to_excel("result1.xlsx")   # [실행 결과 3] 참고
```

| 실행 결과 1 |

```
    이름 성별  점수  출석
0  손선영  남  10  17
1  김영주  여  12  17
2  이희진  여  15  19
3  정지민  남   7  15
4  김윤미  여   9  14
  name  total
0  손선영    67
1  김영주    77
2  이희진    94
3  정지민    50
4  김윤미    59
5  고상준    95
6  박혜진    65
7  유인석   100
8  최나리    56
9  김웅기    35
```

2.2.3 그래프에 대한 이미지 파일 생성

앞에서 새로 만든 변수인 total_score에 대해 히스토그램을 작성하고 작성한 히스토그램 이미지를 파일 histogram of score.png로 저장하려면 예제2-17.py의 마지막 부분에 다음의 추가.py의 내용을 추가하여 실행합니다.

▌이미지 파일 생성(추가.py)

```
import matplotlib.pyplot as plt
plt.hist(total_score, label='score data', bins=7)
plt.legend()
plt.savefig("histogram of score.png") # [실행 결과 4] 참고
plt.show()
```

예제2-17.py의 실행 결과로 2개의 파일(result1.csv와 result1.xlsx)이 생성되고, 추가.py의 내용을 추가하여 실행한 결과 [프로그램] 폴더에 이미지 파일(histogram of score.png)이 생성되어 저장됩니다.

| 실행 결과 2 | 생성된 csv 파일

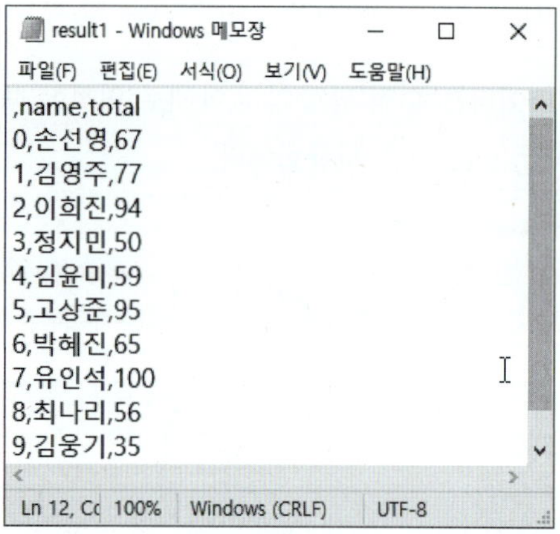

| 실행 결과 3 | 생성된 엑셀 파일

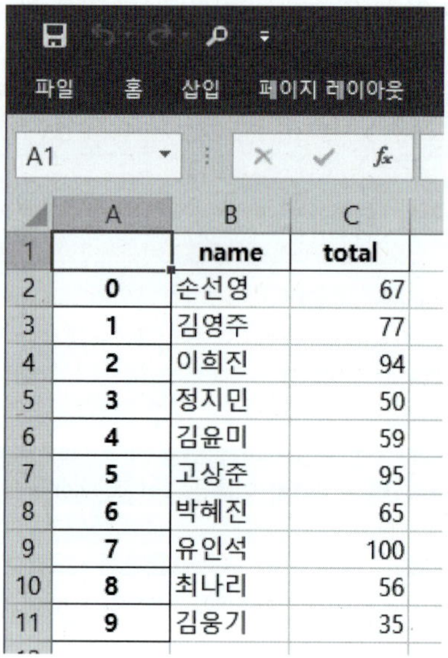

	A	B	C
1		name	total
2	0	손선영	67
3	1	김영주	77
4	2	이희진	94
5	3	정지민	50
6	4	김윤미	59
7	5	고상준	95
8	6	박혜진	65
9	7	유인석	100
10	8	최나리	56
11	9	김웅기	35

| 실행 결과 4 | 추가.py에 의해 생성된 이미지 파일

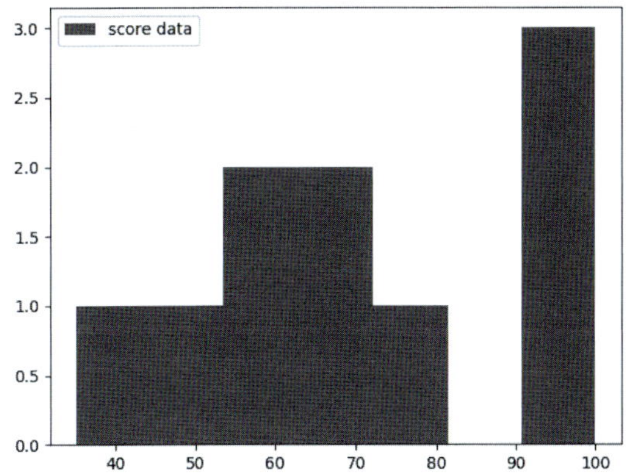

2.3 결측값 다루기

데이터를 수집하는 과정에서 측정값을 실수로 빠트리거나, 측정 자체가 불가능하여 누락시키는 경우가 있습니다. 또한 기존의 데이터 파일을 이용할 때 군데군데 값이 없는 상태인 공백으로 처리된 부분들이 있는데 이런 사례들을 모두 결측값(missing value)이라 하고 파이썬에서는 None 또는 NaN(Not a Number)으로 나타냅니다.

대부분의 통계처리 프로그램들의 분석 도구들은 기본적으로 결측값을 제외하고 처리하며, pandas의 통계 관련 함수들도 결측값을 제외하고 처리합니다.

결측값이 포함된 사례가 적다면 큰 문제가 되지는 않지만, 결측값이 포함된 사례가 많을 경우, 해당 사례들을 모두 제외하면 표본 수가 감소하고, 설문 문항에 대한 무응답 또는 왜곡된 정보가 다수 포함되어 해당 표본이 모집단을 대표한다고 볼 수 없습니다.

결측값을 처리하거나 다루는 메소드는 Pandas.DataFrame을 이용하며, 요약 내용은 다음과 같습니다.

결측값 처리 내용	pandas.DataFrame의 메소드	기능
결측값 확인 info()	`info()`	데이터 프레임의 요약 정보 출력
	`isnull()` `isna()`	결측값을 True로 출력
	`notnull()`	결측값을 False로 출력
값의 대체	`fillna()`	결측값을 다른 값으로 대체
	`replace()`	값 a를 값 b로 대체
사례 삭제	`dropna()`	결측값을 포함한 열 또는 행 삭제

결측값이 포함된 가상의 데이터를 이용하여 결측값을 처리하는 방법에 대해서 설명합니다. 가상의 데이터는 [표 2-6]과 같습니다.

[표 2-6] 결측값이 포함된 데이터

id	sex	height	weight
11021	m	164	59
11027	m	173	0
12206	f	157	56
12115	f	162	61
12204	m		73
12261	f	153	52

예제 2-18 **결측값이 포함된 데이터**

[표 2-6]에서 id가 12204에 대해 키 자료가 누락되어 있고 id 11027에 대해서 몸무게가 0으로 잘못 기재되어 있는 경우입니다. 엑셀로 저장된 파일(missing.xlsx)을 파이썬으로 불러온 후에 출력하면 공백 부분이 예제2-18.py의 [실행 결과]와 같이 NaN으로 표시됩니다.

▌결측값이 포함된 데이터(예제2-18.py)

```
import pandas as pd

df = pd.DataFrame(pd.read_excel("missing.xlsx"))
print(df)
```

| 실행 결과 |

```
      id sex  height  weight
0  11021   m   164.0      59
1  11027   m   173.0       0
2  12206   f   157.0      56
3  12115   f   162.0      61
4  12204   m     NaN      73
5  12261   f   153.0      52
```

2.3.1 결측값 확인하기

[표 2-6]과 같이 사례수 자체가 적다면 결측값을 눈으로 확인할 수 있지만, 사례수가 많은 경우는 바로 확인하기 어려우므로 함수 info()나 isnull()을 사용합니다.

예제 2-19 사례수가 많은 경우의 결측값 확인

프로그램 예제2-19.py에서 함수 info()의 경우 Non-Null Count 부분에 결측값이 아닌 (Non-Nul) 사례수가 표시됩니다. 함수 info() 대신에 열(column)에 대한 사례수를 표시하는 함수 count()를 이용하여 정상적인 값의 사례수를 확인할 수도 있습니다.

▍결측값의 확인(예제2-19.py)

```
import pandas as pd

df = pd.DataFrame(pd.read_excel("missing.xlsx"))
print(df.info())
```

| 실행 결과 |

```
<class 'pandas.core.frame.DataFrame'>
RangeIndex: 6 entries, 0 to 5
Data columns (total 4 columns):
 #   Column  Non-Null Count  Dtype
---  ------  --------------  -----
 0   id      6 non-null      int64
 1   sex     6 non-null      object
 2   height  5 non-null      float64
 3   weight  6 non-null      int64
dtypes: float64(1), int64(2), object(1)
memory usage: 320.0+ bytes
None
```

예제 2-20 함수 isnull()을 이용한 결측값의 확인

함수 isnull() 또는 함수 isna()는 정상적인 데이터 값에 대해서는 False로, 결측값은 True로 표시합니다. [실행 결과]에서 열 이름 height에 대해 결측값이 한 개(True) 있음을 알 수 있습니다.

▍함수 isnull()을 이용한 결측값의 확인(예제2-20.py)

```
import pandas as pd

df = pd.DataFrame(pd.read_excel("missing.xlsx"))
print(df.isnull())
```

| 실행 결과 |

```
      id    sex  height  weight
0  False  False   False   False
1  False  False   False   False
2  False  False   False   False
3  False  False   False   False
4  False  False    True   False
5  False  False   False   False
```

예제 2-21 결측값의 개수 확인

대부분의 컴퓨터 언어에서 False는 0으로 True는 1로 처리하기 때문에 DataFrame에 대해 열(column)의 합을 계산하는 sum() 함수를 사용하면 예제2-21.py의 [실행 결과]와 같이 결측값의 개수를 확인할 수 있습니다.

▌결측값의 개수 확인(예제2-21.py)

```
import pandas as pd

df = pd.DataFrame(pd.read_excel("missing.xlsx"))
print(df.isnull().sum())
```

| 실행 결과 |

```
id        0
sex       0
height    1
weight    0
dtype: int64
```

예제 2-22 함수 notnull()를 이용한 결측값의 확인

예제2-22.py에서 함수 notnull()은 함수 isnull()과 반대로 정상적인 데이터 값에 대해서는 True로, 결측값은 False로 표시합니다.

▌함수 notnull()을 이용한 결측값의 확인(예제2-22.py)

```
import pandas as pd

df = pd.DataFrame(pd.read_excel("missing.xlsx"))
print(df.notnull())
```

| 실행 결과 |

```
     id   sex  height  weight
0  True  True    True    True
1  True  True    True    True
2  True  True    True    True
3  True  True    True    True
4  True  True   False    True
5  True  True    True    True
```

2.3.2 값 대체하기

수집한 데이터에 대해 예를 들어 평균을 계산한다고 할 때 대부분 결측값을 제외하고 계산하지만, 결측값을 적절한 다른 값으로 대체하는 경우도 있습니다.

예제 2-23 결측값이 포함된 평균 계산

결측값이 포함된 [표 2-6]의 데이터에 대해 열 이름 height와 weight에 대해 평균을 계산하면 다음과 같습니다.

▌결측값이 포함된 평균 계산(예제2-23.py)

```
import pandas as pd

df = pd.DataFrame(pd.read_excel("missing.xlsx"))
print('height=', df.height.mean())
print('weight=', df.weight.mean())
```

| 실행 결과 |

```
height= 161.8
weight= 50.166666666666664
```

열 이름 height에 대해서는 결측값이 있지만, 평균을 계산하는 함수 mean()의 결과를 보면 결측값을 제외한 5개의 데이터에 대한 평균으로 계산합니다. 그러나 열 이름 weight에 입력된 0 값은 결측값이 아닌 정상적인 값으로 처리하기 때문에 0 값을 포함한 6개의 사례에 대한 평균을 계산합니다.

예제 2-24 함수 fillna()를 이용한 결측값의 대체

데이터에 포함된 결측값을 다른 값으로 대체할 때 함수 fillna()를 이용합니다. 예제2-24.py의 실행 결과 height의 결측값이 height의 평균값(161.8)으로 대체된 것을 확인할 수 있습니다.

함수 fillna()를 이용한 결측값의 대체(예제2-24.py)

```
import pandas as pd

df = pd.DataFrame(pd.read_excel("missing.xlsx"))
print(df)
print()
print('height=', df.height.mean())
print('weight=', df.weight.mean())
df = df.fillna(df.height.mean())
print()
print(df)
```

| 실행 결과 |

```
      id sex  height  weight
0  11021   m   164.0      59
1  11027   m   173.0       0
2  12206   f   157.0      56
3  12115   f   162.0      61
4  12204   m     NaN      73
5  12261   f   153.0      52

height= 161.8
weight= 50.166666666666664

      id sex  height  weight
0  11021   m   164.0      59
1  11027   m   173.0       0
2  12206   f   157.0      56
3  12115   f   162.0      61
4  12204   m   161.8      73
5  12261   f   153.0      52
```

예제 2-25 잘못 입력한 값의 대체(함수 replace())

잘못 입력한 값이나 특정 값을 다른 값으로 바꾸려면 함수 replace()를 사용합니다. 예제 2-25.py에서 0으로 입력된 값을 결측값으로 바꿀 때 프로그램에서 결측값은 np.nan으로 나타내며, 라이브러리 numpy가 필요합니다.

▌ 잘못 입력한 값의 대체(예제2-25.py)

```
import pandas as pd
import numpy as np

df = pd.DataFrame(pd.read_excel("missing.xlsx"))
print(df)
df = df.replace(0, np.nan)
print()
print(df)
```

| 실행 결과 |

```
      id sex  height  weight
0  11021   m   164.0      59
1  11027   m   173.0       0
2  12206   f   157.0      56
3  12115   f   162.0      61
4  12204   m     NaN      73
5  12261   f   153.0      52

      id sex  height  weight
0  11021   m   164.0    59.0
1  11027   m   173.0     NaN
2  12206   f   157.0    56.0
3  12115   f   162.0    61.0
4  12204   m     NaN    73.0
5  12261   f   153.0    52.0
```

2.3.3 결측 사례 삭제하기

수집한 데이터의 결측값을 다른 값으로 대체하기도 하지만, 결측값이 포함된 변수나 사례를 삭제하는 경우도 있습니다.

예제 2-26 결측값이 포함된 사례(데이터 행)의 삭제

결측값이 포함된 사례(행 또는 열)를 삭제할 때 함수 dropna()를 사용합니다. 행을 삭제하려면 axis=0를 인자로, 열을 삭제하려면 axis=1을 사용합니다. 예제 결측값2-26.py의 [실행 결과]에서 id가 12204인 사례(행 전체)가 삭제되었습니다.

▌ 결측 사례 삭제하기(예제2-26.py)

```
import pandas as pd

df = pd.DataFrame(pd.read_excel("missing.xlsx"))
print(df)
df = df.dropna(axis=0)
print()
print(df)
```

| 실행 결과 |

```
      id sex  height  weight
0  11021   m   164.0      59
1  11027   m   173.0       0
2  12206   f   157.0      56
3  12115   f   162.0      61
4  12204   m     NaN      73
5  12261   f   153.0      52

      id sex  height  weight
0  11021   m   164.0      59
1  11027   m   173.0       0
2  12206   f   157.0      56
3  12115   f   162.0      61
5  12261   f   153.0      52
```

예제 2-27 결측값이 포함된 사례(데이터 열)의 삭제

예제2-27.py의 [실행 결과]에서는 결측값을 포함한 열(변수)이 삭제된 것을 확인할 수 있습니다.

결측값이 포함된 사례(데이터 열)의 삭제(예제2-27.py)

```
import pandas as pd

df = pd.DataFrame(pd.read_excel("missing.xlsx"))
print(df)
df = df.dropna(axis=1)
print()
print(df)
```

| 실행 결과 |

```
      id sex  height  weight
0  11021   m   164.0      59
1  11027   m   173.0       0
2  12206   f   157.0      56
3  12115   f   162.0      61
4  12204   m     NaN      73
5  12261   f   153.0      52

      id sex  weight
0  11021   m      59
1  11027   m       0
2  12206   f      56
3  12115   f      61
4  12204   m      73
5  12261   f      52
```

단원 정리

2.1 데이터 구조

■ 리스트(list)와 배열(array)

행렬과 벡터 연산을 목적으로 한다면 배열을 사용하는 것이 좋고, 다양한 자료형이 포함된 연속적인 데이터를 목적으로 저장하려면 리스트를 사용한다.

리스트는 데이터를 추가해 나갈 수 있지만, 배열은 선언과 동시에 고정된 크기를 갖는 차이가 있고, 파이썬에서는 리스트 역시 배열과 마찬가지로 인덱스를 사용한 접근이 가능하다. 배열을 사용하려면 라이브러리 NumPy가 필요하지만, 리스트는 별도의 라이브러리가 필요 없이 기본적으로 사용할 수 있는 데이터 구조이다.

■ 데이터 구조의 변환

기술통계와 같이 비교적 간단한 통계량을 계산한다면 numpy의 리스트나 배열을 이용할 수 있지만, 통계처리에 필요한 다양한 데이터 구조로 변환하기 위해 pandas의 DataFrame을 사용하는 것이 편리하다.

함수 melt()

	a	b
0	1	4
1	2	5
2	3	6

	c	d
0	7	10
1	8	11
2	9	12

→

	variable	value
0	a	1
1	a	2
2	a	3
3	b	4
4	b	5
5	b	6

함수 concat()

	a	b
0	1	4
1	2	5
2	3	6

	c	d
0	7	10
1	8	11
2	9	12

→

	a	b
0	1	4
1	2	5
2	3	6
0	1	4
1	2	5
2	3	6

함수 merge()

	x1	x2
0	A	1
1	B	2
2	C	3

	x1	x3
0	B	2
1	C	3
2	D	4

↓

	x1	x2	x3
0	A	1	NaN
1	B	2	2.0
2	C	3	3.0

함수 pivot()

	ID_num	Subject	Score
0	20225001	A	77
1	20225001	B	80
2	20225002	A	85
3	20225002	B	82
4	20225003	A	95
5	20225003	B	90

↓

Subject ID_num	A	B
20225001	77	80
20225002	85	82
20225003	95	90

함수 pivot_table()

	ID_num	Subject	Score
0	20225001	A	77
1	20225001	B	80
2	20225002	A	85
3	20225002	B	82
4	20225003	A	95
5	20225003	B	90

↓

Subject ID_num	A	B
20225001	77	80
20225002	85	82
20225003	95	90

함수 groupby()

	ID_num	Subject	Score
0	20225001	A	77
1	20225001	B	80
2	20225002	A	85
3	20225002	B	82
4	20225003	A	95
5	20225003	B	90

↓

Subject	Score
A	85.66667
B	84.00000

2.2 데이터 파일 다루기

■ 외부 파일을 파이썬으로 불러오는 방법

파일 형식	해당 파일을 불러오는 방법
sample1.csv 콤마로 구분	`fd = pd.read_csv("sample1.csv")`
sample2.txt 콤마로 구분	`fd = pd.read_csv("sample2.txt", encoding="cp949")`
sample3.txt TAB으로 구분	`fd = pd.read_csv("sample3.txt", sep="\t", encoding="euc-kr")`
sample4.xlsx	`fd = pd.read_excel("sample4.xlsx")`

■ 파이썬으로 불러온 데이터를 엑셀 파일로 저장하는 방법

프로그램 안에서 데이터를 엑셀 파일로 저장하려면 pandas의 DataFrame으로 변환한 다음 함수 to_excel()을 이용한다.

함수 to_excel	함수 인자
`pandas.DataFrame.to_excel(excel_writer, sheet_name, ...)`	• excel_writer: 저장할 경로와 파일 이름 • sheet_name: 시트 이름

2.3 결측값 다루기

결측값을 처리하거나 다루는 메소드는 Pandas.DataFrame을 이용하며, 요약 내용은 다음과 같다.

결측값 처리 내용	pandas.DataFrame의 메소드	기능
결측값 확인	`info()`	데이터 프레임의 요약 정보 출력
	`isnull()` `isna()`	결측값을 True로 출력
	`notnull()`	결측값을 False로 출력
값의 대체	`fillna()`	결측값을 다른 값으로 대체
	`replace()`	값 a를 값 b로 대체
사례 삭제	`dropna()`	결측값을 포함한 열 또는 행 삭제

연습문제

1. 리스트와 배열의 차이에 대해서 설명한 것 중 틀린 것은?

① 다양한 자료형이 포함된 연속적인 데이터를 목적으로 저장하려면 리스트(list)를 사용하고, 배열은 행렬과 벡터 연산에 적합하다.

② 리스트는 선언과 동시에 고정된 크기를 갖고, 배열은 데이터를 추가할 수 있다.

③ 리스트와 배열은 인덱스를 사용하여 접근이 가능하다.

④ 리스트는 별도의 라이브러리 설치가 필요 없다.

2. 다음 프로그램의 결과가 잘못된 것은?

```
List_Data = [2, 4, 6, 8, 10, 12]
① print(List_Data[0])
② print(List_Data[2]+List_Data[3])
③ print(List_Data[-2])
④ print(List_Data[-5])
```

① 4　　② 12　　③ 10　　④ 4

3. 다음 프로그램의 실행 결과는?

```
List_Data = [1, 2, 3, 4, 5, 6]
print(List_Data[0]+List_Data[4])
print(List_Data[-1])
```

4. 다음 프로그램의 실행 결과는?

```
Lst = [2, 4, 6, 8, 10, 12]
33print(Lst.index(8))
Lst.insert(0, 0)
print(Lst)
```

5. 다음 프로그램의 실행 결과는?

```
import numpy as np
arr=np.array([1, 2, 3, 4, 5])
print(arr+10)
print(arr*5)
```

6. 다음 프로그램의 실행 결과는?

```
import numpy as np
a = np.full(5, 9)
print(a)
```

① [5 5 5 5 5]　② [9 9 9 9 9]

③ [5 5 5 5 5][9 9 9 9 9]　④ [a a a a a]

7. 다음의 예와 같이 처리할 수 있는 함수는?

	a	b
0	1	4
1	2	5
2	3	6

	c	d
0	7	10
1	8	11
2	9	12

→

	variable	value
0	a	1
1	a	2
2	a	3
3	b	4
4	b	5
5	b	6

① melt()　② concat()　③ merge()　④ pivot()

8. 다음의 예와 같이 처리할 수 있는 함수는?

	a	b
0	1	4
1	2	5
2	3	6

	c	d
0	7	10
1	8	11
2	9	12

→

	a	b
0	1	4
1	2	5
2	3	6
0	1	4
1	2	5
2	3	6

① melt() ② concat() ③ merge() ④ pivot()

9. 다음의 예와 같이 처리할 수 있는 함수는?

	x1	x2
0	A	1
1	B	2
2	C	3

	x1	x3
0	B	2
1	C	3
2	D	4

↓

	x1	x2	x3
0	A	1	NaN
1	B	2	2.0
2	C	3	3.0

① melt() ② concat() ③ merge() ④ pivot()

10. 다음의 예와 같이 처리할 수 있는 함수는?

	ID_num	Subject	Score
0	20225001	A	77
1	20225001	B	80
2	20225002	A	85
3	20225002	B	82
4	20225003	A	95
5	20225003	B	90

↓

Subject ID_num	A	B
20225001	77	80
20225002	85	82
20225003	95	90

① melt()　② concat()　③ merge()　④ pivot()

11. 파이썬에서 사용하거나 다룰 수 있는 파일 형식에 대한 설명 중 틀린 것은?

① CSV(Comma Seperated Values) 파일을 불러올 수 있다.
② 텍스트 형식의 파일은 보통 Tab이나 콤마(comma)로 데이터가 분리되어 있다.
③ CSV 형식의 파일은 Excel 프로그램으로 불러올 수 있다.
④ Excel 형식의 파일로 저장이 불가능하다.

12. 다음에서 결측값을 확인할 수 없는 함수는?

① info()　② isnull()
③ notnull()　④ fillna()

13. 데이터에서 결측값을 포함한 행 또는 열을 삭제하는 함수는?

① isna()　② dropna()
③ replace()　④ fillna()

CHAPTER

03

데이터의 특성을 그래프와 숫자로 요약하기

파이썬 라이브러리인 Matplotlib과 Seaborn을 사용하여 데이터의 특성을 잘 표현해 주는 그래프를 선택하여 작성하고, 데이터의 특성을 숫자로 요약하여 나타내는 방법을 설명합니다.

contents

CHAPTER

03 데이터의 특성을 그래프와 숫자로 요약하기

| 이 장에서 학습할 내용 |

1. 그래프를 통하여 데이터의 특성을 나타내는 방법
   - 히스토그램, 막대그래프, 선 그래프 등
2. 데이터의 특성을 숫자로 요약하여 나타내는 방법
   - 평균, 중앙값, 표준편차 등

3.1 데이터의 특성을 그래프로 나타내는 시각화

분석을 위하여 수집한 데이터에는 문자가 포함되기도 하지만, 대부분은 숫자로 이루어집니다. 그런데 수집한 데이터를 보는 것만으로 데이터 전체의 모습이나 특징을 알아내기는 어렵습니다. 따라서 데이터가 가지고 있는 모습과 전체적인 윤곽을 나타내기 위해서 정리가 필요하며, 표(table)나 그래프(graph)를 통해 나타냅니다.

4	During ○ hours, trains leave from Platform⑦ (other trains leave from Platform ⑧or ⑨).
5	0 20 40
6	0 10 18 25 33 39 46 53 54
7	1 5 9 13 17 21 24 28 31 36 39 43 47 51 54 59
8	2 5 11 13 19 21 26 29 34 36 42 44 50 52 58
9	0 5 10 13 20 22 30 32 40 41 50 51
10	0 1 10 11 20 21 30 31 40 41 50 51
11	0 1 10 11 20 21 30 31 40 41 50 51
12	0 1 10 11 20 21 30 31 40 41 50 51
13	0 1 10 11 20 21 30 31 40 41 50 51
14	0 1 10 11 20 21 30 31 40 41 50 51
15	0 1 10 11 20 21 30 31 40 41 50 51
16	0 1 10 11 20 21 30 31 40 41 50 51
17	0 1 10 11 20 21 26 30 31 36 40 41 46 50 51 56
18	0 1 6 10 11 16 20 21 26 30 31 36 40 41 46 50 51 56
19	0 1 6 10 11 16 20 21 26 30 31 36 40 41 46 50 51 56
20	0 1 6 10 11 16 20 21 26 30 31 36 40 41 46 50 51 56
21	0 1 6 10 11 16 20 21 26 30 31 36 40 41 46 50 51 56
22	0 3 10 13 20 23 30 33 40 43 50 53
23	0 3 10 14 20 23 30 37 45 49
24	0 9 25

[그림 3-1] 우메다 역 시간표[1)]

[그림 3-1]은 일본 오사카의 우메다 역에서 고베 산노미아로 가는 한큐라인 평일 기차 시간

1) https://www.hankyu.co.jp/global/en/station_guide/umeda/index.html

표입니다.

보통 기차 시간표는 출발 시간대와 분으로 나타내는데 [그림 3-1]은 사각형과 동그라미 그리고 몇 가지 색으로 구분한 숫자를 이용하여 이 역에서 출발하는 4가지 종류의 기차를 나타냅니다.

빨간색 바탕의 사각형과 원형의 흰색 숫자는 쾌속특급(Limited Express)을, 주황색 바탕에 사각형 안의 빨간색 숫자는 쾌속급행(Papid Express)을, 노란색 바탕의 사각형과 원형의 검은색 숫자는 급행(Express)을, 흰색 동그라미의 검은색 숫자는 보통(Local)을 나타냅니다.

이렇듯 숫자 외에 도형과 색상을 활용하여 여러 가지 정보를 시각적으로 구분하여 나타낼 수 있습니다.

3.1.1 히스토그램

히스토그램은 생활 주변에서 쉽게 볼 수 있는 그래프로서 막대그래프와 혼용하여 사용하지만, 두 가지의 차이점이 있습니다. 히스토그램은 [그림 3-2]의 오른쪽과 같이 측정된 연속적인 값(나이, 성적 등)을 나타내기 위하여 사용합니다. 막대그래프는 [그림 3-2]의 왼쪽과 같이 범주(category)로 구분되는 데이터(성별, 종교 또는 직업 형태에 따른 사례수)를 이용하므로 범주의 순서는 작성자의 의도에 따라 바뀔 수 있지만, 히스토그램의 경우는 막대의 순서를 임의로 바꿀 수 없으며, 주로 막대의 간격 없이 표현합니다.

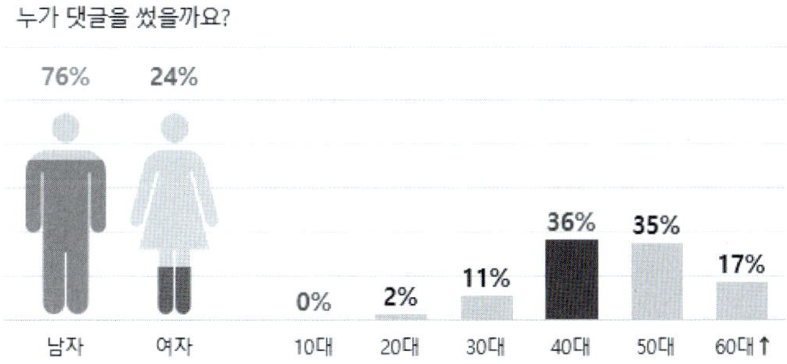

[그림 3-2] 막대그래프와 히스토그램[2)]

2) 네이버 뉴스 댓글 작성자 정보(https://news.naver.com)

히스토그램을 작성하기 위하여 학생 건강검사 자료[3] 중에서 중학교 남학생 4,933명의 신장 데이터를 사용합니다. 이 데이터의 원시 자료는 엑셀 파일로 되어 있으며, [표 3-1]은 일부만 표시한 것입니다.

[표 3-1] 중학교 남학생의 신장 데이터 중 일부

141 162.9 155.4 151.9 167.6 163.6 163.6 170.6 177.9 159.5 160.9 155.7 160.4 157.4 156.5 159.8 146 160.5 158 160.3 167.3 169.6 155.4 144.8 153.9 150.8 162.5 173.6 …

[그림 3-3]은 [표 3-1]의 데이터를 이용하여 막대의 수를 5개, 7개, 10개로 변화시키면서 히스토그램을 작성한 것입니다. 같은 데이터라도 막대의 수에 따라 데이터의 전체적인 윤곽이 다르게 나타나므로 막대 수에 대한 적절한 기준이 필요합니다. 막대의 수 또는 계급의 수는 데이터의 성격에 따라 적절하게 결정하지만, 일반적인 기준은 데이터의 개수를 n이라 할 때 $k = [1 + \log_2(n)]$ 값 이상의 정수 중에서 최소의 정수 k[4]를 사용합니다. 만약 데이터의 개수가 50이라면 $k = 1 + \log_2 50 = 6.64$ 이상의 정수 중에서 최소의 정수는 7이므로 막대의 수는 7개로 합니다.

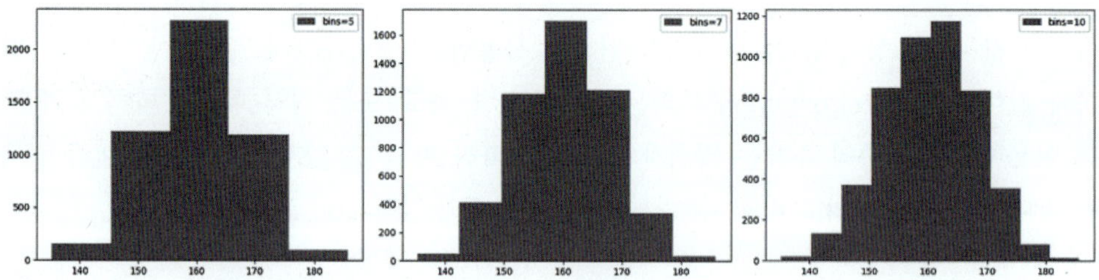

[그림 3-3] 막대수의 변화(5, 7, 10)에 따른 중학생 신장 히스토그램

예제 3-1 막대 수의 변화에 따른 히스토그램 작성

함수 read_excel()을 통해 읽어 들인 데이터는 Excel 형식과 같은 행과 열로 만들어진 데이터프레임 구조를 갖습니다(2.2.1 데이터 파일 불러오기).

파이썬은 인터프리터 언어로서 작성한 프로그램의 한 줄 단위로 처리하므로 예제3-1.py를 실행하면 제일 먼저 [그림 3-3]의 가장 왼쪽 히스토그램이 나타나고, 나타난 히스토그램 창을 닫아야만(close) 다음 히스토그램이 나타납니다.

3) 2019년도 학생 건강검사 표본통계, 교육부, 2020년

4) Sturges' Formula

▌막대의 수 변화에 따른 히스토그램 작성(예제3-1.py)

```
import pandas as pd
import matplotlib.pyplot as plt
# from matplotlib import pyplot as plt
# 엑셀 파일 불러오기 2.2.1절 참고
data = pd.read_excel("..\데이터\중학생_남자_키.xlsx")

plt.hist(data, label='bins=5', bins=5)          # 막대 수를 5로 하고 범례(label)의 내용 작성
plt.legend()                                    # 범례('bins=5')를 그래프에 배치함
plt.show()                                      # 히스토그램을 화면에 출력

plt.hist(data, label='bins=7', bins=7)          # 막대 수를 7로 하고 레이블 작성
plt.legend()
plt.show()

plt.hist(data, label='bins=10', bins=10)        # 막대 수를 10으로 하고 레이블 작성
plt.legend()
plt.show()
```

함수 read_excel()를 사용하려면 명령 프롬프트 상에서 pip to install openpyxl을 실행하여 설치(1.4 파이썬 라이브러리와 설치)해야 합니다. 그래프를 작성할 때 라이브러리 matplotlib를 사용하기 위해서 불러(import)오는데 matplotlib.pyplot은 라이브러리 matplotlib 안의 모듈 중에서 pyplot을 사용한다는 의미이고, 이것을 plt라는 이름으로 사용합니다.

프로그램에서 `import matplotlib.pyplot as plt`와 `from matplotlib import pyplot as plt`는 같은 역할을 합니다. 히스토그램의 작성은 모듈 plt에서 함수 hist()를 이용하고, 이 함수의 인자 중에서 중요한 것만 사용하고자 합니다.

함수 matplotlib.pyplot.hist()	함수 인자(사용법)
`matplotlib.pyplot.hist(x, bins, label, …)`	• x: 배열 데이터의 이름 • bins: 막대의 수 결정(bins=5) • label: 레이블 작성(label='# of bins=5')

3.1.2 막대그래프

막대그래프(bar chart)는 히스토그램과 달리 범주형 데이터(categorical data)에 대해서 막대로 구분하여 표시한 것입니다. [그림 3-4]와 같이 장래의 희망 직업 또는 점심 메뉴를

범주로 구분하여 범주별 사례수나 비율로 나타냅니다. 범주형 데이터에 대한 막대그래프는 [그림 3-4]와 같이 사례수(비율)별 크기 순서로 정렬하여 작성하는 것이 좋습니다.

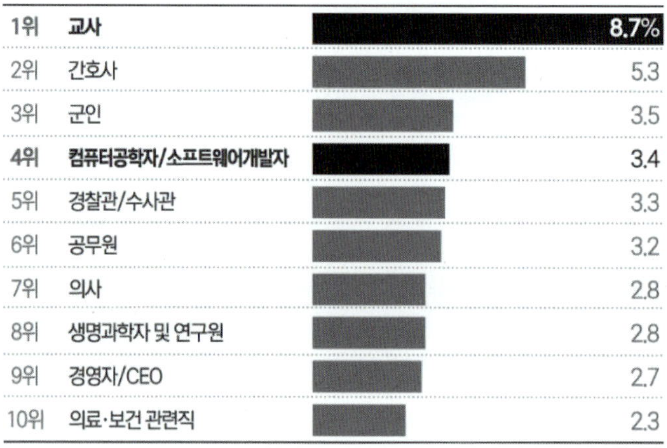

[그림 3-4] 2021년 고등학생의 희망 직업 top 10[5)]

월	확진자 수
6	16,109
7	41,401
8	53,121
9	59,899
10	53,450
11	82,565

2021년 코로나 바이러스 월별 확진자 수[6)]

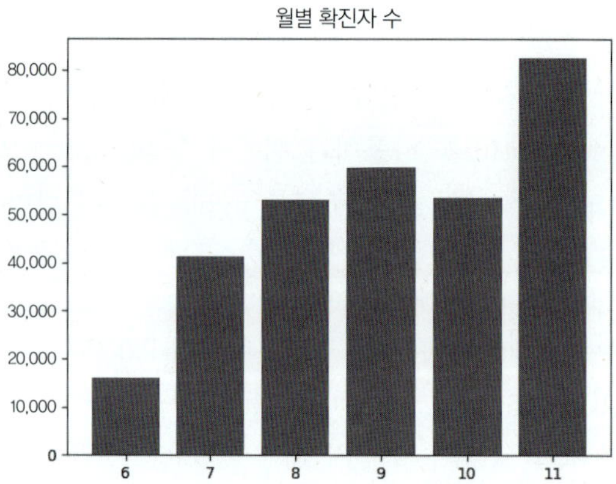

[그림 3-5] 월별 확진자 수의 막대그래프

예제 3-2 **월별 확진자 수에 대한 막대그래프 작성**

[그림 3-5]는 프로그램 예제3-2.py의 출력 결과이며, 2021년 코로나 바이러스 월별 확진자 수에 대한 막대그래프입니다.

5) 2021 초중등 진로교육 현황조사, 교육부, 2022

6) 코로나19 전국상황판, 통계청, 2021

막대그래프 작성(예제3-2.py)

```
from matplotlib import pyplot as plt

x = [6, 7, 8, 9, 10, 11]                                # x축에 나타낼 6개의 값(리스트 사용)
y = [16109, 41401, 53121, 59899, 53450, 82565]          # y축의 값

plt.bar(x, y)                                           # x축과 y축의 데이터
plt.title('number of cases by month')                   # 제목 표시
plt.show()
```

함수 matplotlib.pyplot.bar()	함수 인자(사용법)
matplotlib.pyplot.bar(x, height, ...)	• x: x축에 나타낼 데이터(배열 또는 리스트) • height: y축에 나타낼 데이터(배열 또는 리스트)

막대그래프를 작성하는 함수 plt.bar()에서 첫 번째 인자 x는 x축에 표시할 데이터로서 6월부터 11월까지를 나타냅니다. 두 번째 인자인 y는 6개의 x축에 나타낼 y의 값을 의미합니다. 함수 plt.bar()에는 그래프의 제목(title)을 출력하는 인자가 없으므로 함수 plt.title()을 추가로 사용합니다. 함수 plt.title()은 앞의 〈예제 3-1〉에도 적용하여 사용할 수 있습니다.

3.1.3 파이 차트

파이 차트(pie chart)는 원 그래프라고도 하며, 막대그래프와 같이 범주형 데이터에 대한 시각화 표현 방법입니다. 파이 차트는 [그림 3-6]과 같이 사례수보다는 구성 비율을 퍼센트로 나타내는 것이 일반적입니다.

패스트푸드	구성비(%)
햄버거	24
피자	22
파스타	16
치킨	38
계	100

외식 선호도 조사 결과

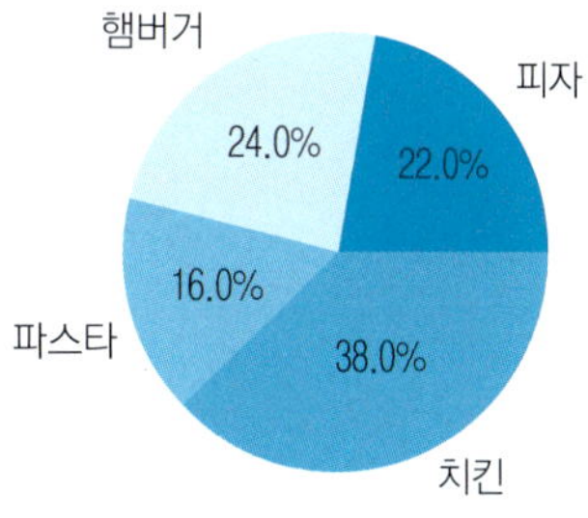

[그림 3-6] 외식 선호도 파이 차트

예제 3-3 **외식 선호도에 대한 파이 차트 작성**

이 예제에서 데이터는 외식 선호도 조사 결과의 구성비를 계산한 것입니다. 프로그램에서는 파이 차트를 나타내기 위하여 matplotlib.pyplot 모듈의 함수 pie()를 사용하고 결과는 [그림 3-6]과 같습니다.

▌파이 차트 작성(예제3-3.py)

```
from matplotlib import pyplot as plt

ratio = [22, 24, 16, 38]                                 # 퍼센트 비율(전체 합은 100)
labels = ['pizza', 'hamburger', 'pasta', 'chicken']     # 각 퍼센트의 레이블
plt.pie(ratio, labels=labels, autopct='%.1f%%')         # 퍼센트의 표시 방법
plt.show()
```

함수 matplotlib.pyplot.pie()	함수 인자(사용법)
matplotlib.pyplot.pie(x, labels, autopct, ...)	• x: 퍼센트의 비율(리스트 또는 배열) • labels: 각 퍼센트의 레이블 표시 • autopct: 퍼센트의 표시 방법

퍼센트의 표시 방법에서 autopct='%.1f%%'는 소수 이하 첫째 자리까지 표시하고 % 기호를 표시하라는 의미입니다.

3.1.4 선 그래프

시간의 경과에 따라 연속적으로 관측된 데이터에 대해 동일한 시간 간격으로 측정한 데이터를 시계열 데이터(time series data)라 합니다. 시계열 데이터에는 물가, 실업률, 취업률 등이 포함되며, 이러한 데이터를 그래프로 표현할 때 선 그래프(line chart)를 이용하여 변화의 추이를 파악합니다. [그림 3-7]은 2021년 1월부터 10월까지 청년층의 실업률[7]을 나타낸 그래프입니다.

7) KOSIS 100대 지표, 통계청, 2021

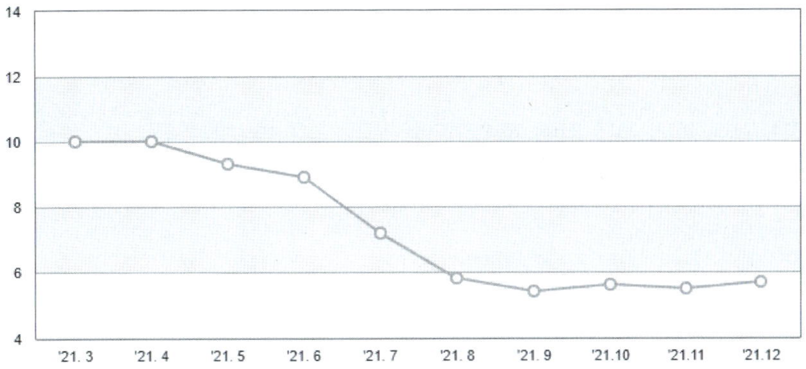

[그림 3-7] 청년층 실업률

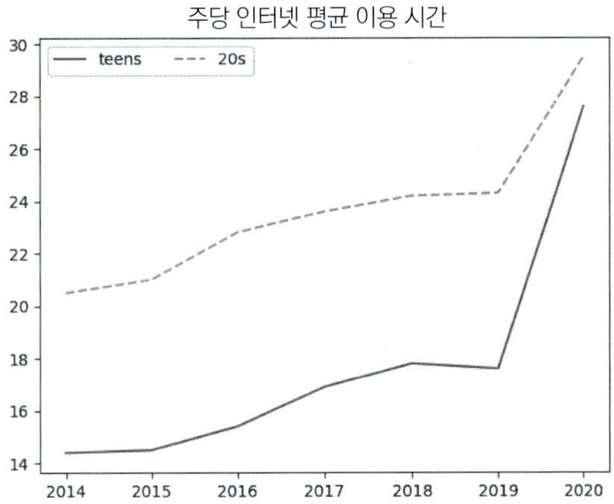

[그림 3-8] 인터넷 이용 시간에 대한 선 그래프

예제 3-4 인터넷 이용 시간에 대한 선 그래프 작성

[그림 3-8]에서 사용한 데이터는 10대와 20대의 주당 인터넷 평균 이용 시간[8]을 연도별로 조사한 것입니다. 코로나 바이러스가 퍼지기 시작한 2020년에 인터넷 이용 시간이 급격히 증가했음을 알 수 있습니다. 그림에서 점선은 20대, 실선은 10대의 인터넷 이용 시간을 나타냅니다.

8) 인터넷 이용 실태 조사, 과학기술정보통신부, 2021

▌선 그래프 작성(예제3-4.py)

```
from matplotlib import pyplot as plt

x = [2014, 2015, 2016, 2017, 2018, 2019, 2020]          # x축 데이터(년도)
y1 = [14.4, 14.5, 15.4, 16.9, 17.8, 17.6, 27.6]         # y축 데이터 1, 10대 자료
y2 = [20.5, 21.0, 22.8, 23.6, 24.2, 24.3, 29.5]         # y축 데이터 2, 20대 자료

plt.plot(x, y1, linestyle='solid', label='teens')       # x와 y1 그래프 작성
plt.plot(x, y2, linestyle='dashed', label='20s')        # x와 y2 그래프 작성

plt.legend(loc='best', ncol=2)                          # 레이블 표시 방법
plt.title('Internet Usage Time per Week')
plt.show()
```

함수 matplotlib.pyplot.plot()	함수 인자(사용법)
`matplotlib.pyplot.plot(x, y, label, linestyle, …)`	• x: x축 데이터(리스트 또는 배열) • y: y축 데이터(리스트 또는 배열) • label: 레이블(범례)의 내용 • linestyle: 실선(linestyle='solid') 점선(linestyle='dotted') 파선(linestyle='dashed')

함수 matplotlib.pyplot.legend()	함수 인자(사용법)
`matplotlib.pyplot.legend(loc, ncol, …)`	• loc: 레이블의 위치 최적의 위치(loc='best') 그래프 위 오른쪽(loc='upper right') 그래프 아래 왼쪽(loc='lower left') • ncol: 레이블 표시 방법

`plt.legend(loc='best', ncol=2)` 부분은 레이블(범례)의 위치를 자동으로 최적(best)의 위치에 표시하며, ncol은 레이블을 몇 개의 열로 표시할지를 지정합니다.

3.1.5 상자 도형

상자 도형(box plot)은 데이터를 순서대로 나열한 다음, 사분위수(quartiles)를 이용하여 전체 데이터의 분포와 특이값(outlier)의 존재 여부를 나타낼 수 있는 그래프입니다.

사분위수란 [그림 3-9]에서 데이터를 순서대로 나열했을 때 4등분하는 위치에 해당하는 값으로 1 사분위수(25%, Q_1), 2 사분위수(50%, Q_2), 3 사분위수(75%, Q_3)라 부릅니다. 상자의 테두리는 1 사분위수에서 3 사분위수로 나타내며, 특별히 Q_3-Q_1의 크기를 IQR(Interquatile Range)이라 부릅니다. 상자 가운데 직선은 중앙값(2 사분위수, Q_2)을 의미합니다.

[그림 3-9]에서 최솟값(min)과 최댓값(max)은 상자 도형의 끝부분을 직선으로 연결하여 나타내며, 3 사분위수보다 1.5×IQR 이상을 초과하는 값과 1 사분위수보다 1.5×IQR 이하를 미달하는 값은 특이값으로 간주하여 별표나 원으로 나타냅니다.

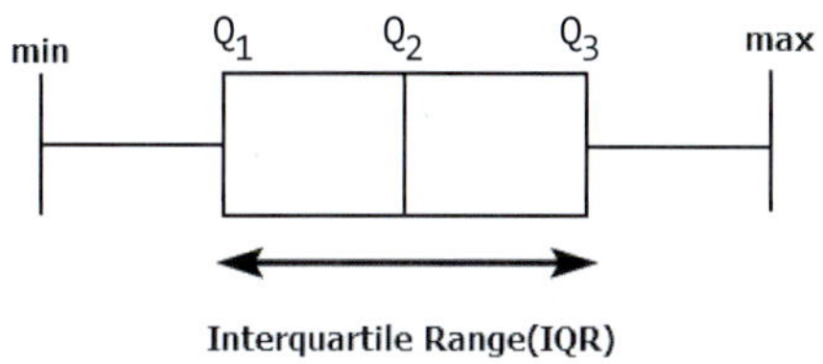

[그림 3-9] 상자 도형의 작성 방법과 IQR

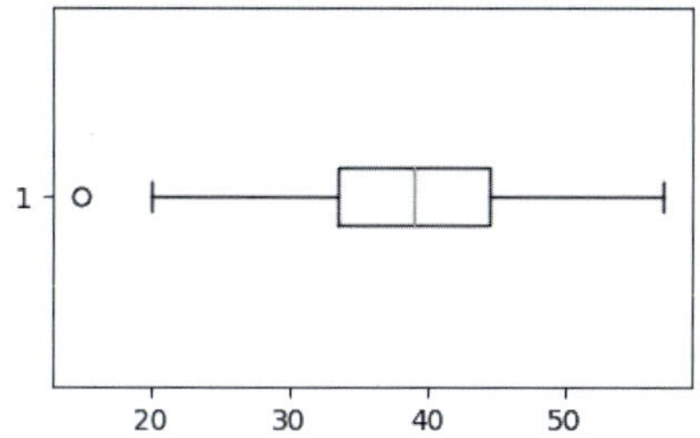

[그림 3-10] 주당 스마트폰 사용 시간

[표 3-2] 주당 스마트폰 사용 시간

27	40	38	35	52	53	31	36	55	29
53	41	15	29	39	34	32	39	28	43
38	47	31	46	36	44	22	41	42	54
39	37	43	57	48	51	44	35	44	20

예제 3-5 주당 스마트폰 사용 시간에 대한 상자 도형 작성

이 예제에서 사용한 데이터는 [표 3-2]에 있는 학생들의 주당 스마트폰 사용 시간이며, 이를 이용하여 상자 그림으로 나타내면 [그림 3-10]과 같습니다. [그림 3-10]에서 왼쪽의 작은 동그라미 표시는 특이값을 나타내며, 실제 값은 15입니다. 실제로 계산하면 Q_1은 33.5, Q_2는 39, Q_3는 44.5, IQR은 11이므로 min은 17, max는 61입니다.

프로그램에서 중앙값과 최솟값을 출력하기 위하여 numpy의 함수 median()과 min()을 사용하며, 이 데이터에 대해 각각 39와 15를 출력합니다. [그림 3-9]의 min은 min=Q_1−1.5×IQR로 계산한 것으로 데이터의 최솟값과는 다릅니다. [표 3-2]의 데이터는 CSV 형식으로 저장되어 있으며, 이를 불러오기 위하여 pandas의 함수 read_csv()를 사용(〈예제 2-16〉 CSV 파일 불러오기)합니다.

▌ 상자 도형 작성(예제3-5.py)

```
import numpy as np
import pandas as pd
from matplotlib import pyplot as plt

data = pd.read_csv("..\데이터\스마트폰_이용시간.csv")

print('median = ', np.median(data))             # 중앙값
print('min = ', np.min(data),'\n')              # 최솟값

plt.boxplot(data, vert=False)                   # 수평의 상자 도형(False의 F는 대문자로)
plt.show()
```

함수 matplotlib.pyplot.boxplot()	함수 인자(사용법)
matplotlib.pyplot.boxplot(x, vert, …)	• x: 데이터(배열 또는 리스트) • vert: 도형의 방향을 결정 수직(vert=True 또는 생략) 수평(vert=False)

3.1.6 산점도

산점도(scatter plot)는 가로축(x축)과 세로축(y축)으로 나타낼 수 있는 2차원 평면상에서 관찰값을 점이나 문자 등으로 표현합니다. 가장 흔한 예로 몸무게와 키의 2차원 데이터를 나타낼 때 사용합니다. 산점도는 축으로 표현하는 두 개의 데이터, 즉 키와 몸무게 간의 연관성 정도나 추세를 파악하기 위해 사용하고, 뒤에서 설명할 회귀분석에서 유용하게 사용합니다.

예제 3-6 초등학생의 키와 몸무게에 대한 산점도 작성

[그림 3-12]는 학생 건강검사 자료[9] 중에서 초등학생 표본 34명에 대한 키와 몸무게를 산점도로 나타낸 것이며, [그림 3-11]의 엑셀로 작성한 파일 데이터를 이용하였습니다.

이 예제에서 함수 DataFrame()은 pandas의 데이터프레임을 생성하기 위하여 사용하

9) 2019년도 학생 건강검사 표본통계, 교육부, 2020년

는데 엑셀 파일을 불러온 다음 data에 저장(2.2.2 데이터 파일 생성하기)합니다. 데이터 프레임을 사용하면 [그림 3-11]의 열 제목(height, weight)을 그대로 도형의 인자(data.height와 data.weight)로 사용할 수 있는 장점이 있습니다.

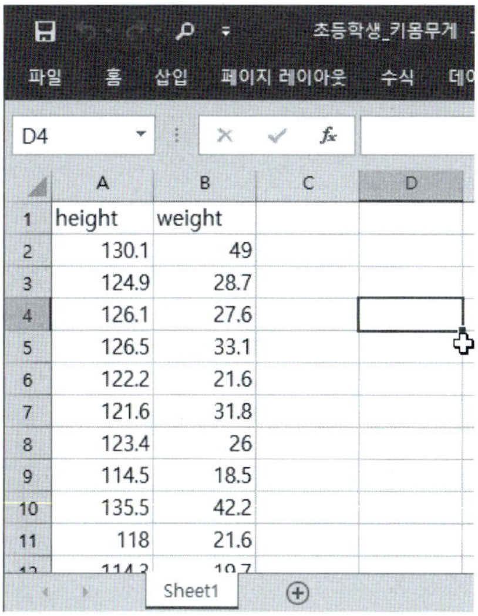

[그림 3-11] 초등학생의 키와 몸무게

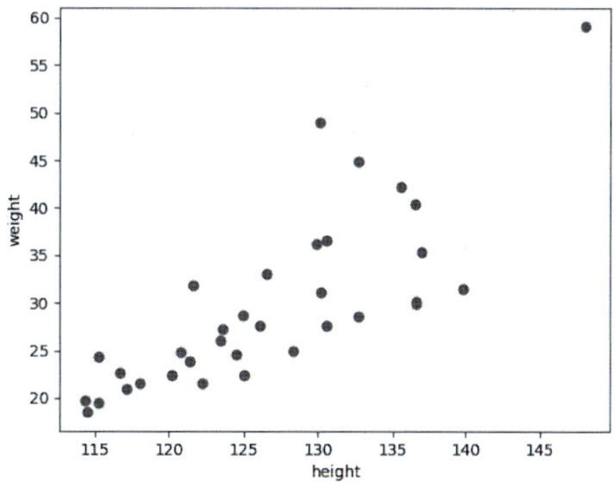

[그림 3-12] 초등학생 데이터에 대한 산점도

▌산점도 작성(예제3-6.py)

```
import pandas as pd
import matplotlib.pyplot as plt

data = pd.DataFrame(pd.read_excel("..\데이터\초등학생_키몸무게.xlsx"))

plt.scatter(data.height, data.weight) # [그림 3-11]의 열 제목을 그대로 사용
plt.xlabel('height')
plt.ylabel('weight')
plt.show()
```

함수 matplotlib.pyplot.scatter()	함수 인자(사용법)
matplotlib.pyplot.scatter(x, y, …)	• x: x축 데이터(배열 또는 리스트) • y: y축 데이터(배열 또는 리스트)

함수 scatter()에는 x, y축의 레이블을 나타내거나 표시하는 인자가 없으므로 함수 plt.xlabel()과 plt.ylabel()을 추가로 사용합니다.

[그림 3-12]는 키와 몸무게 2차원의 데이터를 나타낸 것이지만, 3차원 이상의 데이터에 대해 각 데이터 간의 산점도를 모두 교차하여 표현할 수 있는 산점도 행렬(scatter plot matrix)을 이용할 수도 있습니다.

예제 3-7 아이리스 데이터에 대한 산점도 행렬 작성

[그림 3-14]는 다차원 데이터로 많이 인용되는 아이리스(붓꽃) 데이터에 대한 산점도 행렬

	sepal_length	sepal_width	petal_length	petal_width	species
0	5.1	3.5	1.4	0.2	setosa
1	4.9	3.0	1.4	0.2	setosa
2	4.7	3.2	1.3	0.2	setosa
3	4.6	3.1	1.5	0.2	setosa
4	5.0	3.6	1.4	0.2	setosa

[그림 3-13] 아이리스 데이터의 일부분

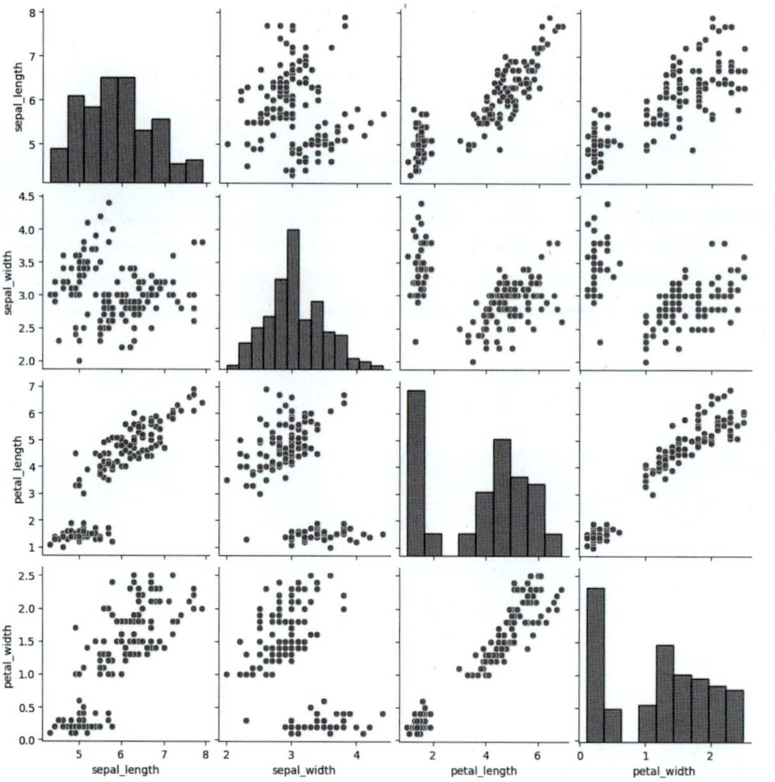

[그림 3-14] 아이리스 데이터의 산점도 행렬

입니다. [그림 3-13]의 아이리스 데이터는 네 개의 변수, 즉 꽃받침 길이와 너비, 꽃잎의 길이와 너비에 대한 150개의 사례로 구성되어 있습니다. [그림 3-14]에서 산점도 행렬의 대각선 부분은 네 개의 각 변수에 대한 히스토그램을 나타냅니다.

아이리스 데이터는 외부 라이브러리 seaborn을 통해 불러올 수 있습니다. 이 예제에서 seaborn의 함수 pairplot()에 사용한 매개변수 diag_kind는 나타낼 대각 요소를 선택하며, 히스토그램의 경우는 'hist'를 사용합니다.

산점도 행렬 작성(예제3-7.py)

```
import matplotlib.pyplot as plt
import seaborn as sns

iris = sns.load_dataset('iris')                # 라이브러리 sns에서 iris 데이터 불러오기
iris.head()

sns.pairplot(iris, diag_kind='hist')           # 산점도 행렬
plt.show()
```

함수 seaborn.pairplot()	함수 인자(사용법)
seaborn.pairplot(data, hue, kind, diag_kind, ...)	• data: pandas의 DataFrame • hue: 다른 색상으로 구분할 변수의 이름 • kind: 산점도 행렬에 나타낼 도형의 종류. 생략하면 scatter(산점도)를 나타낸다. • {'scatter', 'kde', 'hist', 'reg'} • diag_kind: 산점도 행렬의 대각선 부분에 나타낼 도형 선택. auto를 선택할 경우 hue의 사용 여부를 기준으로 선택한다. • {'auto', 'hist', 'kde', None}

단원 정리 3.1

■ 데이터의 정리와 요약

조사한 데이터 자체만으로는 데이터가 가지고 있는 전체적인 윤곽과 특성을 쉽게 파악하기 어려우므로 정리와 요약이 필요하다. 표를 이용하여 나타내는 방법으로 도수분포표(frequency distribution table)를 사용하고, 그래프로 표현하는 방법으로는 히스토그램(histogram), 막대그래프(bar chart), 선 그래프 등이 있다. 데이터를 그래프로 표현할 때 데이터의 형태나 성격에 따라 적절한 방법을 선택한다.

■ 시각화 표현

• 히스토그램과 막대그래프

히스토그램은 측정된 연속적인 값(나이, 성적 등)을 나타내는 데이터를 이용하여 작성하고, 막대그래프는 왼쪽과 같이 범주(category)로 구분되는 데이터(성별, 종교 또는 직업 형태에 따른 사례수)를 이용하므로 범주의 순서는 의도에 따라 바뀔 수 있지만, 히스토그램의 경우는 막대의 순서를 임의로 바꿀 수 없으며, 주로 막대의 간격 없이 표현한다.

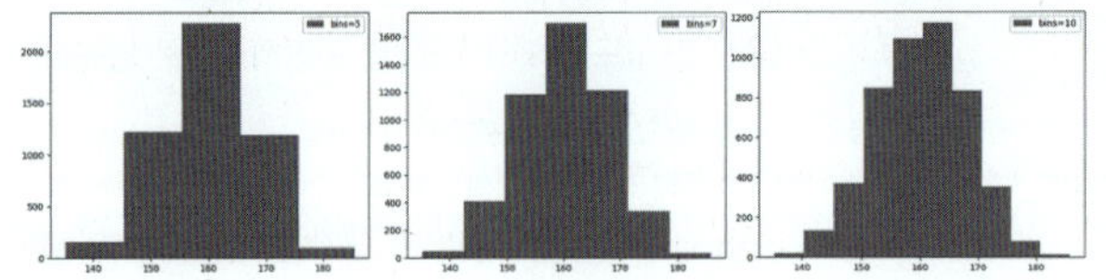

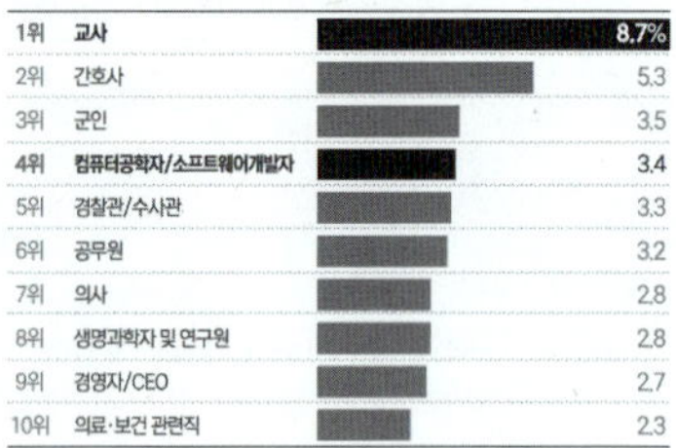

• 파이 차트

파이 차트(pie chart)는 원 그래프라고도 하며, 막대그래프와 같이 범주형 데이터에 대한 시각화 표현 방법이다. 파이 차트에서는 사례수보다 구성 비율을 퍼센트로 나타내는 것이 일반적이다.

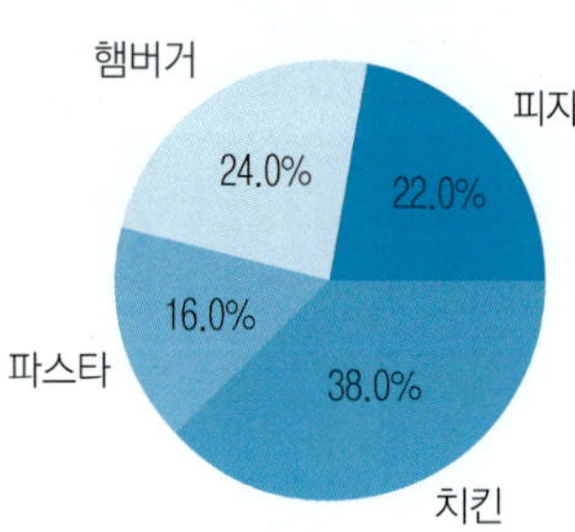

• 선 그래프

시간의 경과에 따라 연속적으로 관측된 데이터에 대해 동일한 시간 간격으로 측정한 데이터를 시계열 데이터라 합니다. 시계열 데이터에는 물가, 실업률, 취업률 등이 포함되며, 이러한 데이터를 그래프로 표현할 때 선 그래프(line chart)를 이용하여 변화의 추이를 파악할 수 있습니다.

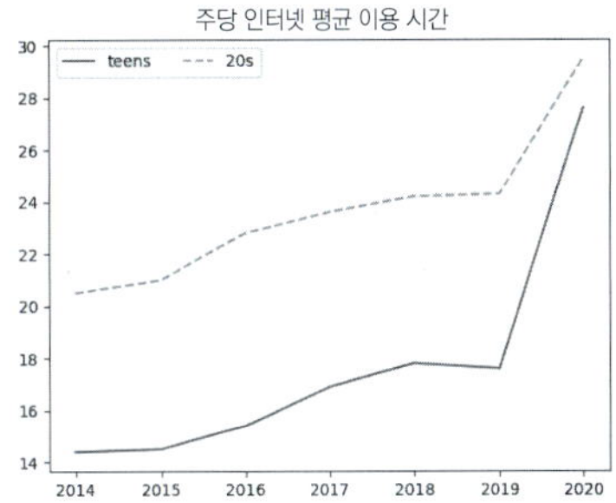

• 상자 도형

상자 도형(box plot)은 데이터를 순서대로 나열한 다음, 사분위수(quartiles)를 이용하여 전체 데이터의 모양과 특이값(outlier)의 존재 여부를 나타낼 수 있는 그래프입니다.

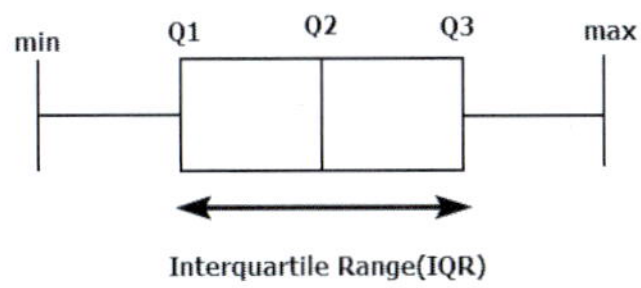

• 산점도

산점도(scatter plot)는 가로축(x축)과 세로축(y축)으로 나타낼 수 있는 2차원 평면상에서 관찰값을 점이나 문자 등으로 표현합니다.

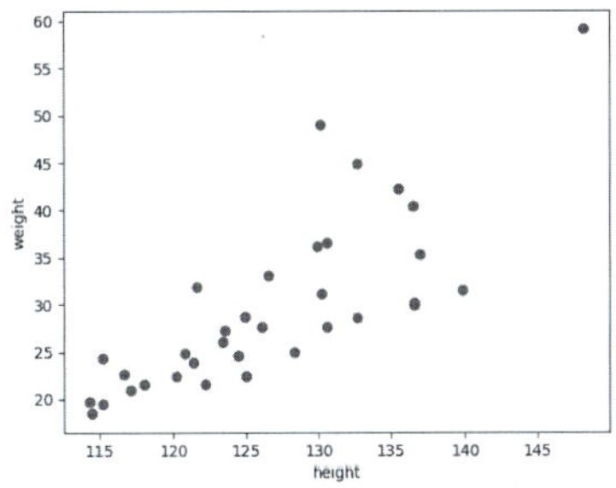

■ 도형 작성

도형	matplotlib.pyplot의 함수들
히스토그램	`hist(data, label, bins)`
막대그래프	`matplotlib.pyplot.bar(data, case)`
파이 차트(원 그래프)	`matplotlib.pyplot.pie(ratio, labels)`
선 그래프	`matplotlib.pyplot.plot(x, y, linestyle, label)`
상자 도형	`matplotlib.pyplot.boxplot(data, vert)`
산점도	`matplotlib.pyplot.scatter(x, y)`

연습문제 3.1

1. 다음 문제에서 요구하는 그래프를 보기에서 고르시오.

> [보기]
> 가. 원 그래프(파이 그래프)　　나. 상자 도형　　다. 히스토그램
> 라. 산점도　　마. 선 그래프　　바. 막대그래프

(1) 구성 비율(또는 퍼센트)로 표시된 데이터에 대해 가장 적절한 그래프는?
(2) 범주형 데이터(성별, 종교 또는 직업 형태에 따른 사례수)를 표현할 때 적절한 그래프는?
(3) 연속적으로 측정된 데이터(나이, 성적 등)를 표현할 때 적절한 그래프는?
(4) 시간의 경과에 따라 변화된 데이터를 표현할 때 적절한 그래프는?
(5) 가로축(x축)과 세로축(y축)으로 나타낼 수 있는 2차원 평면상에서 관찰값을 점이나 문자 등으로 표현하는 그래프는?
(6) 데이터를 순서대로 나열한 다음, 사분위수(quartiles)를 이용하여 전체 데이터의 모양과 특이값(outlier)의 존재 여부를 나타낼 수 있는 그래프는?

2. 키와 몸무게의 자료를 동시에 나타낼 때 적절한 그래프는?

① 원 그래프(파이 차트)　　② 상자 도형
③ 히스토그램　　④ 산점도

3. 다음의 상자 도형에서 Q_2의 값과 동일한 것은?

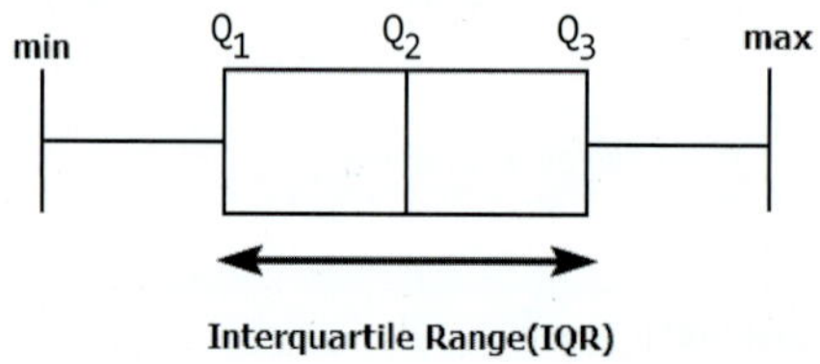

① 평균　　② 중앙값(중위수)
③ 최빈값　　④ 절사평균

4. K 리그(https://www.kleague.com/)를 참고로 하여 다음을 작성하시오.

(1) 구단별 연봉 자료를 참고로 하여 국내, 국외 선수의 연봉 평균을 조사하시오.
(2) 구단별 국내 선수들의 연봉 평균에 대해 적절한 그래프로 나타내시오.

5. 1999년부터 2021년까지 지역별 고등학교 졸업생 수(출처: 교육기본통계, 한국교육개발원, 2022)에 대한 데이터(고등학교 졸업생수.xlsx)에 대해 다음의 그래프를 작성하시오.

(1) 연도별로 고등학교 졸업생 수를 선 그래프를 이용하여 작성하시오.

(2) 연도별로 고등학교 졸업생 수의 편차가 가장 큰 지역과 가장 작은 지역을 차이가 잘 나타나도록 그래프를 작성하시오(〈예제 3-4〉 참고).

6. 1999년부터 2021년까지 지역별 대학 입학자 수(출처: 교육기본통계, 한국교육개발원, 2022)에 대한 데이터(대학 입학자수.xlsx)에 대해 다음의 그래프를 작성하시오.

(1) 연도별로 대학 입학생 수를 선 그래프를 이용하여 작성하시오.

(2) 연도별로 고등학교 졸업생 수와 대학 입학생 수의 변화가 잘 나타내도록 그래프를 작성하시오(〈예제 3-4〉 참고).

7. 기상청 날씨누리(https://www.weather.go.kr/)에서 다음의 자료를 조사하여 그래프를 작성하시오(〈예제 3-2〉, 〈예제 3-4〉 참고).

(1) 최근 10년 동안 월별 황사관측일수를 조사하여 계절별로 황사의 누적일수를 나타내는 그래프를 작성하시오.

(2) 최근 10년 동안 월별 황사관측일수를 조사하여 월별 평균 발생일수를 계산하시오.

(3) 최근 10년 동안 연도별로 황사관측일수에 어떤 변화가 있는지를 나타내는 그래프를 작성하시오.

(4) 최근 10년 동안 연도별로 황사관측일수를 조사하여 연간 평균 황사관측일수를 계산하고, 분산과 표준편차도 계산하시오.

(5) 최근 10년 동안 규모 3 이상의 지진발생횟수를 조사하여 적절한 그래프로 나타내시오.

(6) 최근 10년 동안 규모 3 이상의 지진발생횟수를 조사하여 연간 평균 지진발생횟수를 계산하고, 분산과 표준편차도 계산하시오.

(7) 태풍발생현황 통계를 조사하여 월별 발생횟수에 대해 적절한 그래프로 나타내시오.

8. 한국소비자원 참가격(https://www.price.go.kr/)에서 다음의 자료를 조사하여 그래프를 작성하시오(단, 본인이 거주하고 있는 지역을 우선으로 하고, 해당 데이터가 없을 경우 서울 지역에 대해서 조사하시오. 〈예제 3-4〉 참고).

(1) 외식비 중에서 두 가지를 택하여 2015년부터 현재까지 어떤 변화가 있는지를 나타내는 그래프를 작성하시오.

(2) 공공요금 중에서 전철(성인)과 시내버스(성인)에 대해 2015년부터 현재까지 어떤 변화가 있는지를 나타내는 그래프를 작성하시오.

9. 20대 대통령선거에 대해 다음의 자료를 조사하여 그래프를 작성하시오(〈예제 3-3〉 참고).

(1) 지역별 투표율과 후보자 득표율을 그래프로 나타내시오.

(2) 연령별 투표율과 후보자 득표율을 그래프로 나타내시오.

(3) 성별 투표율과 후보자 득표율을 그래프로 나타내시오.

3.2 데이터의 특성을 숫자로 요약하기

직접 가보지 않았다 하더라도 프랑스 파리 하면 에펠탑이 떠오를 것이고, 호주의 시드니 하면 오페라 하우스가 떠오를 것입니다. 이처럼 어떤 지역을 상징적으로 대표하는 건축물이나 조형물을 랜드마크(landmark)라 하는데, 원래 의미는 탐험가나 여행자가 특정한 장소로 돌아올 수 있도록 해놓은 표식을 가리키는 말이었다고 합니다.

에펠탑을 배경으로 사진을 찍는 여행객

우리가 수집한 데이터에 대해서도 그 데이터의 특징이나 성격을 잘 표현해줄 수 있는 대표적인 것에 관심을 둡니다. 이러한 관심의 대상은 데이터의 중심 위치와 데이터들이 흩어져 있는 정도를 나타내는 것으로 요약할 수 있습니다.

수집한 데이터를 대표하는 값을 대푯값(representative value)이라 하며, 데이터의 중심 위치를 나타내는 값이 그 데이터를 대표한다고 보는 것입니다. 대푯값으로 평균을 가장 많이 사용하며, 그 외에 중앙값, 최빈값 등이 있습니다. 데이터들이 흩어진 정도를 산포도(measure of dispersion)라 하고 범위, 분산, 표준편차, 사분위편차 등을 산포도의 지표로 사용합니다. 따라서 데이터의 요약은 데이터의 중심 위치와 산포도를 나타내는 것입니다.

3.2.1 중심위치를 나타내는 대푯값

■ 평균

평균(mean)은 가장 많이 사용하는 대푯값으로서 수식과 같이 모든 데이터의 합을 데이터의 개수로 나누어 계산합니다.

$$평균 = \frac{1}{n}(X_1 + X_2 + \cdots + X_n) = \frac{1}{n}\sum_{i=1}^{n} X_i$$

평균은 모든 데이터를 고려하여 계산된 값이므로 데이터에 극단적인 값(특이값)이 포함될 경우, 그 값으로 인해 평균이 왜곡되는 경향이 있으며, 이 경우에는 대푯값으로 중앙값을 사용하는 것이 좋습니다.

■ 중앙값

중앙값(median)은 데이터를 크기 순서대로 나열할 때 가운데에 위치하는 값을 말합니다. 중앙값은 데이터의 개수가 홀수인 경우 가운데 위치하는 유일한 값으로, 짝수일 경우에는 가운데 인접한 두 값의 평균으로 계산합니다.

n개의 자료를 순서대로 나열한 것을 $X_{(1)}, X_{(2)}, \cdots, X_{(n)}$이라 할 때

$$중앙값 = \begin{cases} X_{\left(\frac{n+1}{2}\right)} & n이\ 홀수일\ 경우 \\ \dfrac{X_{\left(\frac{n}{2}\right)} + X_{\left(\frac{n}{2}+1\right)}}{2} & n이\ 짝수일\ 경우 \end{cases}$$

중앙값은 평균과는 달리 극단적인 값에 영향을 받지 않는 장점이 있지만, 데이터를 순서대로 나열했을 때 가운데 위치하는 한 개 또는 두 개의 값으로만 계산된다는 단점이 있습니다.

[참고 1] 평균과 중앙값의 비교

평균은 모든 데이터를 전부 고려하여 계산한 값으로서 역학적으로는 무게 중심이지만, 중앙값은 데이터의 개수와 순서만을 고려하여 계산합니다. 예를 들어, 세 개의 추(10kg, 20kg, 60kg)가 있다고 가정합니다. 이 데이터의 평균$\left(\frac{10+20+60}{3}\right)$은 다음 그림과 같이 세 무게의 균형을 나타내는 시소의 중심(30kg)이며, 중앙값은 개수(3)의 중앙(2)을 나타냅니다. 만약 60kg의 추를 80kg으로 대체하면 평균을 나타내는 시소의 중심은 오른쪽으로 이동하지만, 중앙값은 변화하지 않고 그대로 20kg입니다.

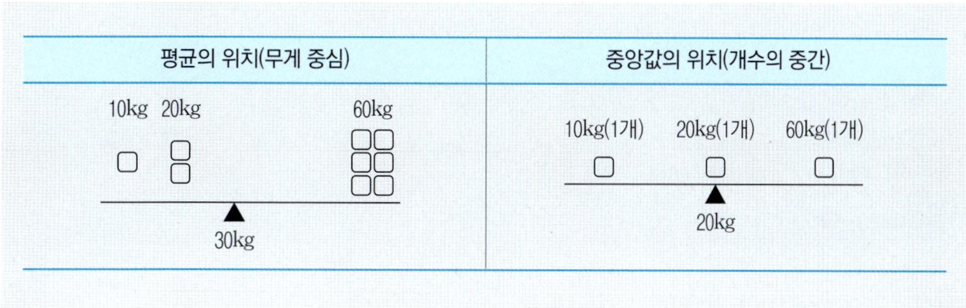

■ 최빈값

최빈값(mode)은 데이터 중에 가장 많이 관찰된 값, 즉 가장 자주 나타난 숫자를 말합니다. 예를 들어, 학생들에게 1부터 9까지의 숫자 중에서 가장 좋아하는 숫자를 조사했을 때 평균이나 중앙값으로 대푯값을 계산하는 것이 바람직할까요? 이 경우에는 가장 많이 선택한 숫자인 최빈값을 대푯값으로 정하는 것이 좋습니다. 평균과 중앙값은 유일하게 계산되지만, 최빈값은 경우에 따라 존재하지 않을 수도 있고, 두 개 이상이 될 수 있습니다.

예제 3-8 중학교 남학생들의 몸무게에 대한 대푯값 출력

학생 건강검사 자료[10] 중에서 중학교 남학생(4,933명)의 몸무게를 사용하여 대푯값을 계산합니다. 함수 read_excel()을 통해 읽어 들인 데이터는 엑셀 형식과 같은 행과 열로 만들어진 데이터프레임 구조(2.2.1 데이터 파일 불러오기)를 가지므로 배열 데이터(np.array)에 대해 평균을 계산할 때 함수 np.average() 또는 np.mean()을 사용할 수 있습니다. 중앙값의 계산은 각각 함수 np.median()을 사용하였고, 최빈값의 경우에는 두 가지 방법 즉, np.unique()와 stats.mode()를 사용할 수 있지만, np.unique()보다는 stats.mode()를 사용하는 것이 편리합니다.

▌중학교 남학생들의 몸무게에 대한 대푯값 출력(예제3-8.py)

```
import numpy as np
import pandas as pd
from scipy import stats

x = pd.read_excel("..\데이터\중학생_남자_몸무게.xlsx")

# 평균 계산
```

10) 2019년도 학생 건강검사 표본통계, 교육부, 2020년

```
print('mean = ', np.average(x), '\n')
```

```
mean =  47.5   55.070945
```

```
# 중앙값 계산
print('median =', np.median(x),'\n')
```

```
median = 50
```

```
# 최빈값 계산
print('mode =', stats.mode(x))
```

```
mode = ModeResult(mode=array([46.0]), count=array([40]))
```

위의 출력 결과 중에서 mean = 47.5에서 47.5는 배열의 첫 번째 데이터를 말하며, 실제 평균값은 55.070945입니다. 제일 마지막 결과에서 배열 x에 대해 최빈값은 46.0이고 40회 나타났음을 의미합니다.

[참고 2] 절사평균

절사평균(trimmed mean)은 평균의 장점과 중앙값의 장점을 모두 갖는 대푯값입니다. 절사평균을 가장 많이 활용하는 분야는 심판의 채점으로 등수를 정하는 운동 경기입니다. 체조, 다이빙 그리고 피겨스케이팅에서 심판의 주관적인 편견을 배제하고 보완하기 위해 제일 높은 점수와 제일 낮은 점수를 제외(중앙값의 장점)한 나머지 심판들의 점수 평균(평균의 장점)으로 판정하는데 이를 절사평균이라 합니다.

절사평균을 계산하려면 절사 비율(%)을 결정해야 합니다. 절사 비율은 전체 데이터의 개수에 대해 몇 %의 데이터(상위+하위)를 배제할 것인가로 결정합니다. 만약 10개의 데이터에 대해 가장 낮은 점수와 가장 높은 점수 각각 1개씩 2개를 배제한다면 절사 비율은 10%(1/10)입니다. 따라서 10개의 데이터에 대해 10% 절사평균은 데이터를 순서대로 나열했을 때 가운데 위치하는 8개의 평균으로 계산합니다.

앞에서 사용한 남자 중학생의 몸무게 데이터에 대해 10% 절사평균을 계산하면 다음과 같습니다.

▌절사평균.py

```
import pandas as pd
from scipy import stats

x = pd.read_excel(("..\데이터\중학생_남자_몸무게.xlsx"))

# 10% 절사평균 계산
print('trimmed mean = ', stats.trim_mean(x, 0.1))
```

```
trimmed mean = [53.9122149]
```

절사평균을 계산하는 함수 trim_mean()은 라이브러리 scipy의 모듈 stats를 이용합니다.

[참고 3] 심슨의 패러독스(simpson's paradox)

평균은 데이터의 대푯값으로 사용할 만큼 통계에서 중요한 역할을 합니다. 그런데 이런 평균이 제시하는 숫자에 대해 오류에 빠지기 쉽습니다. 이러한 오류는 여러 그룹의 자료를 합하여 계산한 결과와 그룹별로 구분해서 얻은 결과가 다를 경우에 발생하는데 이를 '심슨의 패러독스'라 합니다.

어느 대학의 취업률 자료를 분석한 결과 남학생의 취업률은 66.7%이고, 여학생의 취업률은 50%로 여학생의 취업률이 낮아 보이지만, 인문계와 자연계로 구분하여 취업률을 조사하면 여학생의 취업률이 높은 것으로 나타납니다.

전체	남학생	여학생
대상자	1,500	1,000
취업자	1,000	500
취업률	66.7%	50%

인문계	남학생	여학생
대상자	200	800
취업자	50	350
취업률	25%	44%

자연계	남학생	여학생
지원자	1,300	200
취업자	950	150
취업률	73%	75%

이런 오류를 보완하려는 시도는 여러 곳에서 볼 수 있으며, 특히 우리가 쉽게 접하는 야구 경기의 중계방송에서 흔하게 볼 수 있습니다. 과거의 방송에서는 타자의 타율[11]을 가장 중요하게 평가했으며, 그 외에 홈런 수, 도루 수 등을 주로 제공했지만, 근래에 들어 다양하고 구체적으로 계산된 추가적인 정보를 제공하고 있습니다.

예를 들어, 상대 투수에 대한 타율, 상대 팀에 대한 타율, 우/좌타자에 대한 타율을 비롯하여 우/좌투수에 대한 타격 분포도, 우/좌타자에 대한 투구 분포도 등을 제공하고 있으며, 타율 외에도 출루율이나 장타율 등의 정보도 쉽게 볼 수 있습니다.

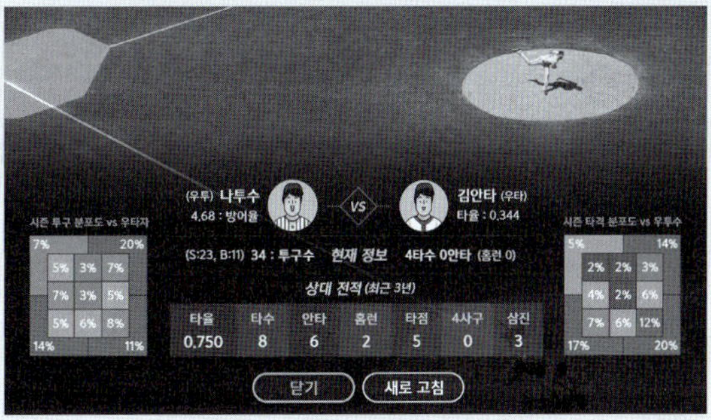

[그림 3-15] 상대 전적 비교[12]

이러한 다양한 정보를 제공하는 이유는 전체적으로 합산하여 선수의 능력을 보다 객관적으로 나타내지 못하고 있는 타율이 가져다줄 오해의 소지를 조금이라도 줄이고자 함이 아닐까요?

3.2.2 흩어진 정도를 나타내는 산포도

대푯값과 더불어 데이터의 특성을 파악하기 위해서 데이터들이 대푯값을 중심으로 흩어져 있는 정도를 나타내는데 이를 산포도(measure of dispersion)라 합니다. 산포도는 그 값이 작을수록 데이터들이 대푯값에 몰려 있으며, 클수록 데이터들이 대푯값으로부터 멀리 흩어져 있습니다.

---

11) 타율(batting average) = 안타 수 ÷ 타수

12) LG U+ 프로야구 모바일 앱

예를 들어, 성적 점수를 이용하여 두 반의 특성을 파악하거나 비교하고자 할 때 점수의 평균이 같다고 해서 두 반의 특성이 동일하다고 판단할 수 없습니다. 다음의 [그림 3-16]과 [그림 3-17]에서 A반과 B반의 평균은 모두 70으로 동일하지만, 데이터의 전체적인 윤곽을 나타내는 히스토그램을 비교해보면 차이가 있음을 알 수 있습니다.

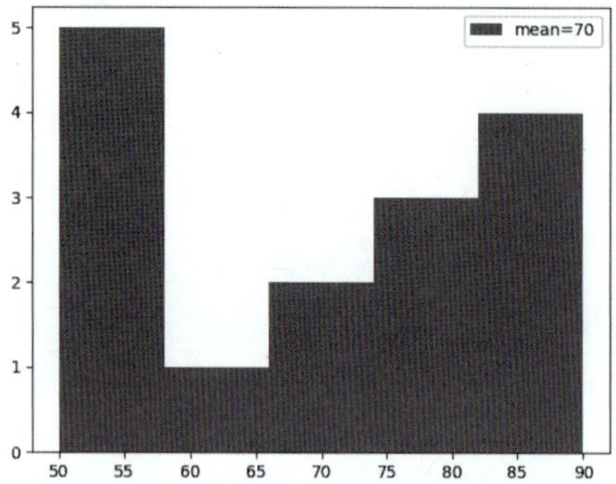

[그림 3-16] A반의 성적분포(평균=70)

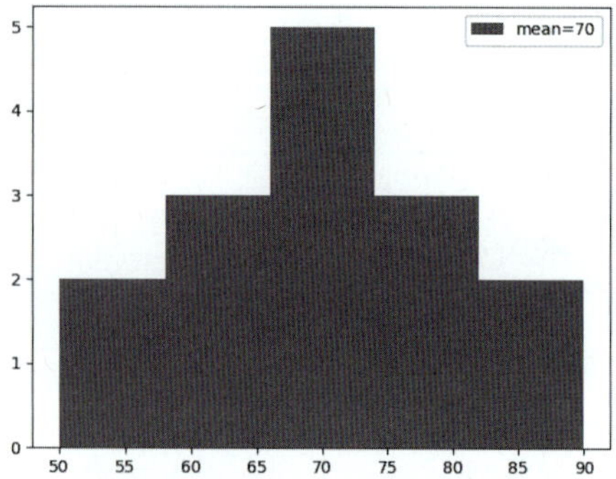

[그림 3-17] B반의 성적분포(평균=70)

■ 범위(range)

범위는 데이터의 최댓값과 최솟값의 차이로써 데이터가 퍼져 있는 정도를 나타내는 가장 간단한 방법입니다. 범위가 넓을수록 산포가 크다고 말할 수 있지만, 범위는 중앙값과 마찬가지로 극단적인 값에 영향을 받고, 데이터 중에서 오직 2개의 정보(최댓값, 최솟값)만을 이용하므로 적절한 척도로 사용하기가 어렵습니다.

$$\text{범위}(R) = \text{최댓값} - \text{최솟값}$$

■ 사분위수 편차(quartile deviation)

사분위수 편차는 범위의 문제점을 보완한 척도입니다. 사분위수 편차를 계산하기 위해서 먼저 사분위 범위(interquartile range)를 계산해야 합니다. 사분위 범위는 데이터를 크기 순서로 나열한 다음, 전체 개수를 4등분할 때 첫 번째 사분위수(Q_1: 1 사분위수, 25% 지점)와 세 번째 사분위수(Q_3: 3 사분위수, 75% 지점)의 차이를 말하며, 사분위수 편차는 이 값을 2로 나눈 사분위 범위의 평균값입니다.

$$\text{사분위수 편차}(Q) = \frac{\text{사분위 범위}}{2} = \frac{Q_3 - Q_1}{2}$$

사분위수 편차는 중앙값과 마찬가지로 데이터에 포함된 극단적인 값의 영향을 감소시키는 장점이 있습니다.

앞서 3.1.5절에서 상자 도형을 작성하는데 사분위수와 Q_3-Q_1(IQR, InterQuartile Range)을 사용하였습니다.

■ 분산(variance)과 표준편차(standard deviation)

분산은 산포도의 척도로써 가장 널리 사용되는 방법입니다. 분산은 데이터가 퍼져 있는 정도의 기준으로 평균을 사용하며, 계산 방법은 각 데이터와 평균($\overline{X}$)과의 차이를 제곱하여 합한 값의 평균입니다.

$$\text{분산}(S^2)=\frac{1}{n-1}\sum_{i=1}^{n}(X_i-\overline{X})^2$$

$$\text{표준편차}(S)=\sqrt{S^2}$$

분산을 계산할 때 데이터가 모집단 전체일 경우에는 데이터의 개수(n)로 나누어주고, 표본일 경우에는 위의 식과 같이 ($n-1$)로 나누어줍니다. 이렇게 계산하는 이유는 표본의 경우 n으로 나누어주는 것보다 ($n-1$)로 나누어주는 것이 더 좋은 척도가 되기 때문인데 표본의 크기가 큰 경우에는 별 차이가 없습니다.

표준편차는 위의 식과 같이 계산된 분산의 제곱근으로 계산합니다. 표준편차는 산포도를 나타내는 데 있어서 평균을 중심으로 일정한 거리에 포함된 데이터의 비율이 얼마인가를 계산할 때 사용되는 척도이며, 단위를 사용할 수 있습니다.

분산과 표준편차는 모든 데이터를 고려한 척도이며, 모든 데이터가 같은 값을 갖는다면 분산과 표준편차는 0으로 계산됩니다. 분산과 표준편차는 모든 데이터에 동일한 값을 더해주거나 빼주어도 변하지 않습니다. 단, 모든 데이터에 동일한 값(C)을 곱하면 [그림 3-18]과 같이 분산은 분산$\times C^2$으로, 표준편차는 표준편차$\times C$만큼 커집니다.

	A	B	C	D
1		data	data+10	data*10
2		10	20	100
3		20	30	200
4		30	40	300
5		40	50	400
6		50	60	500
7		60	70	600
8		70	80	700
9	분산	466.6667	466.6667	46666.67
10	표준편차	21.60247	21.60247	216.0247

[그림 3-18] 분산과 표준편차

예제 3-9 산포도 출력

다음에 사용할 엑셀 데이터는 전국 시도별 외식비 자료[13]를 이용하여 산포도를 계산한 것입니다. 실제 데이터의 첫 열은 [표 3-3]과 같이 지역으로 표시되어 있으나 분산 또는 표준편차 계산에서는 제외하기 위하여 엑셀 파일에서 일련번호(1~16)로 대체하였으므로 지역의 산포도 결과는 무시하기 바랍니다.

[표 3-3] 전국 시도별 외식비 자료(2021년 12월 기준)

지역	냉면	비빔밥	김치찌개	삼겹살	자장면	삼계탕	칼국수	김밥
서울	9,731	9,154	7,077	16,897	5,692	14,231	7,615	2,731
광주	8,400	8,700	7,100	13,600	5,700	14,600	7,400	2,800
대구	9,000	9,050	6,667	13,658	5,167	14,333	6,250	2,333
대전	8,600	9,400	6,700	16,583	5,600	13,000	6,200	2,600
부산	9,429	7,700	6,714	14,168	5,214	14,143	6,071	2,429
울산	8,300	8,200	7,200	14,969	5,900	13,200	7,400	2,700
인천	9,167	7,817	6,667	15,496	5,667	14,167	6,917	2,667
강원	8,389	7,944	7,167	13,407	5,278	13,444	7,500	2,444
경기	8,897	7,797	6,931	15,455	5,793	14,414	7,621	2,741
경남	8,808	7,577	7,269	15,148	5,231	14,154	6,308	2,931
경북	8,346	7,800	7,192	14,162	5,346	13,077	6,846	2,538
전남	7,667	7,778	6,556	16,139	6,000	14,333	7,333	2,167
전북	8,200	9,350	7,350	14,323	5,400	14,300	7,350	2,350

13) 한국소비자원 참가격(https://www.price.go.kr/), 2021

충남	8,300	8,250	7,200	14,794	5,500	13,800	7,100	2,500
충북	7,643	7,743	7,286	12,663	5,143	12,286	6,500	2,357
제주	8,750	8,500	8,125	15,667	6,000	13,000	8,250	2,750

산포도 출력(예제3-9.py)

```
import numpy as np
import pandas as pd

data = pd.DataFrame(pd.read_excel("..\데이터\외식비.xlsx"))

print('범위 range')
print(np.max(data)-np.min(data))
print('\n')

print('분산 variance')
print(np.var(data))
print('\n')

print('표준편차 standard deviation')
print(np.std(data))
print('\n')

print('사분위수 편차 quartile deviation')
q25 = data.quantile(0.25)
q75 = data.quantile(0.75)
IRQ = q75 - q25
print(IRQ/2)
```

| 실행 결과 |

```
범위 range
지역          15
냉면        2088
비빔밥      1823
김치찌개    1569
삼겹살      4234
자장면       857
삼계탕      2314
칼국수      2179
김밥         764
dtype: int64


분산 variance
지역        2.125000e+01
냉면        3.048246e+05
비빔밥      3.840758e+05
김치찌개    1.380178e+05
삼겹살      1.341429e+06
자장면      8.195075e+04
삼계탕      4.358706e+05
칼국수      3.710911e+05
김밥        4.072498e+04
dtype: float64


표준편차standard deviation
지역           4.609772
냉면         552.109219
비빔밥       619.738453
김치찌개     371.507481
삼겹살      1150.200758
자장면       286.270407
삼계탕       660.204975
칼국수       609.172463
김밥         201.804322
dtype: float64


사분위수 편차 quartile deviation
지역          3.750
냉면        311.375
비빔밥      497.625
김치찌개    253.375
삼겹살      751.375
자장면      228.500
삼계탕      569.500
칼국수      486.500
김밥        161.250
dtype: float64
```

각 변수(외식 종류)에 대해 범위는 최댓값-최솟값(np.max(data)-np.min(data))으로 계산하고, 분산과 표준편차는 각각 np.var(data)와 np.std(data)로 계산합니다. 사분위수 편차는 np.quantile() 또는 데이터프레임인 data의 data.quantile()을 사용할 수 있으나 프로그램(예제3-9.py)과 같이 data.quantile()을 사용하는 것이 편리합니다.

만약 np.quantile()을 사용하려면 사분위수 편차를 계산하는 부분을 다음과 같이 수정해야 합니다. np.quantile(data, 0.25)로 계산하면, 변수를 구분하지 않고 전체 데이터에 대해서 1 사분위수를 계산하기 때문에 각 변수별로 1 사분위수를 계산하려면 axis=0를 사용해야 합니다.

```
print('np의 사분위수 편차 quartile deviation')
q25 = np.quantile(data, 0.25, axis=0)
q75 = np.quantile(data, 0.75, axis=0)
IRQ = q75 - q25
print(IRQ/2)
```

[참고 4] 데이터의 비대칭도

대푯값과 산포도를 계산하면 데이터의 특성을 요약할 수 있지만, 분포의 모양에 대해 좀 더 구체적인 특징을 나타내기 위하여 사용하는 척도로서 왜도(skewness)와 첨도(kurtosis)가 있습니다.

왜도는 분포의 모양이 대푯값(예를 들어 평균)을 중심으로 좌우의 모양이 대칭적인가 아닌가를 측정하는데, 이를 통해 데이터가 한쪽(오른쪽 또는 왼쪽)으로 얼마나 치우쳐져 있는가를 나타냅니다. 왜도가 0에 가까운 값을 가지면 분포의 모양은 [그림 3-19]의 좌측 히스토그램과 같이 대푯값을 중심으로 좌우 대칭적인 모양을 합니다. 왜도가 음수로 나타나면 [그림 3-19]의 가운데 히스토그램과 같이 오른쪽으로 치우친 분포(왼쪽 꼬리분포) 모양을 합니다.

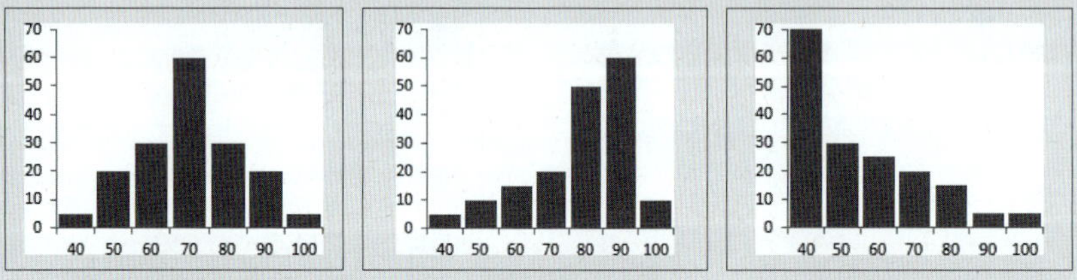

평균 = 중앙값 = 최빈값 왜도 = 0	평균 < 중앙값 < 최빈값 왜도 < 0	최빈값 < 중앙값 < 평균 왜도 > 0

[그림 3-19] 분포의 모양과 왜도

첨도는 분포가 대푯값을 중심으로 얼마나 모여 있는가를 나타내는 척도인데 나중에 설명할 정규분포(첨도 = 3)를 기준으로 비교합니다. 데이터가 대푯값을 중심으로 상당히 많이 몰려 있다면 분포 가운데 모양이 [그림 3-20]과 같이 뾰족한 모양(첨도 > 3)으로 나타날 것이고, 대푯값을 중심으로 좌우에 퍼져 있다면 가운데 모양은 완만하게(첨도 < 3) 나타날 것입니다.

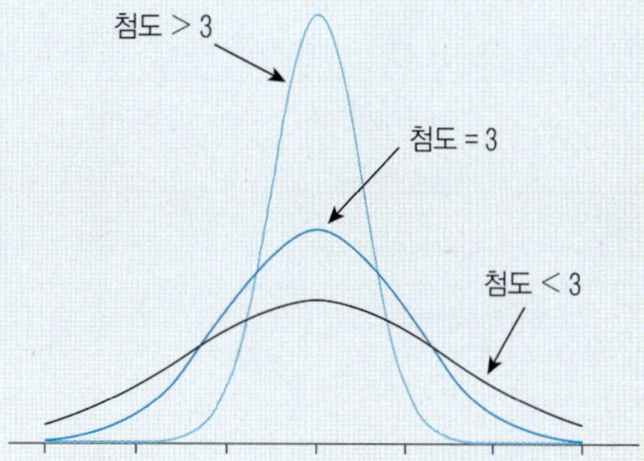

[그림 3-20] 첨도의 비교

▌첨도와 왜도.py

```
import pandas as pd
from scipy import stats
data = pd.DataFrame(pd.read_excel("..\데이터\외식비.xlsx"))
# 왜도 skewness
print("왜도: ", stats.skew(data))

# 첨도 kurtosis
print("첨도: ", stats.kurtosis(data))
```

다음의 결과는 앞에서 전국 시도별 외식비 자료에 대한 결과(첨도와 왜도.py)를 요약한 것입니다.

구분	냉면	삼겹살	자장면	김밥
왜도	0.16199261	0.03953917	0.16756537	-0.12835631
첨도	-0.38296602	-0.83631404	-1.29539862	-0.8561583

3.2.3 대푯값과 산점도를 한 번에 모두 나타내기

대푯값과 산포도를 한 번에 나타내기 위하여 pandas의 메소드 describe와 stats 모듈의 함수 describe()를 사용합니다. 각각에서 계산하여 출력하는 내용을 ○ 또는 ×로 정리하면 다음과 같습니다.

구분	pandas의 메소드 describe	stats 모듈의 함수 describe()
count(사례수)	○	○
mean(평균)	○	○
std(표준편차)	○	×
min(최소값)	○	○
25%(1 사분위수)	○	×
50%(2 사분위수, 중앙값)	○	×
75%(3 사분위수)	○	×
max(최댓값)	○	○
variance(분산)	×	○
skewness(왜도)	×	○
kurtosis(첨도)	×	○

예제 3-10 대푯값과 산포도 모두 출력

프로그램에서 사용한 데이터는 앞에서 전국 시도별 외식비 자료 중에서 3개의 메뉴(자장면, 칼국수, 김밥)만 골라서 따로 저장한 엑셀 파일을 이용하였습니다. [표 3-4]와 [표 3-5]는 실제 출력 결과를 보기 좋게 정리한 것입니다.

대푯값과 산포도를 한 번에 모두 출력(예제3-10.py)

```
import pandas as pd
from scipy import stats

data = pd.DataFrame(pd.read_excel("..\데이터\외식비_3개.xlsx"))

print(data.describe())

[표 3-4] 참고

print(stats.describe(data))

[표 3-5] 참고
```

[표 3-4] pandas의 메소드 describe의 출력 결과

구분	자장면	칼국수	김밥
count(사례수)	16.000000	16.000000	16.000000
mean(평균)	5,539.437500	7,041.312500	2,564.875000
std(표준편차)	295.658805	629.150615	208.422608
min(최솟값)	5,143.000000	6,071.000000	2,167.000000
25%(1 사분위수)	5,266.250000	6,452.000000	2,411.000000
50%(2 사분위수, 중앙값)	5,550.000000	7,216.500000	2,569.000000
75%(3 사분위수)	5,723.250000	7,425.000000	2,733.500000
max(최댓값)	6,000.000000	8,250.000000	2,931.000000

[표 3-5] stats 모듈의 함수 describe()의 출력 결과

구분	자장면	칼국수	김밥
nobs(사례수)	16	16	16
minmax	5,143	6,071	2,167
	6,000	8,250	2,931
mean	5,539.437	7,041.3125	2,564.875
variance(분산)	8.74141292e+04	3.95830496e+05	4.34399833e+04
skewness(왜도)	0.16756537	-0.04816849	-0.12835631
kurtosis(첨도)	-1.29539862	-0.90976615	-0.8561583

단원 정리 3.2

데이터의 요약은 데이터의 성질이나 특징을 대표적인 수치로 표현하는 방법으로서, 요약의 대상으로 데이터의 중심 위치가 어디인가를 나타내는 수치를 대푯값(representative value)이라 하고, 데이터들이 대푯값을 기준으로 얼마나 흩어져 있는가를 나타내는 것을 산포도(measure of dispersion)라 한다.

▪ 대푯값

• 평균(mean)

평균은 가장 많이 사용되는 대푯값으로서 모든 데이터의 합을 데이터의 개수로 나눈 값을 말하며, 통계분석에서 가장 많이 사용한다. 평균은 모든 데이터를 고려하므로 데이터에 극단적인 값이 포함될 경우, 그 값으로 인해 왜곡되는 경향이 있다.

• 중앙값(median)

중앙값은 데이터를 크기 순서대로 나열할 때 가운데에 위치하는 숫자를 말한다. 데이터의 개수가 홀수일 때는 가운데 위치하는 유일한 숫자를, 짝수일 경우에는 가운데에 위치하는 2개의 평균값을 이용한다. 중앙값은 평균과는 달리 극단적인 값에 영향을 받지 않는 장점이 있지만, 가운데 위치하는 한 개 또는 두 개의 데이터만으로 계산된다.

• 최빈값(mode)

데이터 중에 가장 많이 관찰된 값, 즉 가장 자주 나타난 숫자를 말한다. 평균과 중앙값은 유일하게 계산되지만, 최빈값은 경우에 따라 존재하지 않을 수도 있고 두 개 이상이 될 수 있다.

▪ 산포도

• 사분위수 편차(quartile deviation)

사분위수 편차는 범위의 문제점을 보완한 척도이다. 사분위수 편차를 계산하기 위해서 먼저 사분위 범위(interquartile range)를 계산해야 한다. 사분위 범위는 데이터를 크기 순서로 나열한 다음, 개수로 4등분할 때 첫 번째 사분위수(Q_1: 1 사분위수, 25% 지점)와 세 번째 사분위수(Q_3: 3 사분위수, 75% 지점)의 차이를 말하며, 사분위수 편차는 이 값을 2로 나눈 값으로써 사분위 범위의 평균값이다.

• 분산(variance)과 표준편차(standard deviation)

분산은 산포도의 척도로써 가장 널리 사용되는 방법이다. 분산은 데이터가 퍼져 있는 정도의 기준으로 평균을 사용하며, 계산 방법은 각 데이터와 평균($\overline{X}$)과의 차이를 제곱하여 합한 값의 평균이다.

■ 대푯값과 산포도 출력

대푯값과 산포도를 한 번에 나타내기 위하여 pandas의 메소드 describe와 stats 모듈의 함수 describe()를 사용한다.

```
import pandas as pd
from scipy import stats

data = pd.DataFrame(pd.read_excel("..\데이터\외식비_3개.xlsx"))

print(data.describe())

[표 1] 참고

print(stats.describe(data))

[표 2] 참고
```

[표 1] pandas의 메소드 describe의 출력 결과

구분	자장면	칼국수	김밥
count(사례수)	16.000000	16.000000	16.000000
mean(평균)	5,539.437500	7,041.312500	2,564.875000
std(표준편차)	295.658805	629.150615	208.422608
min(최솟값)	5,143.000000	6,071.000000	2,167.000000
25%(1 사분위수)	5,266.250000	6,452.000000	2,411.000000
50%(2 사분위수, 중앙값)	5,550.000000	7,216.500000	2,569.000000
75%(3 사분위수)	5,723.250000	7,425.000000	2,733.500000
max(최댓값)	6,000.000000	8,250.000000	2,931.000000

[표 2] stats 모듈의 함수 describe()의 출력 결과

구분	자장면	칼국수	김밥
nobs(사례수)	16	16	16
minmax	5,143	6,071	2,167
	6,000	8,250	2,931
mean	5,539.437	7,041.3125	2,564.875
variance(분산)	8.74141292e+04	3.95830496e+05	4.34399833e+04
skewness(왜도)	0.16756537	−0.04816849	−0.12835631
kurtosis(첨도)	−1.29539862	−0.90976615	−0.8561583

연습문제 3.2

1. 대푯값에 대해 다음 설명이 맞으면 ○, 틀리면 ×로 표시하시오.

(1) 평균은 모든 데이터의 합을 데이터의 개수로 나누어 계산한다. ( )

(2) 평균은 모든 데이터를 고려하기 때문에 데이터에 극단적인 값(특이값)이 포함되더라도 영향을 받지 않는다. ( )

(3) 중앙값은 데이터를 크기 순서대로 나열할 때 가운데에 위치하는 값을 말한다. ( )

(4) 중앙값은 데이터의 개수가 홀수일 경우에는 가운데 인접한 두 값의 평균으로 계산한다. ( )

(5) 최빈값은 데이터 중에 가장 많이 관찰된 값, 즉 가장 자주 나타난 숫자를 말한다. ( )

(6) 평균과 마찬가지로 최빈값도 유일하게 존재한다. ( )

2. 산포도에 대해 다음 설명이 맞으면 ○, 틀리면 ×로 표시하시오.

(1) 대푯값을 중심으로 흩어져 있는 정도를 나타내는데 이를 산포도라 한다. ( )

(2) 산포도는 작을수록 대푯값으로부터 멀리 흩어져 있고, 클수록 대푯값에 몰려 있다. ( )

(3) 분산과 표준편차는 모든 데이터를 고려한 척도이며, 모든 데이터가 동일한 값을 갖는다면 분산과 표준편차는 0으로 계산된다. ( )

(4) 분산과 표준편차는 모든 데이터에 동일한 값을 더해 주거나 빼 주어도 변하지 않는다. ( )

(5) 분산과 표준편차는 모든 데이터에 동일한 값을 곱하더라도 변하지 않는다. ( )

3. 다음 중 수집한 데이터 전체를 고려하여 계산한 대푯값과 산포도를 나열한 것은?

① 중앙값, 분산　　② 평균, 사분위수 편차
③ 중앙값, 표준편차　　④ 평균, 표준편차

4. A반 성적에 비해 B반 성적의 표준편차가 작다는 것은 무엇을 의미하는가?

① A반에 비해 B반의 성적이 나쁘다.　　② A반에 비해 B반의 성적이 고르다.
③ A반에 비해 B반의 성적이 우수하다.　　④ A반에 비해 B반의 성적이 고르지 않다.

5. 어느 데이터의 제1 사분위수가 68.25, 제2 사분위수가 79.06, 제3 사분위수가 90.75일 때 다음의 통계적 해석이 틀린 것은?

① 전체도수의 75%가 90.75 이하　　② 전체도수의 50%가 79.06 이상
③ 전체도수의 50%가 79.06 이하　　④ 전체도수의 25%가 68.25 이상

6. 데이터에 대한 분포가 다음과 같다고 할 때 대푯값의 비교 관계가 바르게 나열된 것은?

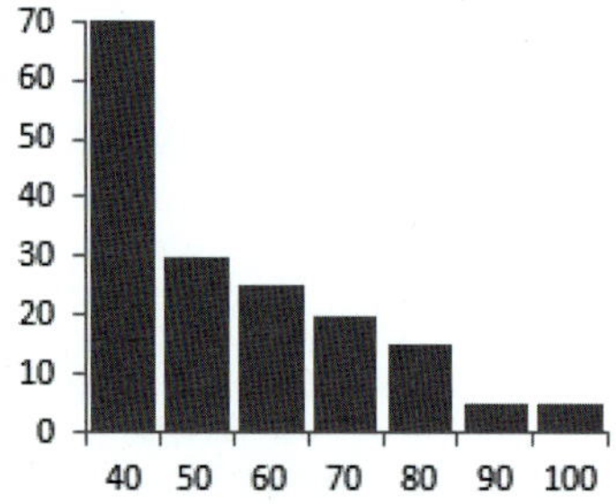

① 최빈값 < 중앙값 < 평균　　② 평균 < 중앙값 < 최빈값

③ 평균 = 중앙값 = 최빈값　　④ 최빈값 < 평균 < 중앙값

7. 한국야구위원회(https://www.koreabaseball.com/)를 참고로 하여 다음에 답하시오.

(1) 연봉 자료를 참고로 대푯값과 산포도를 계산하시오.

(2) 구단별로 연봉의 대푯값과 산포도를 계산하시오.

CHAPTER

04

어떤 사건이 일어날 가능성을 도표나 그래프로 나타내기

확률이란 어떤 사건이 일어날 가능성을 말합니다. 3장에서는 데이터의 특성을 나타내는 방법에 대해서 학습하였고, 4장에서는 그 데이터들을 확률적으로 다루기 위하여 데이터가 어떤 확률분포를 따르는지에 대해서 알아봅니다.

contents

CHAPTER

04

어떤 사건이 일어날 가능성을 도표나 그래프로 나타내기

| 이 장에서 학습할 내용 |

1. 확률분포와 확률변수란?
2. 이산확률분포와 연속확률분포 그리고 확률 계산
3. 자연과학 현상이나 사회과학 현상에서 쉽게 접하는 데이터 분포인 정규분포와 확률 계산

4.1 데이터와 척도

키와 몸무게 또는 매출액과 같이 측정 결과를 수량으로 나타낸 것을 양적 데이터(quantitative data)라고 합니다. 양적 데이터는 판매 대수나 학생 수와 같이 셀 수 있는(countable) 이산형 데이터(discrete data)와 길이나 몸무게와 같이 연속으로 표시할 수 있는 연속형 데이터(continuous data)로 구분합니다.

척도란 조사 대상을 수량화하기 위해 단위를 가지고 숫자를 부여한 것으로서 명목척도(nominal scale), 서열척도(ordinal scale), 구간척도(interval scale), 비율척도(ratio scale)로 구분합니다.

[표 4-1] 데이터의 구분과 척도

구분	척도	비교 측정	예
이산형	명목	속성에 따라 몇 개의 범주로 구분	• 성별 구분: 남(1), 여(2) • 상품 분류: TV(1), 냉장고(2), 세탁기(3)
	서열	속성의 크기에 따른 순서로 표시	• 만족도: 만족(3), 보통(2), 불만족(1) • 가요 순위, 성적 순위 등
연속형	구간	속성의 크기에 따른 순위를 동일한 간격으로 측정	• 측정된 데이터 간에 차이 비교 가능 • 온도, 물가지수, 생산성지수, IQ 점수
	비율	절대 영점을 기준으로 크기에 따라 동일한 간격으로 측정	• 측정된 데이터 간에 비율 표시 가능 • 연봉, 매출액, 나이, 길이, 시간

데이터가 어떤 척도에 따라 작성되었는가에 따라 통계분석 방법이 달라집니다. 예를 들어, 평균이나 분산 등을 포함한 일반적인 분석 방법은 구간척도나 비율척도에서 가능하며, 명목척도나 서열척도로 표현된 데이터에 대해서는 최빈값이나 중앙값에 관심을 두기 때문에 빈도분석, 분할표를 이용한 교차분석, 비모수 통계분석을 이용합니다.

4.2 확률분포와 확률변수

불확실성 하에서 의사결정의 오류를 줄이기 위해 특정 사건에 대한 확률을 계산할 필요가 있으며, 그러한 확률을 계산하기 위해 경험적 확률을 이용한다고 가정합니다.

컴퓨터 메모리를 생산하는 어떤 기업에서는 하루에 1,000개의 메모리를 생산하는데 불량품의 개수는 매일 변동된다고 합니다. 지난 100일 동안 조사한 불량품의 개수가 다음과 같다고 가정합니다.

[100일 동안 조사한 불량품의 개수]

날짜	1일	2일	3일	…	97일	98일	99일	100일
불량품의 개수	2	4	0	…	2	3	2	1

조사한 내용을 기초로 하여 다음과 같이 불량품의 개수에 대해 도수분포표와 상대도수(또는 상대빈도)를 계산할 수 있습니다. 다음의 [표 4-2]를 확률분포(probability distribution)라 하고 [그림 4-1]은 [표 4-2]를 그래프로 나타낸 것입니다.

[표 4-2] 불량품 개수에 대한 확률분포

불량품의 개수(X)	빈도	상대도수(확률)
0	5	$\frac{5}{100}=0.05$
1	25	$\frac{25}{100}=0.25$
2	40	$\frac{40}{100}=0.4$
3	25	$\frac{25}{100}=0.25$
4	5	$\frac{5}{100}=0.05$
계	100	1

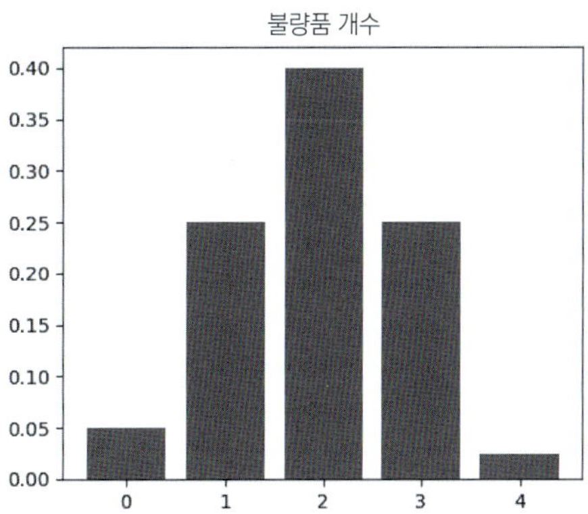

[그림 4-1] 불량품 개수에 대한 확률분포

[표 4-2]에서 불량품의 개수를 확률변수(random variable)라 합니다. 확률변수란 실험이나 관찰의 결괏값을 [표 4-2]의 왼쪽과 같이 1:1 실수로 대응시키는 함수이며, 대문자(X나 Y)로 표시하고 실숫값은 소문자(x나 y)로 나타냅니다.

확률분포: 실험이나 관찰을 통해 발생 가능한 모든 값과 그 값이 나타날 가능성, 즉 확률을 도표나 그래프로 표시한 것

확률변수: 실험이나 관찰의 결괏값을 실수로 대응시키는 함수

다른 말로 설명하면 확률변수는 일정한 확률로 나타나는(발생하는) 사건에 대해 숫자를 부여한 변수라고 할 수 있습니다. 따라서 확률분포는 확률변수가 취할 수 있는 모든 값에 대해 각각의 확률을 대응시킨 것입니다.

동전을 한 번 던지는 실험에서 발생 가능한 사건은 동전의 앞면 또는 뒷면이 나타나는 것입니다. 한 번의 실험에서 동전의 앞면이 나타날지, 뒷면이 나타날지 정확히 알 수 없기에 그 결과를 변수 X로 표시하고, 실험의 결괏값인 앞면 또는 뒷면을 실수로 나타내기 위하여 뒷면이 나타난 경우를 0, 앞면이 나타난 경우를 1로 한다면 확률변수의 확률을 다음과 같이 나타낼 수 있습니다.

[한 개의 동전을 던지는 실험]

사건	확률변수(X)	확률변수의 확률
뒷면	$X=0$	$P(X=0)=0.5$
앞면	$X=1$	$P(X=1)=0.5$

만약 이 실험을 두 개의 동전을 던지는 문제로 확장한다면 네 가지 사건에 따른 확률변수는 다음과 같이 0 또는 1 또는 2의 세 가지 사례 중에 하나로 나타날 것입니다.

[두 개의 동전을 던지는 실험]

사건	확률변수(X)	확률변수의 확률
뒷면, 뒷면	$X=0$	$P(X=0)=0.25$
뒷면, 앞면	$X=1$	$P(X=1)=0.5$
앞면, 뒷면		
앞면, 앞면	$X=2$	$P(X=2)=0.25$

[표 4-1]에서 양적 데이터를 이산형과 연속형 데이터로 구분하듯이 확률변수 역시 [표 4-3]과 같이 이산확률변수와 연속확률변수로 구분합니다. 변수가 취할 수 있는 값의 개수가 유한한 경우를 이산확률변수, 변수가 취할 수 있는 값의 개수가 무한한 경우를 연속확률변수라 합니다.

[표 4-3] 이산확률변수와 연속확률변수의 예

구분	확률변수의 예	확률변수(X)
이산확률변수	주사위를 한 번 던질 때 나올 눈의 수	1, 2, 3, 4, 5, 6
	고용한 종업원의 수	0, 1, 2, 3, 4, …
	두 개의 동전을 던질 때 앞면이 나온 횟수	0, 1, 2
연속확률변수	휴대전화 배터리의 사용 가능 시간	$0 \le X \le 18$
	학생들의 몸무게	$35 \le X \le 120$
	한 달 생활비	$30,000 \le X \le 250,000$

4.3 이산확률분포와 연속확률분포

이산확률분포는 앞서 [그림 4-1]과 같이 이산확률변수 X에 대한 확률을 확률함수로 계산하여 히스토그램의 막대 높이로 표현합니다.

반면에 연속확률분포는 연속확률변수 X에 대해 이에 대응하는 확률을 표와 같은 형식이나 그래프 또는 함수식으로 나타낸 것이라고 할 수 있습니다. 연속확률분포의 모양은 확률밀도함수 $f(x)$로 나타내며, [그림 4-3]과 같이 곡선의 형태로 나타납니다. 이산확률분포와의 차이점은 확률밀도함수 $f(x)$는 분포(또는 그래프)의 모양을 나타내는 함수식이므로 확률을 의미하는 것은 아닙니다.

연속확률분포에서의 확률은 확률밀도함수 곡선 밑의 면적으로 확률을 계산하므로 연속형 확률변수 X가 특정한 값을 가질 때의 확률, 즉 면적은 0이며, 연속형 확률변수의 확률은 확률변수 X가 어떤 구간에 속할 확률을 구간 사이의 면적으로 계산합니다.

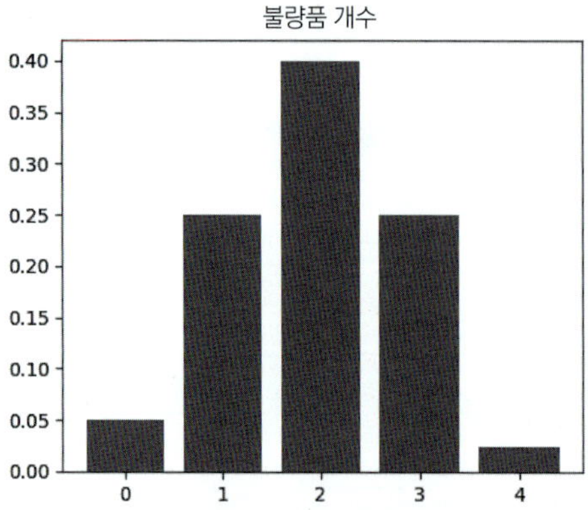

$P(X=x)=P(x)$

[그림 4-2] 이산확률분포

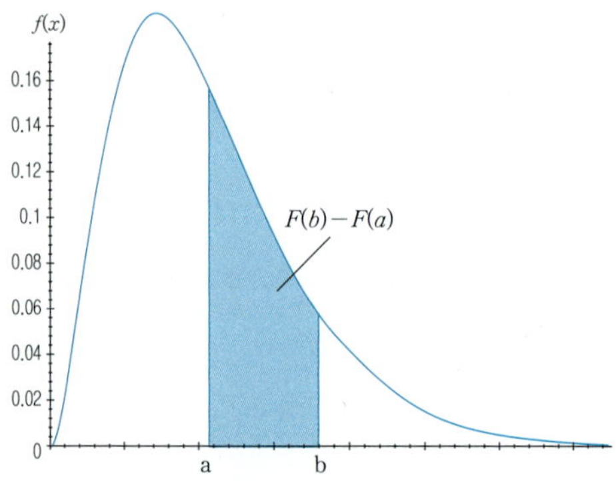

$P(a \le X \le b) = \int_a^b f(x)dx$

[그림 4-3] 연속확률분포

각각의 확률분포에 대해 확률 계산을 정리하면 다음과 같습니다.

확률변수	이산확률분포에 대한 확률	연속확률분포에 대한 확률
특정 값 $X=a$	$P(X=a)=P(a)$	$P(a \le X \le b) = \int_a^a f(x)dx = 0$
구간 $[a,\ b]$	$P(a \le X \le b) = \sum_{X=a}^{b} P(X)$	$P(a \le X \le b) = \int_a^b f(x)dx = F(b)-F(a)$

[표 4-4] 이산확률분포와 연속확률분포의 특징

이산확률분포	연속확률분포
▪ 임의의 확률변수 X에 대한 확률은 항상 0과 1 사이의 값을 가진다. $0 \le P(X) \le 1$ ▪ 한 번의 시행에서 X는 하나의 값만 가진다. ▪ 모든 확률변수에 대한 확률의 합은 항상 1이다. $\sum_{\text{모든 } X} P(X_i) = 1$	▪ 임의의 확률변수 X에 대한 확률은 0이다. $P(a \le X \le a) = P(X=a) = \int_a^a f(x)dx = 0$ ▪ 확률밀도함수는 항상 양의 값을 갖는다. $f(x) > 0$ ▪ 연속확률분포에서의 확률은 확률밀도함수 $f(x)$의 높이가 아니라 구간 사이의 면적으로 계산한다. $P(a \le X \le b) = \int_a^b f(x)dx = F(b)-F(a)$ ▪ 확률밀도함수의 전체 면적은 항상 1이다. $\int_{-\infty}^{+\infty} f(x)dx = 1$

이산확률분포는 이산확률변수의 확률분포로 이항분포(binomial distribution), 포아송분포(poison distribution) 등이 있으며, 연속확률분포는 연속확률변수의 확률분포로서 균등분포(uniform distribution), 정규분포(normal distribution), F-분포 등이 있습니다. 각 확률분포의 특징은 [표 4-4]와 같습니다.

[표 4-4]에서 $P(X)$를 이산확률함수(discrete probability function)라 하며, 확률은 [그림 4-2]와 같이 막대의 높이로 표시합니다.

4.3.1 확률분포의 평균과 분산

확률분포의 평균(mean)을 기댓값(expected value)이라 하고 $E(X)$(또는 μ_X)로 표시합니다. 이산확률분포의 기댓값은 확률을 가중값으로 사용한 가중평균이고 연속확률분포의 기댓값은 적분 개념의 면적입니다.

[확률변수 X의 기댓값]

구분	이산확률분포	연속확률분포
기댓값	$E(X)=\mu_x=\sum_{i=0}^{n} X_i \cdot P(X_i)$	$E(X)=\mu_x=\int_{-\infty}^{+\infty} x_i \cdot f(x_i)dx$

확률분포의 분산인 $Var(X)$(또는 σ_X^2)는 확률변수의 평균(기댓값)으로부터의 편차의 제곱에 대한 기댓값으로 계산합니다.

[확률변수 X의 분산]

구분	이산확률분포	연속확률분포
분산	$Var(X)=\sum_{i=0}^{n}[X_i-\mu_x]^2 P(X_i)$ $=\sum_{i=0}^{n} X_i^2 \cdot P(X_i)-E(X)^2$	$Var(X)=\int_{-\infty}^{\infty}[x-\mu_x]^2 f(x)dx$ $=\int_{-\infty}^{\infty} x^2 f(x)dx-\mu_x^2$

표준편차(σ_X)는 분산의 양의 제곱근인 $\sqrt{Var(X)}$로 계산합니다.

예제 4-1 **동전 두 개를 던지는 실험에 대한 확률분포에 대해 기댓값, 분산, 표준편차를 계산하시오.**

| 풀이 |

동전 두 개를 던지는 실험에 대한 확률분포는 다음과 같습니다.

[두 개의 동전을 던지는 실험의 확률분포]

사건	확률변수(X)	확률변수의 확률	$X \cdot P(X)$	$X^2 \cdot P(X)$
뒷면, 뒷면	$X=0$	$P(X=0)=0.25$	$0\times0.25=0$	$0^2\times0.250=0$
뒷면, 앞면	$X=1$	$P(X=1)=0.5$	$1\times0.5=0.5$	$1^2\times0.5=0.5$
앞면, 뒷면				
앞면, 앞면	$X=2$	$P(X=2)=0.25$	$2\times0.5=1$	$2^2\times0.5=1$
합계		1	1	1.5

기댓값과 분산은 각각 다음과 같이 계산합니다.

$E(X)=\sum_{i=0}^{2}X_i\cdot P(X_i)=1$이고 분산은 $Var(X)=\sum_{i=0}^{2}X_i^2\cdot P(X_i)-E(X)^2=1.5-1=0.5$

4.4 이항확률분포와 확률 계산

오직 두 가지의 사상(성공과 실패)만 존재하는 실험을 n회 반복적으로 시행한다고 할 때 성공할 횟수(또는 실패할 횟수)를 나타내는 확률변수 X가 갖게 될 분포를 이항확률분포(binomial probability distribution)라 합니다.

일반적으로 한 번의 시행에서 사건 A가 일어날 확률(성공할 확률)이 p일 때, n번의 독립 시행에서 사건 A가 일어나는 횟수를 확률변수 X라 하면 X의 확률은 다음과 같습니다.

$$P(X=x)={}_nC_x p^x(1-p)^{n-x}=\binom{10}{x}p^x(1-p)^{n-x}$$
$$=\frac{n!}{x!(n-x)!}p^x(1-p)^{n-x} \qquad (\text{단}, x=0,\ 1,\ 2,\ \cdots,\ n)$$

예를 들어, 한 개의 동전을 두 번 던지는 실험에서 앞면이 나타난 횟수를 확률변수 X라 한다면 X는 이항확률분포를 따르며, 확률분포는 다음의 [표 4-5]와 같습니다. 이와 같은 확률분포를 이항확률분포라 하고 기호로 $B(n,\ p)$와 같이 나타냅니다.

[표 4-5] 한 개의 동전을 두 번 던지는 실험에서 앞면이 나타난 횟수의 확률분포표

확률변수(X)	$P(X=x)=\binom{2}{x}0.5^x(1-0.5)^{2-x}$ $=\frac{2!}{x!(2-x)!}0.5^x(1-0.5)^{2-x}$	계산
0	$P(X=0)=\frac{2!}{0!2!}0.5^0(1-0.5)^2$	0.025
1	$P(X=1)=\frac{2!}{1!(2-1)!}0.5^1(1-0.5)^{2-1}$	0.5
2	$P(X=2)=\frac{2!}{2!0!}0.5^2(1-0.5)^0$	0.025
합계		1

이항확률분포의 기댓값과 분산은 다음과 같이 계산합니다.

이항확률분포의 기댓값, 분산, 표준편차

- 기댓값: $E(X)=np$
- 분산: $Var(X)=np(1-p)$
- 표준편차: $\sigma(X)=\sqrt{np(1-p)}$

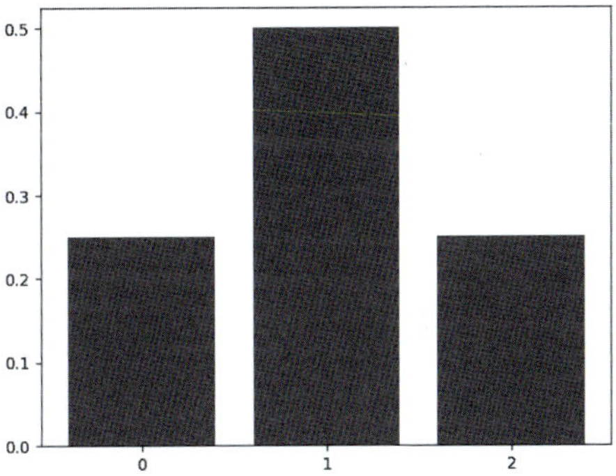

[그림 4-4] [표 4-5]의 확률분포

예제 4-2 이항확률분포의 확률 계산

동전을 5번 던졌을 경우 앞면이 나타난 횟수를 X라 할 때, X에 대한 기댓값과 분산을 계산하고, 확률분포를 그래프로 나타내시오.

| 풀이 |

동전 던지기 실험은 오직 두 가지의 사상(앞면 또는 뒷면)만 나타나고 앞면이 나타날 확률은 0.5입니다. 매 시행은 독립적으로 이루어지므로 앞면이 나타난 횟수 X는 이산확률변수이며, 이항확률분포를 따릅니다.

$$P(X=x)={}_nC_x0.5^x0.5^{5-x}=\binom{5}{x}0.5^x0.5^{5-x}$$
$$=\frac{5!}{5!(5\quad x)!}0.5^x0.5^{5-x}\qquad (\text{단}, x=0,\ 1,\ 2,\ 3,\ 4,\ 5)$$

파이썬에서 확률분포의 확률 계산은 모듈 scipy.stats를 사용하고 특히 이항확률분포와 관련된 확률은 scipy.stats.binom을 사용합니다. 이항확률분포의 확률은 pmf를 이용하는데 pmf는 probability mass function(확률질량함수)의 약자로 이산확률분포에 대한 확률을 계산할 때 사용하는 함수입니다.

함수	함수 인자	반환 값
scipy.stats.binom.stats(n, p)	• n: 시행 횟수 • p: 성공할 확률	해당 이항확률분포의 평균과 분산 계산
scipy.stats.binom.pmf(x, n, p)	• x: 확률변수(0~n) • n: 시행 횟수 • p: 성공할 확률	확률변수 X에 대한 확률 계산

이항확률분포의 확률 계산(예제4-2.py)

```
import numpy as np
from matplotlib import pyplot as plt
from scipy.stats import binom

n=5
p=0.5

# 0~(n)까지의 리스트 생성(확률변수)
x = np.arange(n+1)
mean, var = binom.stats(n, p)

# list x의 각 확률변수 r에 대한 확률을 list로 생성하여 prob에 저장
prob = binom.pmf(x, n, p)
print('mean=', mean, 'var=', var)
```

```
mean= 2.5 var= 1.25
```

```
plt.bar(x, prob)
plt.xlabel('X')
plt.ylabel('P(X)')
plt.title('binomial distribution(n=5, p=0.5)')
plt.show()
```

```
[결과 1] 참고
```

```
print(prob)
```

```
[결과 2] 참고
```

| 결과 1 | n=5, p=0.5에 대한 이항확률분포

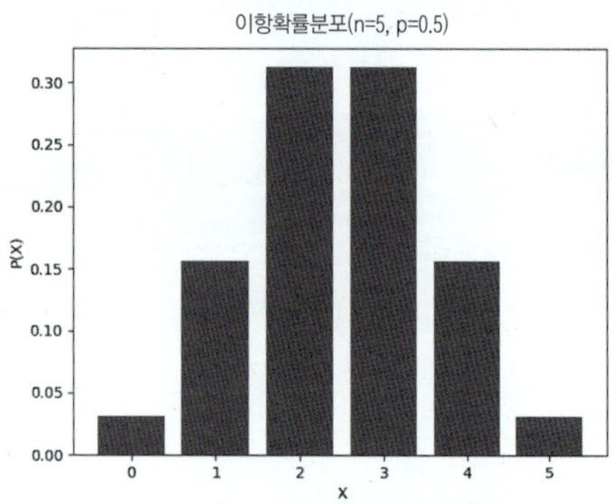

| 결과 2 |

```
[0.03125 0.15625 0.3125 0.3125 0.15625 0.03125]
```

[결과 2]를 표(확률변수와 확률)로 나타내면 다음과 같습니다.

X	$P(X)$
0	0.03125
1	0.15625
2	0.3125
3	0.3125
4	0.15625
5	0.03125

예제 4-3 이항확률분포의 누적 확률 계산

동전을 5번 던졌을 경우 앞면이 나타난 횟수를 X라 할 때, X가 3보다 작을 확률(5회 시행에서 앞면이 나타난 횟수가 3 이하, $P(X \leq 3)$에 대한 확률)을 계산하시오.

| 풀이 |

확률질량함수는 특정 확률변수에 대한 확률을 계산하지만, 특정 확률변수의 범위나 특정 확률변수보다 같거나 작을 확률을 계산할 때는 누적분포함수(cdf, cumulative distribution function)를 이용합니다. $P(X \leq 3)$은 나음과 같이 계산합니다.

$$P(X \leq 3) = P(X=0) + P(X=1) + P(X=2) + P(X=3)$$

함수 scipy.stats.binom.cdf()	함수 인자	반환 값
`scipy.stats.binom.cdf(r, n, p)`	• r: 확률변수(0~n) • n: 시행 횟수 • p: 성공할 확률	확률변수 r에 대한 누적확률계산

이항확률분포의 누적 확률 계산(예제4-3.py)

```
from scipy.stats import binom

n=5
p=0.5

print('P(X≤3)=',binom.cdf(3, n, p))
```

```
P(X≤3)= 0.8125
```

예제 4-4 이항확률분포에 대한 누적분포함수의 역함수

동전을 100번 던졌을 경우 앞면이 나타난 횟수를 X라 할 때, $P(X \leq k) = 0.95$를 만족하는 확률변수 k를 계산하시오.

〈예제 4-2〉에서는 확률변수가 주어진 상태에서 확률을 계산했지만, 이 경우에는 거꾸로 확률이 주어진 상태에서 확률변수를 계산하는 문제입니다. 즉, 확률변수 k보다 같거나 작을 누적확률이 0.95를 만족하는 k를 계산해야 하는데 이때 누적분포함수의 역함수(inverse cumulative distribution function)를 이용하며, 파이썬에서는 ppf(percent point function)로 계산합니다.

함수 scipy.stats.binom.ppf()	함수 인자	반환 값
scipy.stats.binom.ppf(q, n, p)	• q: percent point • n: 시행 횟수 • p: 성공할 확률	percent point q를 만족하는 확률변수 계산

이항확률분포에 대한 누적분포함수의 역함수(예제4-4.py)

```
from scipy.stats import binom

n=100
p=0.5
percent_point=0.95

print('P(X≤k)=0.95, k=',binom.ppf(percent_point, n, p))
```

```
P(X ≤ k)=0.95, k= 58.0
```

[참고 1] 벤포드의 법칙(Benford's law)

미국의 물리학자 프랭크 벤포드(Frank Benford, 1883~1948)는 십진수로 표현된 실생활의 데이터에 대해 첫째 자리 숫자의 확률분포를 관찰한 결과 첫째 자리 숫자가 1이 될 확률(0.3)이 크고, 이어서 2가 될 확률이 그러한 순서로 9가 될 확률은 0.05밖에 되지 않는다는 것을 밝혀냈다. 1938년 〈이례적인 숫자들에 관한 법칙(The Law of Anomalous Numbers)〉이라는 논문에서 처음 벤포드의 법칙을 언급했으나, 사이먼 뉴컴도 1881년에 같은 법칙을 이야기한 적이 있다[1]고 한다.

벤포드는 이 법칙의 검정을 위해 강의 너비, 사망률, 야구 통계 등의 자료를 사용하였고 다양한 분야의 숫자 데이터들에서 이러한 법칙을 따르는 다음의 확률분포가 나타났다고 한다.

$$P(d=n)=\log_{10}\left(1+\frac{1}{n}\right),\quad n=1,\ 2,\cdots,9$$

위의 확률을 계산하면 다음과 같다.

n	1	2	3	4	5	6	7	8	9
$P(n)$	0.3010	0.1761	0.1249	0.0969	0.0791	0.0669	0.0579	0.0511	0.0457

회계 자료들도 이 법칙을 따르는 것으로 알려졌기에 숫자들의 확률분포와 패턴을 분석하여 인위적인 조작이나 사기, 오류 등을 검증하는 데 활용한다[2]고 한다.

2021년 프로야구선수의 연봉자료(프로야구선수_연봉_2021.xlsx)에서 선수 연봉의 첫 번째 숫자의 확률분포를 나타내면 다음과 같다. 실제 자료는 1억 원 이상의 선수 161명에 대해서만 조사된 자료이기에 제한이 있으나 추세는 벤포드가 제시한 확률분포와 비슷하게 나타남을 알 수 있다.

숫자(n)	빈도수	P(n)
1	88	0.546584
2	31	0.192547
3	17	0.10559
4	6	0.037267
5	6	0.037267
6	6	0.037267
7	3	0.018634
8	3	0.018634
9	1	0.006211
계	161	1

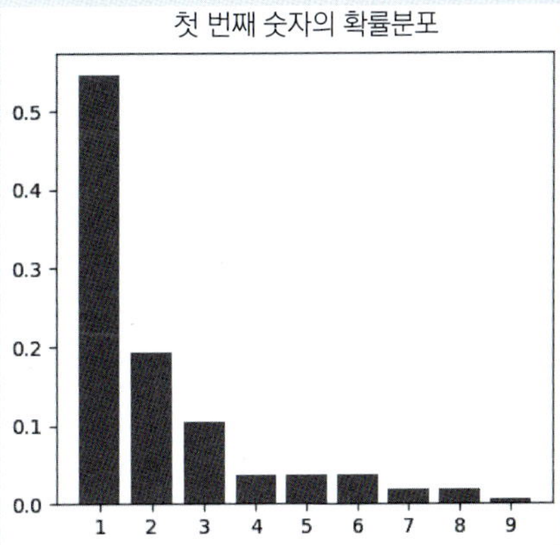

1) https://ko.wikipedia.org/wiki/벤포드의_법칙
2) https://namu.wiki/w/벤포드의%법칙

4.5 정규분포와 확률 계산

정규분포(normal distribution)는 연속확률분포 중에서 가장 많이 활용되는 분포이며, 자연과학 현상이나 사회과학 현상에서 접하는 여러 데이터의 분포가 정규분포와 유사한 분포를 나타냅니다.

다음의 그림은 우리나라 성인 남자의 총콜레스테롤 데이터[3]를 히스토그램으로 나타낸 것인데 막대의 높이를 실선 모양으로 나타나면 가운데 부분을 기준으로 좌우 대칭인 종(bell) 모양을 하고 있으며, 정규분포는 이처럼 종 모양의 분포입니다.

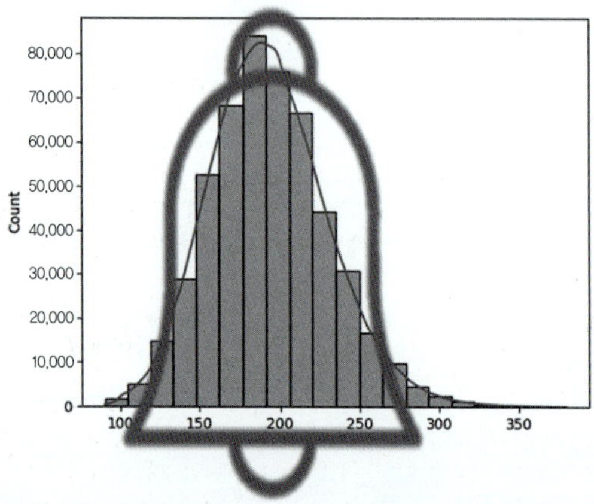

[성인 남자의 총 콜레스테롤 분포]

연속확률변수 X의 확률밀도함수 $f(x)$가 다음과 같이 정해지는 확률분포를 정규분포라 하고 정규분포는 평균 μ와 표준편차 σ에 의해 결정됩니다. 즉, 분포의 모양은 평균 μ와 표준편차 σ에 따라 달라집니다.

$$f(x)=\frac{1}{\sigma\sqrt{2\pi}}e^{-\frac{1}{2}\left(\frac{x-\mu}{\sigma}\right)^2},\quad -\infty < x < +\infty$$

- μ : 평균
- σ : 표준편차
- e : 상수 2.7183
- π : 원주율 3.14159

정규분포의 특징은 다음과 같습니다.

3) 국민건강보험공단, 2019년

■ 정규분포의 특징

- 평균 (μ)을 중심으로 좌우 대칭이며, 종 모양(bell shape)의 형태이다.
- 정규분포의 모양은 평균 μ와 표준편차 σ에 의해 결정된다.
- 평균=중앙값=최빈값
- 확률밀도함수 $f(x)$의 곡선 아랫부분과 x축 사이의 면적은 항상 1이다.
- 확률밀도함수 $f(x)$는 x축에 무한대로 접근하므로 $-\infty < X < \infty$

평균 $\mu=5$이고, 표준편차 $\sigma=2$인 정규분포의 확률밀도함수 $f_1(x)$와 평균 $\mu=7$이고, 표준편차 $\sigma=1$인 정규분포의 확률밀도함수 $f_2(x)$를 정의하고, 두 개의 함수를 그래프로 나타내면 [그림 4-5]와 같습니다.

$$f_1(x)=\frac{1}{2\sqrt{2\pi}}e^{-\frac{1}{2}\left(\frac{x-5}{2}\right)^2},\quad -\infty<x<\infty$$

$$f_2(x)=\frac{1}{\sqrt{2\pi}}e^{-\frac{1}{2}(x-7)^2},\quad -\infty<x<\infty$$

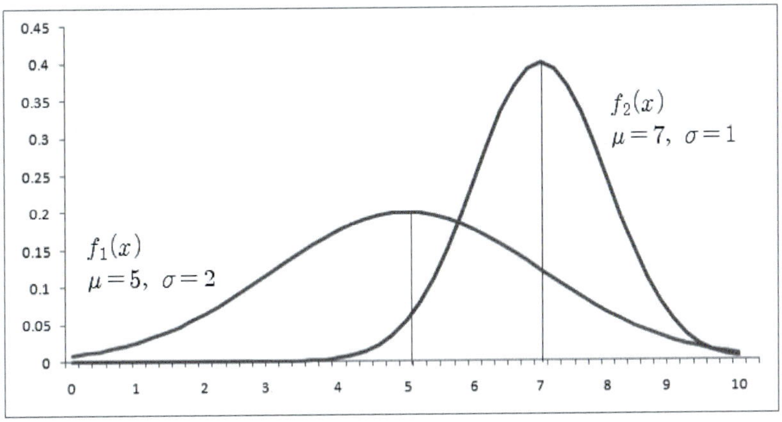

[그림 4-5] 평균과 표준편차가 다른 두 개의 정규분포 비교

예제 4-5 평균이 50이고 표준편차가 5인 정규분포 그래프의 작성

파이썬에서 정규분포를 포함한 연속확률분포의 확률은 이산확률분포와 마찬가지로 모듈 scipy.stats을 사용하고 특히 정규분포에 대해서는 scipy.stats.norm을 이용합니다. 연속확률분포를 그래프로 나타내려면 이산확률분포와 달리 확률밀도함수(probability density function)를 계산해야 하고 pdf를 이용합니다.

함수 scipy.stats.norm.pdf()	함수 인자	반환 값
`scipy.stats.norm.pdf(x, m, s)`	• x: 확률변수 • m: 평균 • s: 표준편차	확률변수 X에 대한 확률밀도함수 계산

▎평균 50, 표준편차 5인 정규분포 그래프 작성(예제4-5.py)

```
import numpy as np
from matplotlib import pyplot as plt
from scipy.stats import norm

mu=50
scale=5

x = np.arange(mu-30, mu+30, 0.1)
y = norm.pdf(x, mu, scale)

plt.bar(x, y)
plt.xlabel('X')
plt.ylabel('f(X)')
plt.title('normal distribution(mu=50, sigma=5)')
plt.show()
```

| 실행 결과 | 평균 50, 표준편차 5인 정규분포

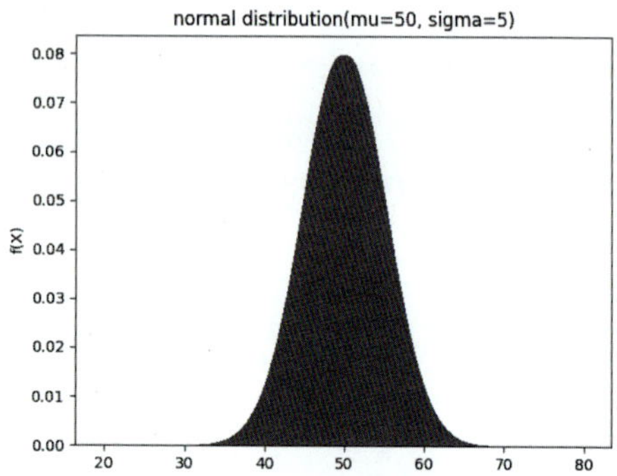

4.5.1 정규분포의 표준화

정규분포에서 확률을 계산하기 위해서는 적분을 해야 하는데 정규분포의 적분은 계산이 어려운데다 [그림 4-5]와 같이 평균 μ와 표준편차 σ에 따라 분포의 위치와 모양이 달라지는 분포이므로 정규분포를 쉽게 다루기 위해 표준화를 사용합니다.

평균 μ와 표준편차 σ가 다른 모든 정규분포의 확률변수 X에 대해 Z로 변환(이를 표준화라 함)하면, [그림 4-6]과 같이 모두 동일한 분포가 됩니다. 동일한 이 분포는 평균 $\mu = 0$, 표준편차 $\sigma = 1$인 정규분포이며, 이를 표준정규분포(standard normal distribution)라 합니다.

구분	정규분포	표준화	표준정규분포
함수	평균 $= \mu$, 표준편차 $= \sigma$ $f(z) = \frac{1}{\sigma\sqrt{2\pi}} e^{-\frac{1}{2}\left(\frac{x-\mu}{\sigma}\right)^2}$	$Z = \frac{X-\mu}{\sigma}$	$\mu = 0,\ \sigma = 1$ $f(z) = \frac{1}{\sqrt{2\pi}} e^{-\frac{1}{2}z^2}$
기호 표시	$X \sim N(\mu,\ \sigma^2)$		$Z \sim N(0,\ 1)$

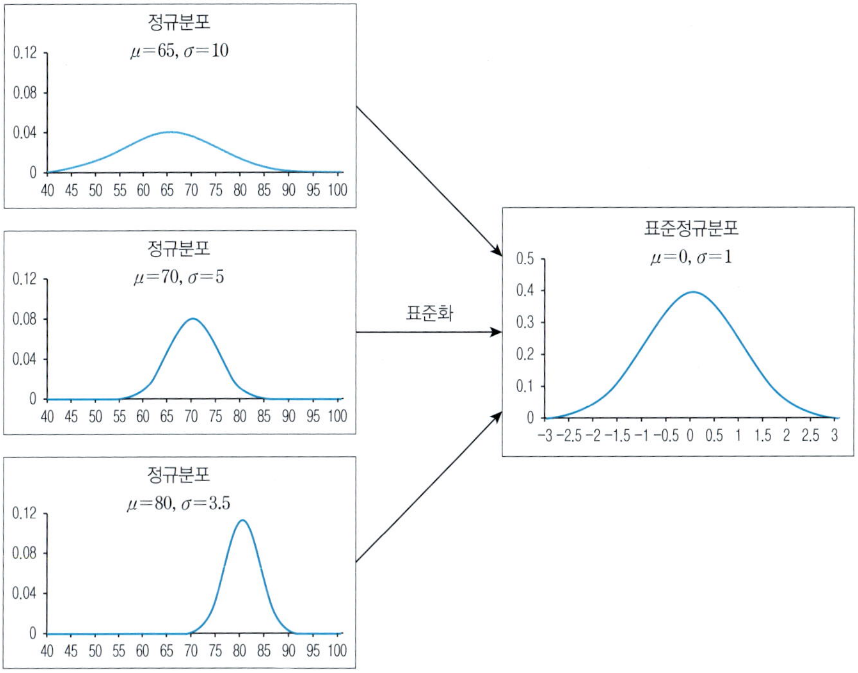

[그림 4-6] 정규분포에 대한 표준화

정규분포에 대한 표준화의 결과, 평균 μ와 표준편차 σ에 대해 독립적인 분포가 됨을 알 수 있습니다. 따라서 정규분포에서의 확률 계산은 표준화를 통해 표준정규분포에서 계산하며, 부록에 있는 표준정규분포표를 이용하여 계산할 수도 있고, 파이썬 함수를 이용할 수도 있습니다.

■ 정규분포에 대한 표준화

정규분포를 따르는 확률변수 X에 대해 표준화 $Z=\dfrac{X-\mu}{\sigma}$를 하면 확률변수 Z는 정규분포 $N(0,\ 1)$을 따른다.

[참고 2] 어느 과목의 시험을 더 잘 본 것입니까?

어느 학생이 수학 시험은 80점, 영어 시험은 85점을 받았다고 할 때 어느 과목을 더 잘했다고 볼 수 있습니까?

만약 학교 전체의 수학 점수 평균과 영어 점수 평균이 같다고 한다면 점수 자체만으로 비교하여 영어 과목의 시험을 더 잘 보았다고 할 수 있습니다. 그러나 수학 점수 평균과 영어 점수 평균이 다르다고 한다면 어떻게 비교해야

할까요? 수학 점수와 영어 점수는 정규분포를 따른다고 가정합니다.

정규분포에서는 평균이 정규곡선의 위치를 결정하고 표준편차가 곡선의 모양을 결정하므로 평균과 표준편차가 다른 경우에는 두 분포를 비교하기 어렵습니다. 또한 특정한 정규분포에서는 원하는 확률을 계산하기가 쉽지 않기에 평균과 표준편차를 이용한 표준화가 필요한 것입니다.

수학 점수의 평균과 표준편차는 60과 10이고, 영어 점수의 평균과 표준편차는 80과 5라 할 때 수학 점수 80과 영어 점수 85에 대해 표준화를 하면 다음과 같이 2와 1이 되며, 분포를 그림으로 나타내면 다음과 같습니다.

과목	분포	표준화	분포	점수
수학	$X \sim N(60, 10^2)$	$Z = \frac{X-\mu}{\sigma} = \frac{80-60}{10}$	$Z \sim N(0, 1)$	2
영어	$X \sim N(80, 5^2)$	$Z = \frac{X-\mu}{\sigma} = \frac{85-80}{5}$		1

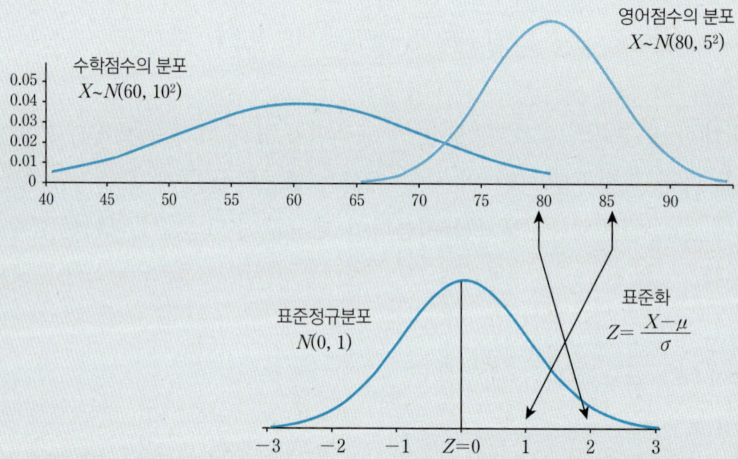

Z 점수는 표준화 식에서 표준편차 (σ) 로 나눈 값이므로 Z 점수의 의미는 확률변수 X가 평균를 중심으로 몇 배의 표준편차 (σ) 만큼 떨어져 있는가를 나타냅니다. 수학 점수 60에 대한 Z 점수는 2이고, 영어 점수 80에 대한 Z 점수는 1이므로 수학 점수는 평균으로부터 2배의 표준편차만큼, 영어 점수는 1배의 표준편차만큼 떨어져 있으므로 표준정규분포 곡선 상에서 수학 점수가 영어 점수보다도 오른쪽에 위치함을 알 수 있습니다. 이로써 이 학생은 영어 시험보다 수학 시험을 더 잘 봤다고 할 수 있습니다.

[참고 3] T 점수(T score)란?

원 점수에 대한 표준점수로 Z 점수와 T 점수를 많이 사용합니다. Z 점수는 앞과 같이 음수 값을 갖고 소수점을 포함하므로 이러한 단점을 없애기 위해 Z 점수에 대해 다음과 같은 변환을 한 표준점수입니다.

$$T = 10Z + 50$$

Z 점수는 $N(0, 1)$의 정규분포를 따르므로 $T = 10Z + 50$에 의해 T 점수는 평균이 50, 표준편차가 10인 정규분포를 따릅니다. Z 점수가 $-3 \le Z \le 3$에 해당한다면 T 점수는 $20 \le T \le 80$의 범위를 갖게 되므로 일반적인 100점 만점의 단위로 사용할 수 있으며, 여러 다른 집단 간의 점수를 비교하거나 통합할 때 사용합니다.

4.5.2 표준정규분포에서 확률 계산

표준정규분포는 평균은 0, 표준편차가 1인 정규분포를 말하며, 평균 0을 중심으로 좌우 대칭이므로 확률을 계산할 때 [표 4-6]을 기초로 확률을 계산합니다.

[표 4-6] 표준정규분포에서의 확률(면적) 계산 기초

[사례 1] 표준정규분포 전체의 면적(확률)은 1 $P(-\infty \le Z \le \infty) = 1$	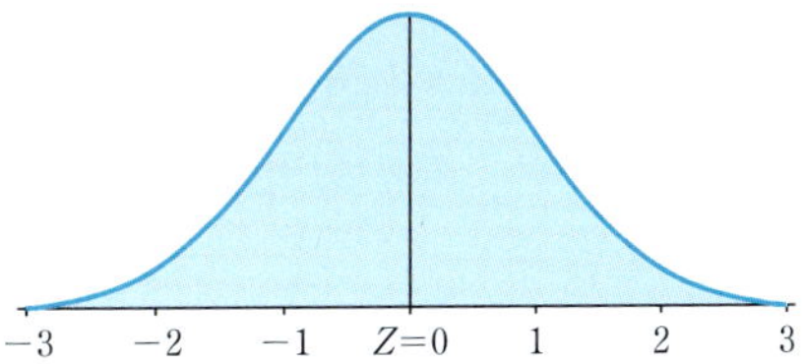
[사례 2] 표준정규분포 절반의 면적(확률)은 0.5 $P(Z \le 0) = P(0 \le Z) = 0.5$	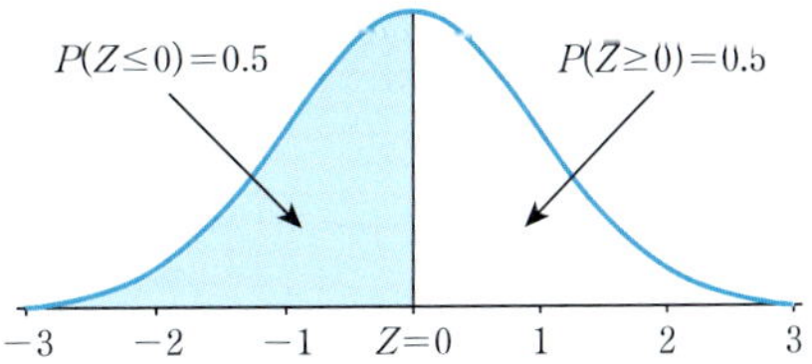
[사례 3] 만약 $P(Z \le Za) = 0.3$이라면 $P(Za \le Z) = 0.7$ $P(Z \le Za) + P(Za \le Z) = 1$ $P(Z \le Za) = 1 - P(Za \le Z)$	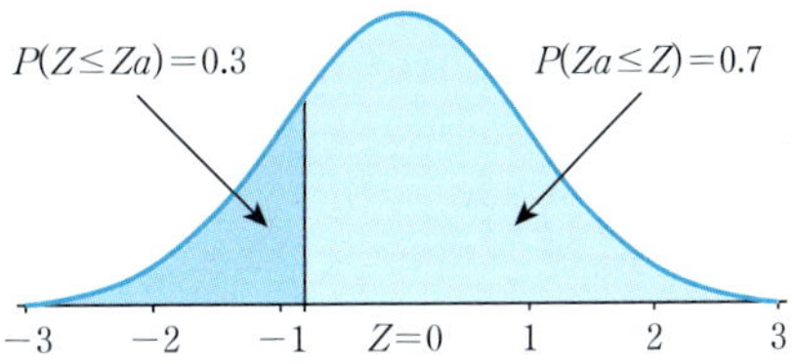

[사례 4] $P(-1 \le Z \le 0) = P(0 \le Z \le 1)$	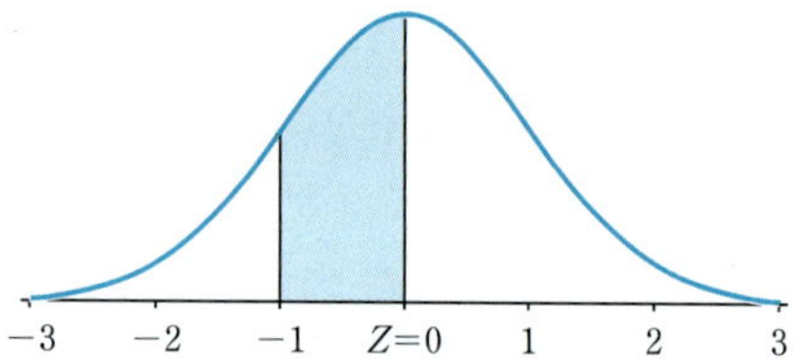 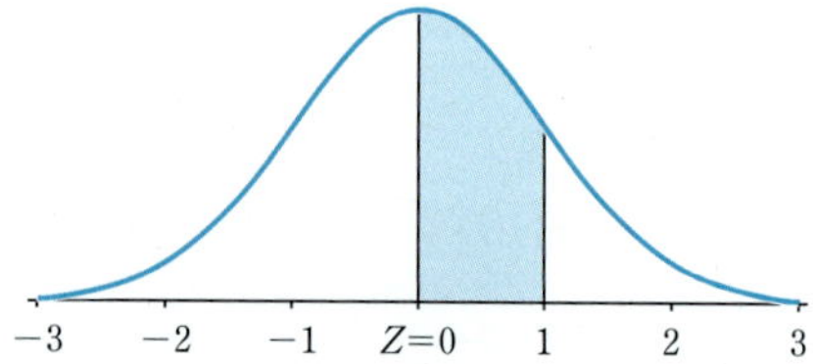
[사례 5] $P(-1 \le Z \le 1) = P(-1 \le Z \le 0) + P(0 \le Z \le 1)$ $= 2 \times P(0 \le Z \le 1)$ $P(Z \le -1) = P(Z \ge 1)$	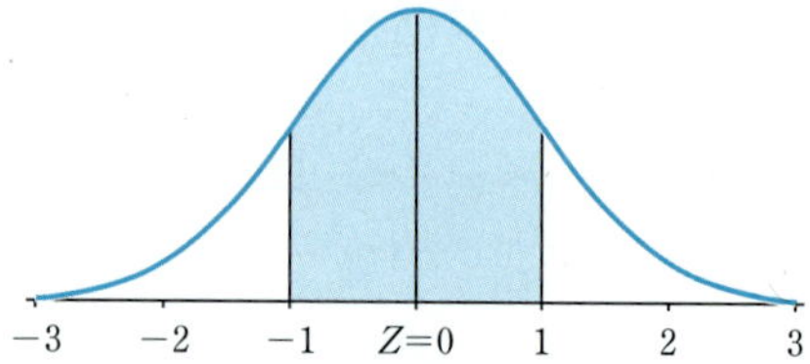

예제 4-6 $P(0 \le Z \le 1.28)$ **의 확률 계산**

문제에서 요구하는 확률(면적) $P(0 \le Z \le 1.28)$을 표준정규분포 상에 그림으로 나타내면 다음과 같습니다.

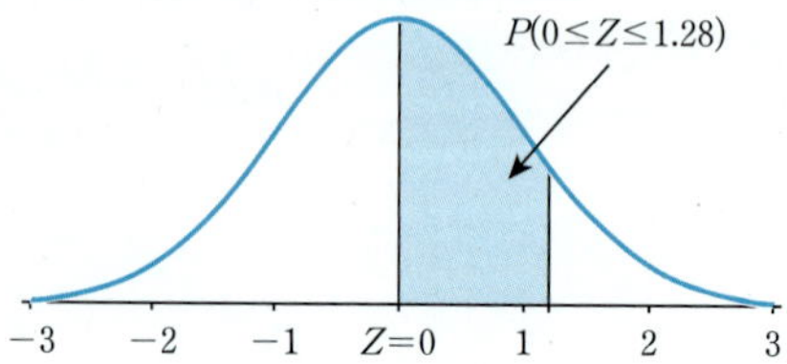

이를 계산하기 위해 [부록 1]의 표준정규분포표를 이용할 수 있습니다. [그림 4-7]은 [부록 1]의 표준정규분포표의 일부이고, Z=1.28이 되는 위치는 먼저 [그림 4-7]의 좌측 첫 번째 열에서 1.2를 찾은 다음 오른쪽으로 수평선을 그어 표시하고([단계 1]), 소수 이하 둘째 자리의 값이 0.08이므로 첫 번째 행에서 Z가 0.08이 되는 지점에서 수직선을 표시한 다음([단계 2]), 두 직선이 교차하는 지점의 숫자 0.3997이 $P(0 \le Z \le 1.28)$의 값, 즉 $P(0 \le Z \le 1.28) = 0.3997$ 입니다.

[단계 2]

Z	0.00	0.01	0.02	0.03	…	0.07	0.08	0.09
0.0								
0.1								
0.2								
0.3								
0.4								
…								
1.0								
1.1								
[단계 1] 1.2							0.3997	
…								
1.6								
…								
3.0								

[그림 4-7] $P(0 \leq Z \leq 1.28)$의 확률(면적) 위치($Z = 1.28$)

예제 4-7 $P(-1.5 \leq Z \leq 0.5)$ **의 확률 계산**

문제에서 요구하는 확률(면적)을 그림으로 나타내면 $P(-1.5 \leq Z \leq 0.5) = P(-1.5 \leq Z \leq 0)$ $+ P(0 \leq Z \leq 0.5)$ 이므로 다음과 같습니다.

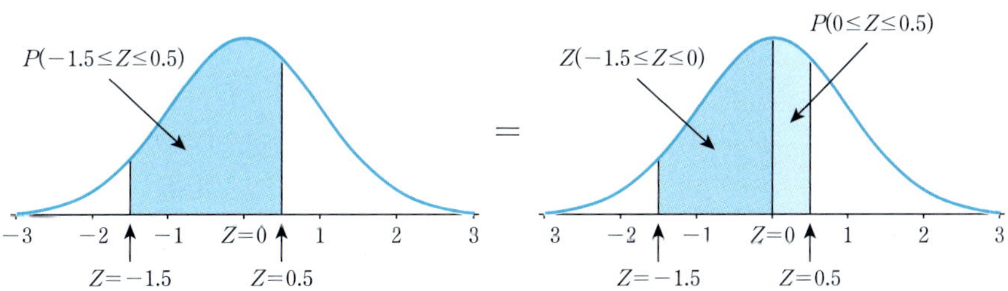

따라서 〈예제 4-7〉은 $P(-1.5 \leq Z \leq 0)$과 $P(0 \leq Z \leq 0.5)$의 확률을 다음과 같이 각각 구한 다음 더하여 계산합니다.

$P(-1.5 \leq Z \leq 0.5) =$
$P(-1.5 \leq Z \leq 0)+$
$P(0 \leq Z \leq 0.5)$

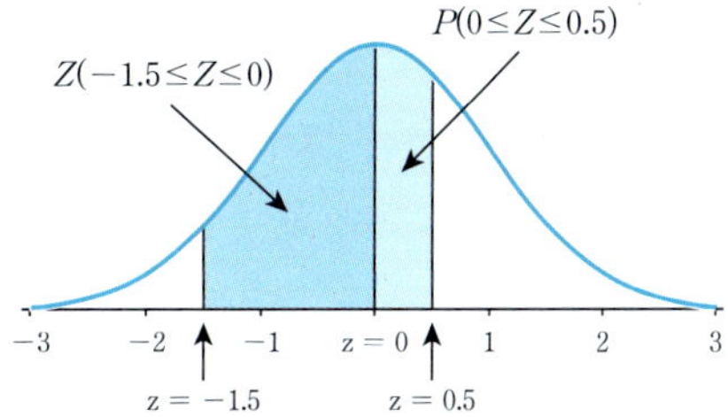

[계산]
$P(-1.5 \le Z \le 0) =$
$P(0 \le Z \le 1.5)$
[표 4-5]의 [사례 4]

$\therefore P(-1.5 \le Z \le 0.5) =$
$P(0 \le Z \le 1.5) +$
$P(0 \le Z \le 0.5)$

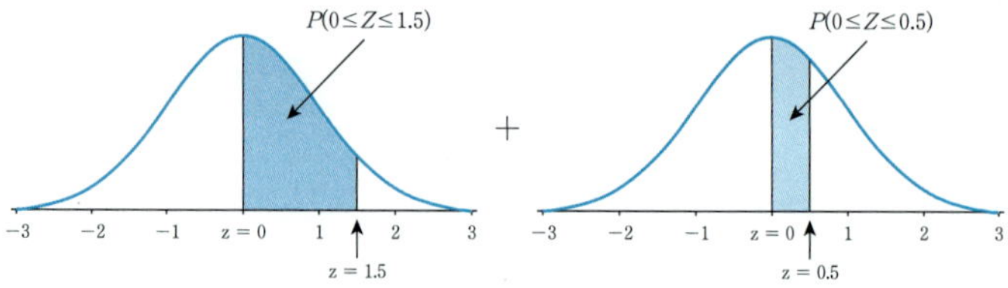

우선 $P(0 \le Z \le 1.5)$의 확률 계산에 있어서 Z가 1.5가 되는 위치는 [그림 4-8]의 좌측 첫 번째 열에서 1.5를 찾아 오른쪽으로 수평선을 표시하고([단계 1]), 소수 이하 둘째 자리의 값이 0.00이므로 첫 번째 행에서 Z가 0.00이 되는 지점에서 수직선을 표시하여([단계 2]), 두 직선이 교차하는 지점의 숫자가 확률(면적)이며, $P(0 \le Z \le 1.5) = 0.4332$ 입니다.

[단계 2]

Z	0.00	0.01	0.02	0.03	…	0.07	0.08	0.09
0.0								
0.1								
0.2								
0.3								
0.4								
…								
1.0								
1.1								
1.2								
…								
[단계 1] 1.5	.4332							
…								
3.0								

[그림 4-8] $P(0 \le Z \le 1.5)$의 확률(면적) 위치 $(Z = 1.5)$

다음으로 $P(0 \le Z \le 0.5)$의 확률 계산에 있어서 Z가 0.5가 되는 위치는 [그림 4-9]의 좌측 첫 번째 열에서 0.5를 찾아 오른쪽으로 수평선을 표시하고([단계 1]), 소수 이하 둘째 자리의 값이 0.00이므로 첫 번째 행에서 Z가 0.00이 되는 지점에서 수직선을 표시하여([단계 2]), 두 직선이 교차하는 지점의 숫자 즉, $P(0 \le Z \le 0.5) = 0.1915$ 입니다.

[단계 2]

Z	0.00	0.01	0.02	0.03	…	0.07	0.08	0.09
0.0								
0.1								
0.2								
0.3								
0.4								
0.5	.1915							
…								
1.1								
1.2								
…								
1.5								
…								
3.0								

[단계 1]

[그림 4-9] $P(0 \le Z \le 0.5)$의 확률(면적) 위치 $(Z = 0.5)$

따라서 $P(-1.5 \le Z \le 0.5)$의 확률은 앞서 두 개의 결과를 합한 0.6247이 되며, 계산 방법은 다음과 같습니다.

$$
\begin{aligned}
P(-1.5 \le Z \le 0.5) &= P(-1.5 \le Z \le 0) + P(0 \le Z \le 0.5) \\
&= P(0 \le Z \le 1.5) + P(0 \le Z \le 0.5) \\
&= 0.4332 + 0.1915 = 0.6247
\end{aligned}
$$

예제 4-8 **〈예제 4-7〉의 확률 $P(-1.5 \le Z \le 0.5)$를 파이썬 함수로 계산**

파이썬에서 정규분포나 표준정규분포의 확률은 모두 동일한 함수로 계산하며, 특정 구간에 대한 확률을 계산하기 위해서 cdf(누적분포함수)를 이용하여 다음과 같이 계산합니다.

$$P(-1.5 \le Z \le 0.5) = P(Z \le 0.5) - P(Z \le -1.5)$$

함수 scipy.stats.norm.cdf()	함수 인자	반환 값
`scipy.stats.norm.cdf(x, m, s)`	• x: 확률변수 • m: 평균 • s: 표준편차	확률변수 X에 대한 누적확률을 계산

표준정규분포의 확률 계산(예제4-8.py)

```
from scipy.stats import norm

mu=0
sigma=1

y1 = norm.cdf(0.5, mu, sigma)
y2 = norm.cdf(-1.5, mu, sigma)

print('P(-1.5≤Z≤0.5)=', y1-y2)
```

```
P(-1.5≤Z≤0.5)= 0.624655260005155
```

예제 4-9 정규분포에 대한 누적분포함수의 역함수

표준정규분포에 대해 $P(Z \le k) = 0.9$를 만족하는 확률변수 k를 계산할 때 확률변수 k보다 같거나 작을 누적확률이 0.9를 만족하는 k를 계산해야 하는데 k의 위치는 [그림 4-10]과 같습니다.

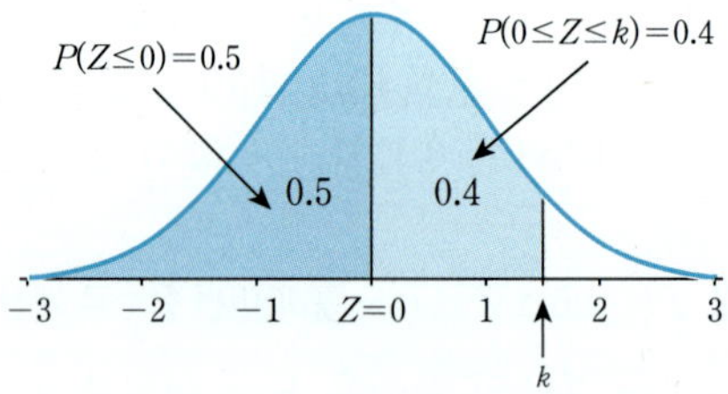

[그림 4-10] $P(Z \le k) = 0.9$를 만족하는 확률변수 k의 위치

[그림 4-10]에서 k를 계산하기 위하여 [부록 1]의 표준정규분포표를 이용할 수도 있고, 파이썬에서 누적분포함수의 역함수(inverse cumulative distribution function)를 이용할 수도 있습니다.

먼저 [부록 1]의 표준정규분포표를 이용하면 $P(0 \le Z \le k) = 0.4$를 만족하는 k를 찾는 것인데 [그림 4-11]과 같이 먼저 표 안에서 0.4와 가장 가까운 값(0.3997)을 찾은 다음 왼쪽으로 가상의 수평선을 그어 첫 번째 열과 만나는 Z 값(1.2, [단계 1])을 찾고, 이어서 0.3997에 대해 위로 수직선을 그어 첫 번째 행과 만나는 Z 값(0.08, [단계 2])을 더하여 찾습니다. 따라서 k 값은 1.28입니다.

[단계 2]

Z	0.00	0.01	0.02	0.03	…	0.07	0.08	0.09
0.0								
0.1								
0.2								
0.3								
0.4								
…								
1.0								
1.1								
[단계 1] 1.2							0.3997	0.4015
…								
1.6								
…								
3.0								

[그림 4-11] $P(0 \le Z \le k) = 0.4$ 를 만족하는 k를 찾는 방법

두 번째 방법으로 파이썬에서 누적분포함수의 역함수(inverse cumulative distribution function)는 ppf(percent point function)로 계산합니다.

함수 scipy.stats.norm.ppf()	함수 인자	반환 값
`scipy.stats.norm.ppf(q, m, s)`	• q: percent point • m: 평균 • s: 표준편차	percent point q를 만족하는 확률변수 계산

정규분포 누적분포함수의 역함수 계산(예제 4-9.py)

```
from scipy.stats import norm


mu=0
sigma=1
percent_point=0.9


print('P(Z≤k)=0.9, k=',norm.ppf(percent_point, mu, sigma))
```

```
P(Z ≤ k) = 0.9, k = 1.2815515655446004
```

[참고 4] 데이터가 정규분포를 따르는지 그래프로 확인하는 방법

QQ plot(Quantile Quantile plot)은 수집한 데이터가 특정한 확률분포를 따르는가를 분석하는 데 사용하며, 만약 데이터가 특정한 확률분포를 따른다면 직선 형태로 나타납니다. 일반적으로 데이터가 정규분포를 따르는가를 확인할 때 사용합니다. 파이썬에서 QQ plot은 함수 qqplot()을 사용합니다.

함수 qqplot	함수 인자
`statsmodels.graphics.gofplots.qqplot(data, dist, line)`	• data: 데이터 배열 • dist: 연속확률분포 norm(default) • line: 45(45도 라인)

다음의 프로그램(qqplot.py)은 표준정규분포(평균이 0, 표준편차가 1인 정규분포)를 따르는 난수 100개를 생성한 다음, 이 데이터에 대해 QQ plot을 그려본 것입니다. 대부분의 데이터가 직선상에 나타나 있음을 알 수 있습니다.

데이터가 정규분포를 따르는지 확인하는 또 다른 방법으로는 Shapiro-Wilk 검정과 Kolmogorov-Smirnov 검정이 있습니다.

▌데이터의 정규성을 확인하는 그래프(qqplot.py)

```
import numpy as np
import statsmodels.api as sm
import matplotlib.pyplot as plt

data = np.random.normal(0, 1, 100)
plot = sm.qqplot(data, line='45')
plt.show()
```

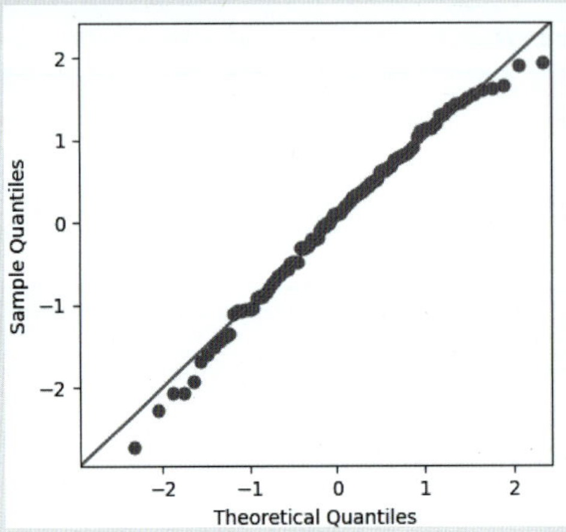

단원 정리

■ 확률변수

확률변수란 실험이나 관찰의 결과 값을 1:1 실수로 대응시키는 함수이며, 일정한 확률로 나타나는(발생하는) 사건에 대해 숫자를 부여한 변수라고 할 수 있다. 이산확률변수(discrete random variable)와 연속확률변수(continuous random variable)로 구분한다.

■ 확률분포

확률분포는 실험이나 관찰을 통해 발생 가능한 모든 값과 그 값이 나타날 가능성, 즉 확률을 도표나 그래프로 표시한 것이다.

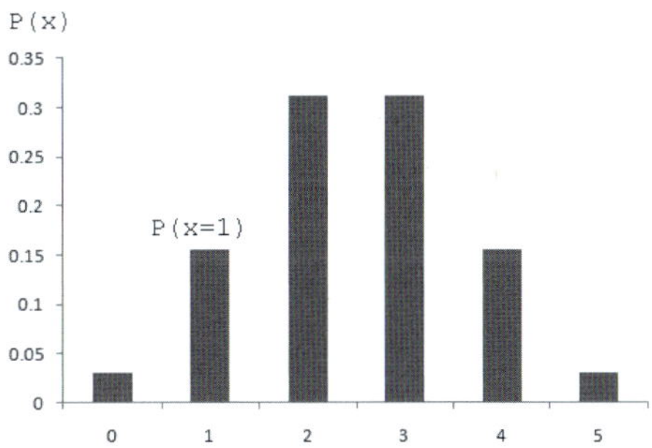

$$P(X = x_2) = P(x_2)$$

[이산확률분포의 예]

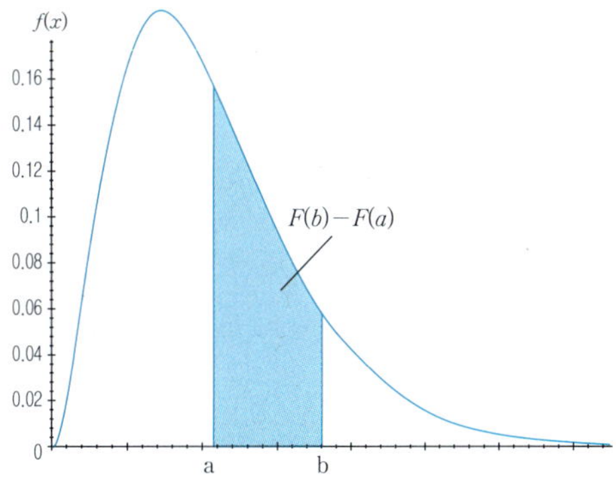

$$P(a < X < b) = \int_a^b f(x)dx$$

[연속확률분포의 예]

■ 이항확률분포

오직 두 가지의 사상(성공과 실패)만 존재하는 실험을 n회 반복적으로 시행한다고 할 때 성공할 횟수(또는 실패할 횟수)를 나타내는 확률변수 X가 갖게 될 분포를 이항확률분포(binomial probability distribution)라 한다.

한 번의 시행에서 사건 A가 일어날 확률(성공할 확률)이 p일 때, n번의 독립 시행에서 사건 A가 일어나는 횟수를 확률변수 X라 하면 X의 확률은 다음과 같다.

$$P(X=x)=\binom{n}{x}p^x(1-p)^{n-x}$$
$$=\frac{n!}{x!(n-x)!}p^x(1-p)^{n-x} \qquad (\text{단, } x=0,\ 1,\ 2,\cdots,n)$$

- 기댓값: $E(X)=np$
- 분산: $Var(X)=np(1-p)$
- 표준편차: $\sigma(X)=\sqrt{np(1-p)}$

파이썬에서 이항확률분포의 확률 계산은 다음과 같다.

binom의 함수들	함수 인자	반환 값
`scipy.stats.binom.stats(n, p)`	• n: 시행 횟수 • p: 성공할 확률	해당 이항확률분포의 평균과 분산 계산
`scipy.stats.binom.pmf(x, n, p)`	• x: 확률변수(0~n) • n: 시행 횟수 • p: 성공할 확률	확률변수 X에 대한 확률 계산
`scipy.stats.binom.cdf(x, n, p)`	• x: 확률변수(0~n) • n: 시행 횟수 • p: 성공할 확률	확률변수 X에 대한 누적확률 계산
`scipy.stats.binom.ppf(q, n, p)`	• q: percent point • n: 시행 횟수 • p: 성공할 확률	percent point q를 만족하는 확률변수 계산

■ 정규분포

연속확률분포 중에서 가장 많이 활용되는 분포이다.

• 정규분포의 특징

- 평균(μ)을 중심으로 좌우 대칭이며, 종 모양(bell shape)의 형태이다.
- 정규분포의 모양은 평균 μ와 표준편차 σ에 의해 결정된다.
- 평균=중앙값=최빈값
- 확률밀도함수 $f(x)$의 곡선 아래 부분과 x축 사이의 면적은 항상 1이다.
- 확률밀도함수 $f(x)$는 x축에 무한대로 접근하므로 $-\infty < X < \infty$

• 정규분포의 표준화와 표준정규분포

정규분포를 따르는 확률변수 X에 대해 표준화 $Z=\dfrac{X-\mu}{\sigma}$를 하면 확률변수 Z는 표준정규분포 $N(0,1)$을 따른다. 파이썬에서 정규분포와 관련된 확률 계산은 다음과 같다.

norm의 함수	함수 인자	반환 값
`scipy.stats.norm.pdf(x, m, s)`	• x: 확률변수 • m: 평균 • s: 표준편차	확률변수 X에 대한 확률밀도함수 계산
`scipy.stats.norm.cdf(x, m, s)`	• x: 확률변수 • m: 평균 • s: 표준편차	확률변수 X에 대한 누적확률 계산
`scipy.stats.norm.ppf(q, m, s)`	• q: percent point • m: 평균 • s: 표준편차	percent point q를 만족하는 확률변수 계산

확률밀도함수 계산	누적확률 계산(누적분포함수)	누적분포함수의 역함수 (percent point function)
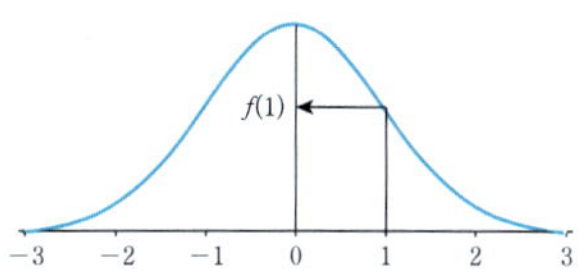	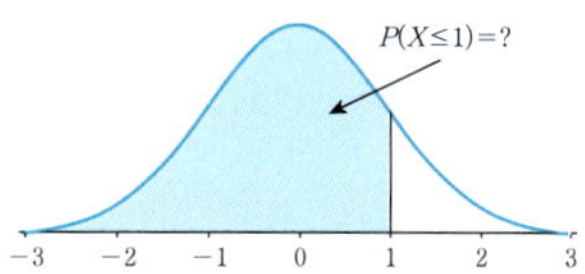	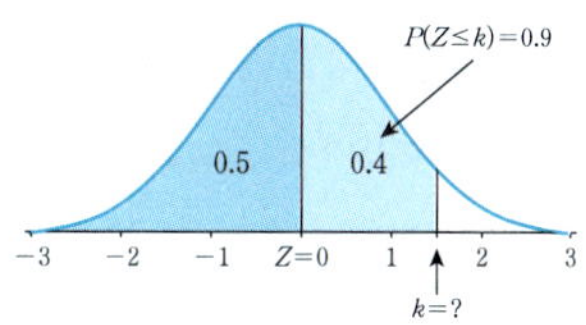

연습문제

1. 다음 괄호에 들어갈 적절한 단어를 넣으시오.

(1) 실험이나 관찰을 통해 발생 가능한 모든 값과 그 값이 나타날 가능성, 즉 확률을 도표나 그래프로 표시한 것을 (   )라 한다.

(2) 실험이나 관찰의 결과 값을 실수로 대응시키는 함수를 (   )라 한다.

(3) 확률분포의 평균을 (   )(이)라 한다.

2. 성공할 확률이 0.5이고 10회 시행할 경우, 다음을 계산하는 프로그램을 작성하고 결과를 나타내시오(〈예제 4-2〉, 〈예제 4-3〉 참고).

(1) 성공한 횟수 X에 대해 확률을 계산하여 표로 나타내고 막대그래프로 나타내시오.

(2) X에 대한 기댓값과 분산을 계산하시오.

(3) 누적확률 $P(X \le 5)$를 계산하시오.

3. 성공할 확률이 0.3이고 5회 시행할 경우, 다음을 계산하는 프로그램을 작성하고 결과를 나타내시오(〈예제 4-2〉, 〈예제 4-3〉 참고).

(1) 성공한 횟수 X에 대해 확률을 계산하여 표로 나타내고 막대그래프로 나타내시오.

(2) X에 대한 기댓값과 분산을 계산하시오.

(3) 누적확률 $P(X \le 3)$을 계산하시오.

4. 동전을 100번 던졌을 경우 앞면이 나타난 횟수를 X라 할 때, $P(X \le k) = 0.9$를 만족하는 확률변수 k를 계산하시오(〈예제 4-4〉 참고〉).

5. 평균이 70이고 표준편차가 15인 정규분포 그래프를 작성하시오(〈예제 4-5〉 참고).

6. 평균이 175이고 표준편차가 20인 정규분포 그래프를 작성하시오(〈예제 4-5〉 참고).

7. 다음의 데이터를 배열에 저장한 다음 표준화$\left(Z = \frac{\text{데이터} - \text{평균}}{\text{표준편차}}\right)$하여 Z를 출력하고, Z의 평균과 표준편차를 계산하는 프로그램을 작성하시오([참고 2], 〈예제 2-7〉, 〈예제 3-10〉 참고).

```
1 2 3 4 5 6 7 8 9
```

8. 확률변수 X가 다음의 정규분포 N(평균, 분산)을 따를 때, X에 대한 표준화 Z를 나타내시오. $N(a,\ b^2)$은 평균이 a이고 표준편차가 b인 정규분포를 의미합니다.

(1) $N(170,\ 10^2)$
(2) $N(25,\ 5^2)$
(3) $N(85,\ 15^2)$
(4) $N(350,000,\ 60,000^2)$

9. 학생 10명에 대해서 키를 조사하여 배열에 저장한 다음 표준화$\left(Z = \frac{\text{키} - \text{평균}}{\text{표준편차}}\right)$하여 Z를 출력하고, Z의 평균과 표준편차를 계산하는 프로그램을 작성하시오([참고 2], 〈예제 2-7〉, 〈예제 3-10〉 참고).

10. 다음에서 요구하는 Z의 확률을 [부록 1]의 표준정규분포표를 이용하여 계산하시오(〈예제 4-7〉 참고).

(1) $P(0 \le Z \le 1.5)$
(2) $P(1 \le Z \le 1.5)$
(3) $P(-1.26 \le Z \le 1.26)$
(4) $P(-2.5 \le Z \le -1.5)$
(5) $P(Z \le -1.5)$
(6) $P(2 \le Z)$

11. 확률변수 X가 평균이 75이고 표준편차가 10인 정규분포를 따른다고 할 때, 다음의 확률을 계산하는 프로그램을 작성하시오(〈예제 4-8〉 참고).

(1) $P(90 \le X)$
(2) $P(70 \le X \le 80)$
(3) $P(X \le 60)$

12. 문제 9에 대해 확률변수 X를 표준화한 Z를 이용하여 확률을 계산하는 프로그램을 작성하시오(〈예제 4-6〉, 〈예제 4-8〉 참고).

13. 확률변수 Z가 표준정규분포를 따를 때, 다음을 만족하는 k를 계산하는 프로그램을 작성하시오(〈예제 4-9〉 참고).

(1) $P(Z \le k) = 0.95$

(2) $P(Z \le k) = 0.975$

(3) $P(Z \le k) = 0.05$

(4) $P(Z \le k) = 0.01$

(5) $P(k \le Z) = 0.9$

14. D 대학 학생들의 월 교통비 지출액을 조사한 결과, 평균이 30만 원이고 표준편차가 10만 원인 정규분포를 나타낸다. 월 지출액이 25만 원 이상, 35만 원 이하인 학생은 전체의 몇 % 인가?

15. A 대학은 신입생 1,500명을 대상으로 프로그램 코딩 시험을 치룬 결과, 평균이 70점이고 표준편차가 10점인 정규분포를 이루었다. 이 경우 95점 이상을 받은 학생은 몇 명인가?

16. 프로그래밍 과목의 평균 점수는 75점이고, 표준편차가 10점인 정규분포를 따른다고 한다. 점수가 상위 5% 안에 들어야 A 학점을 준다고 하는데 A 학점을 받으려면 몇 점 이상을 받아야 하는가?

17. 동전을 1,000번 던지는 모의실험에서 앞면이 나온 횟수를 X라 할 때, 확률변수 X의 확률분포를 그래프로 나타내시오(〈예제 7-10〉, 〈예제 4-2〉 참고).

CHAPTER

05

표본의 결과를 이용하여 모집단의 특성을 밝혀내기

우리가 다루려는 데이터 대부분은 모집단에서 추출한 표본이며, 주된 관심은 표본을 통해 모집단을 추측하는 것입니다. 만약 표본분포가 어떤 확률분포를 따르는지를 알 수 있다면 확률적으로 다룰 수 있으므로 통계적 추론을 통해 모집단의 특성을 추측할 수 있습니다.

통계적 추론인 가설검정은 모집단에 대한 가설의 타당성을 표본의 정보를 활용하여 확보하고 이를 통해 가설이 참과 거짓을 판단하는 절차입니다.

contents

CHAPTER 05

표본의 결과를 이용하여 모집단의 특성을 밝혀내기

| 이 장에서 학습할 내용 |

1. 표본들의 평균은 어떤 분포를 따르는가?
2. 모집단 평균을 추측하는 방법
3. 주장하려는 가설의 진위를 판단하기 위한 통계적 가설검정

5.1 모집단과 표본분포

정보를 얻고자 하는 관심 대상의 전체 집합을 모집단(population)이라 합니다. 어느 조사기관이 대학생의 생활비를 조사한다면 모집단은 우리나라의 대학 재학 중인 학생 전체의 생활비가 될 것입니다.

모집단 전체를 대상으로 조사하는 것을 전수조사(census)라 하며, 우리나라에서 전 국민을 대상으로 5년마다 실시하는 인구주택조사가 이에 해당합니다. 그러나 전수조사는 조사시간과 비용 등의 여러 문제로 인해 어려움이 많고, 어떤 경우에는 조사 자체가 불가능한 경우도 발생합니다.

따라서 통계학에서는 모집단으로부터 선택한 일부분의 구성단위인 표본(sample)을 선택하고 표본의 결과(표본평균, 표본분산 등)를 토대로 모집단의 성격과 특징을 파악합니다. 표본을 선택하는 과정을 표본추출(sampling)이라 하며, 여러 가지 방법을 사용하지만, 이 책의 주된 내용이 통계학의 기초를 설명하는 것이므로 생략하기로 합니다.

비유하자면 냄비에 들어 있는 국물 전체를 모집단이라 할 수 있고, 국물로부터 뜬 한 숟가락의 국물을 표본(sample)이라 할 수 있습니다. 국물(모집단)에 대해서 한 숟가락의 양(표본)으로 얻은 정보만으로도 국물 전체(모집단)의 특징인 맛과 간을 파악할 수 있습니다.

모집단	표본	추론
냄비에 들어 있는 국물 전체	국물 한 숟가락	한 숟가락의 맛(표본 통계량)을 통해 국물 전체(모집단)의 특징(냄새, 맛 등) 파악
우리나라 대학생 전체의 생활비	대학생 1,000명 추출	1,000명의 월 생활비를 조사하여 전체 대학생(모집단)의 특징(평균, 표준편차 등) 파악

표본으로부터 추측하려는 모집단의 특성 중 가장 중요한 것은 표본의 평균과 표준편차입니다. 모집단의 평균(μ)과 표준편차(σ)를 모수(parameter)라 하고, 표본으로부터 얻은 평균($\overline{X}$)과 표준편차(S)를 표본 통계량(sample statistic)이라 합니다. 따라서 표본 통계량의 결과를 이용하여 모수를 추측하는 것인데 이를 통계적 추정(estimation)이라 합니다.

5.1.1 표본들의 평균은 어떤 분포인가?

모집단에서 표본을 추출할 때 한 번만 추출하지 않고 [그림 5-1]과 같이 여러 번 추출한다고 가정할 때, 각 표본으로부터 얻은 표본 통계량 $\overline{X_1}$, $\overline{X_2}$, ⋯, $\overline{X_n}$ 들은 모두 다를 것입니다. 이때 각각의 표본에서 얻은 표본 통계량($\overline{X}$)을 확률변수로 하는 확률분포를 표본분포(sample distribution)라 합니다.

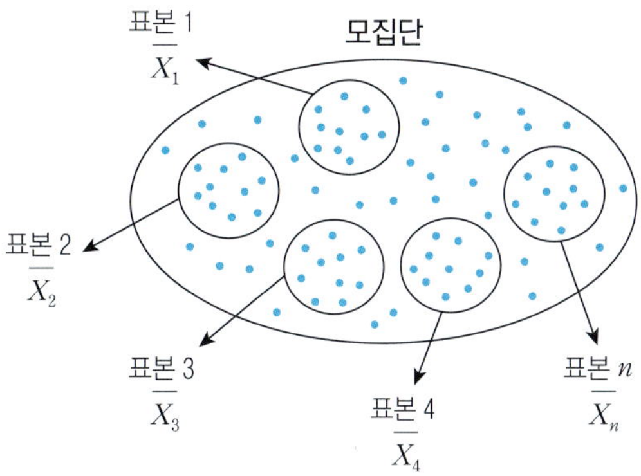

[그림 5-1] 모집단과 표본평균

예를 들어, 통계학을 수강한 40명 학생의 성적에 대한 표본분포를 생각해 봅니다. 이 예에서 모집단의 크기는 40이고 각 표본의 크기를 5로 하여 10번 조사한 평균의 결과에 대해서 확률분포가 [표 5-1], [그림 5-2]와 같다고 가정합니다.

[표 5-1] 표본평균의 확률분포표

표본평균	빈도 (사례수)	확률
71~75	1	0.1
76~80	4	0.4
81~85	2	0.2
86~90	3	0.3

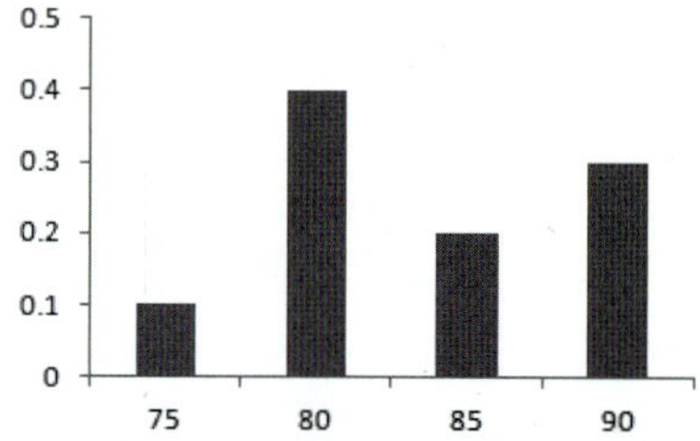

[그림 5-2] 표본평균의 확률분포도

[표 5-1]에 대해서 기댓값[1]은 83.5입니다. 이 예에서는 크기가 40인 모집단에 대해 10개의 표본 집단에 대해서만 고려했으나, 추출 가능한 모든 표본 집단을 조사하여 표본평균 $\overline{X}$의 확률분포에 대한 기댓값을 계산한다면 모집단 평균(μ)과 같아질 것입니다.

■ 표본평균 $\overline{X}$ 의 기댓값과 분산은 어떤 값인가?

[표 5-1]과 같이 표본평균 $\overline{X}$ 에 대해 확률분포표를 작성할 수 있으므로 이러한 확률분포에 대해서 기댓값(평균)과 분산을 계산할 수 있습니다. 표본평균 $\overline{X}$ 에 대한 확률분포의 평균은 $\mu_{\overline{X}}$ 로 표현하고 분산은 $\sigma^2_{\overline{X}}$ 로 표시하며, 다음과 같이 계산합니다.

$$\begin{aligned}
\mu_{\overline{X}} = E(\overline{X}) &= \sum_{i=1}^{n} \overline{X_i} \cdot f(\overline{X_i}) = E\left[\frac{1}{n}(\overline{X_1} + \overline{X_2} + \cdots + \overline{X_n})\right] \\
&= \frac{1}{n}[E(\overline{X_1}) + E(\overline{X_2}) + \cdots + E(\overline{X_n})] \\
&= \frac{1}{n}(n\mu) = \mu
\end{aligned}$$

$$\begin{aligned}
\sigma^2_{\overline{X}} &= Var(\overline{X}) = E(\overline{X} - \mu_{\overline{X}})^2 \\
&= Var\left[\frac{1}{n}(\overline{X_1} + \overline{X_2} + \cdots + \overline{X_n})\right] = \frac{1}{n^2} Var(\overline{X_1} + \overline{X_2} + \cdots + \overline{X_n}) \\
&= \frac{1}{n^2}[Var(\overline{X_1}) + Var(\overline{X_2}) + \cdots + Var(\overline{X_n})] \\
&= \frac{1}{n^2}(n\sigma^2) = \frac{\sigma^2}{n}
\end{aligned}$$

1) 기댓값: 확률분포의 평균(4.3 이산확률분포와 연속확률분포)

표본평균에 대한 확률분포의 평균 $\mu_{\overline{X}}$ 는 모집단 평균 μ 와 일치하며, 분산인 $\sigma^2_{\overline{X}}$ 은 모집단 분산 σ^2 을 표본의 크기 n으로 나누어준 σ^2/n 이 됩니다. 이때 표준편차는 $\sigma/\sqrt{n}$ 가 되는데 이를 표준오차(standard error)라 하며, 일반적으로 표준오차는 표본평균의 표준편차를 의미합니다. 표준오차는 표본평균을 이용하여 모집단 평균을 추정할 때 발생할 수 있는 오류의 크기를 나타내며, 표본의 크기 (n) 가 커질수록 표준오차의 크기는 줄어듭니다(〈예제 7-4〉 참고).

5.1.2 모집단 분포를 모르면 표본분포도 알 수 없는가?

앞에서 설명한 표본평균 $\overline{X}$ 의 확률분포에 대해서 정리하면 다음과 같습니다.

- 표본평균 $\overline{X}$ 에 대한 확률분포의 평균은 모집단 평균 μ 와 일치한다 $(\mu_{\overline{X}} = \mu)$.
- 표본평균 $\overline{X}$ 에 대한 확률분포의 표준편차(표준오차)는 $\frac{\sigma}{\sqrt{n}}$ 로서 표본의 크기 (n) 가 커질수록 줄어든다.

이제 모집단 분포와 표본분포를 비교해 봅니다. 표본분포는 모집단에서 추출한 표본 통계량의 분포이므로, 모집단이 어떤 분포를 하고 있는지에 따라 표본분포가 영향을 받을 것으로 생각할 수 있습니다. 그러나 결론부터 말하자면 표본평균 $\overline{X}$ 에 대한 확률분포, 즉 표본분포는 모집단 분포에 상관없이 정규분포를 따릅니다.

■ 모집단 분포가 정규분포일 때

모집단이 정규분포를 따른다면 표본평균 $\overline{X}$ 에 대한 확률분포 역시 정규분포를 따릅니다.

모집단 분포	표본평균 $\overline{X}$ 에 대한 확률분포 (표본분포)
$X \sim N(\mu,\ \sigma^2)$	$\overline{X} \sim N\left(\mu,\ \frac{\sigma^2}{n}\right)$

모집단이 정규분포를 따른다면(하고 있다면) 표본평균 $\overline{X}$ 에 대한 확률분포는 표본의 크기 n에 관계없이 정규분포를 따르며, 이때 평균과 표준편차는 각각 μ 와 $\frac{\sigma}{\sqrt{n}}$ 입니다.

■ 모집단 분포가 정규분포가 아닐 경우

모집단 분포가 정규분포가 아니더라도 표본의 크기 n이 충분히 크다면$(30 \leq n)$ 표본평균 $\overline{X}$에 대한 확률분포는 정규분포를 따르게 되는데 이러한 사실을 중심극한정리(central limit theorem)라 합니다.

> **[중심극한정리(central limit theorem)]**
>
> X가 임의의 모집단으로부터 추출된 표본이더라도, 표본의 크기 n이 충분히 크다면 모집단 분포와 관계없이 표본평균 $\overline{X}$에 대한 확률분포는 정규분포, 즉 $\overline{X} \sim N\left(\mu,\ \frac{\sigma^2}{n}\right)$을 따른다.
>
> 또한 표본평균 $\overline{X}$가 정규분포를 따르므로 이에 대한 표준화 $Z = \frac{\overline{X}-\mu}{\sigma/\sqrt{n}}$의 분포는 표준정규분포 $N(0,\ 1)$을 따른다.

중심극한정리는 통계학에서 가장 중요한 이론 중의 하나입니다. 그 이유는 모집단 전체를 조사하지 않고도 표본평균 $\overline{X}$를 통해 모집단의 특성을 확률적으로 추론해낼 수 있는 이론적인 근거를 제시하기 때문입니다.

[참고 1] 중심극한정리에 대한 모의실험

중심극한정리는 모집단 분포가 정규분포가 아니더라도 모집단 분포와 상관없이 표본평균에 대한 확률분포는 정규분포 $\overline{X} \sim N\left(\mu,\ \frac{\sigma^2}{n}\right)$을 따른다는 것입니다. 실험을 통해 이를 확인해 보도록 합니다.

0에서 1 사이의 균등분포(또는 균일분포 uniform distribution)를 따르는 확률변수 100개에 대해서 평균을 계산하여 각각 배열에 저장하는데 이 과정을 1,000번 반복하여 배열에 저장된 1,000개의 평균에 대해 히스토그램을 그려봅니다(〈예제 7-5〉 참고). 실행 결과는 다음과 같습니다.

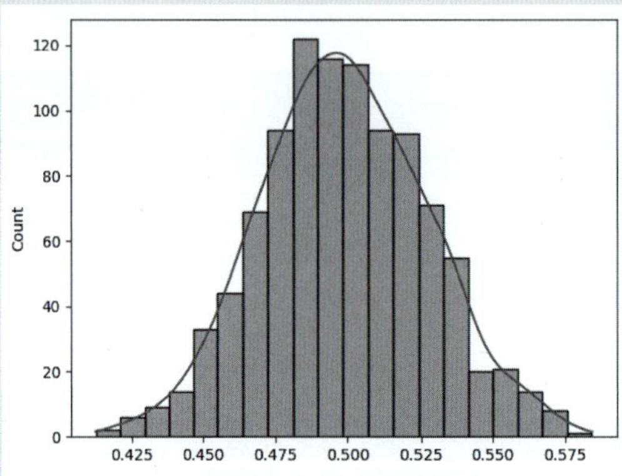

확률변수가 0에서 1 사이의 균등분포를 따르므로 모집단 평균은 0.5이며, 히스토그램 상에서도 0.5를 중심으로 좌우 대칭 형태인 정규분포 모양을 확인할 수 있습니다.

5.1.3 t분포와 확률 계산

중심극한정리에서 표본의 크기 n이 충분히 크다면 모집단 분포와 관계없이 표본평균 $\overline{X}$에 대한 확률분포는 정규분포를 따른다고 하였는데 표본의 크기 n이 작다면 표본평균 $\overline{X}$에 대한 확률분포는 어떤 분포를 따를까요?

모집단 분산 σ^2을 모르고 표본의 크기 n이 작다면 표본평균 $\overline{X}$에 대한 확률분포는 정규분포를 따르지 않고, t분포[2]를 따릅니다. 표본의 표준편차 $S=\sqrt{\sum_{i=1}^{n}(X_i-\overline{X})^2/(n-1)}$에 대해 $t=\dfrac{\overline{X}-\mu}{S/\sqrt{n}}$라 한다면, t는 자유도 $(n-1)$인 t분포, 즉 $t_{(n-1)}$을 따르며, 자유도에 따라 분포의 모양이 [그림 5-3]과 같이 달라집니다. [그림 5-3]은 자유도가 1, 2, 5일 경우의 t분포와 표준정규분포 $N(0,\ 1)$을 비교한 것입니다.

t분포는 0을 중심으로 좌우 대칭이므로 정규분포와 흡사하지만, [그림 5-3]과 같이 자유도가 작을수록 분포의 모양이 납작해지고, 자유도가 증가할수록 표준정규분포와 비슷해집니다. t분포는 뒤에서 설명할 모집단 평균 차이에 대한 검정(6.2 모집단이 두 개인 경우의 통계적 추론)과 회귀계수의 추정과 검정(6.4 상관과 회귀분석)에 사용합니다.

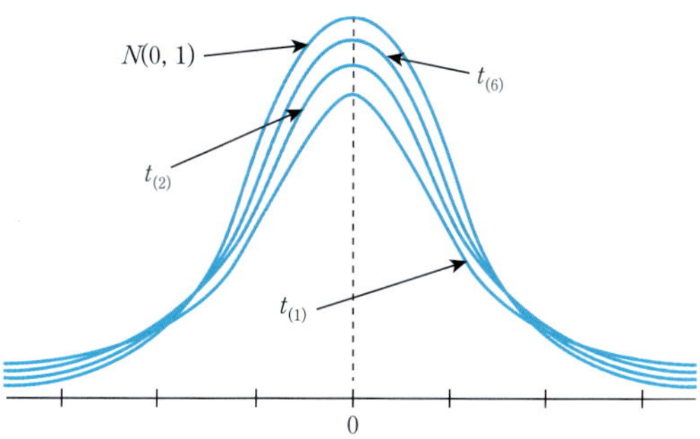

[그림 5-3] 자유도에 따른 t-분포와 표준정규분포 $N(0,\ 1)$

2) Student's t-distribution: 정규분포의 평균을 측정할 때 주로 사용하는 분포

예제 5-1 **자유도가 2일 경우 t분포를 그래프로 나타내시오.**

파이썬에서 정규분포를 포함한 연속확률분포의 확률은 이산확률분포와 마찬가지로 모듈 scipy.stats를 사용하고, 특히 정규분포에 대해서는 scipy.stats.norm을, t분포에 대해서는 scipy.stats.t를 이용합니다.

이산확률분포의 그래프를 작성하려면 확률질량함수(probability mass function)를 계산하는 pmf(〈예제 4-2〉 참고)를 이용해야 하고, 연속확률분포의 그래프를 작성하기 위해서는 확률밀도함수(probability density function)를 계산하는 pdf를 이용합니다.

따라서 t분포의 확률밀도함수는 함수 scipy.stats.t.pdf()를 이용하여 다음과 같이 계산합니다.

함수 scipy.stats.t.pdf()	함수 인자	반환 값
scipy.stats.t.pdf(x, df)	• x: 확률변수 • df: 자유도	확률변수 x에 대한 확률밀도함수 계산

▌자유도가 2일 경우 t분포 그래프(예제5-1.py)

```
import numpy as np
from matplotlib import pyplot as plt
from scipy.stats import t

df=2
x = np.arange(-4, 4, 0.01)
y = t.pdf(x, df)

plt.bar(x, y)
plt.xlabel('X')
plt.ylabel('f(X)')
plt.title('t distribution(df=2)')
plt.show()
```

| 실행 결과 | 자유도가 2인 t분포

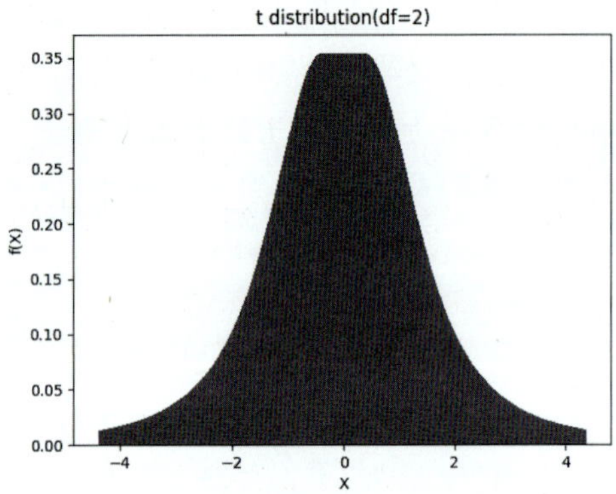

예제 5-2 **자유도 2인 t분포에 대해서 $P(-2 \leq t \leq 2)$의 확률을 계산하시오.**

t분포의 확률은 특정 구간에 대한 확률밀도함수의 면적으로 계산합니다. 특정 구간에 대한 확률을 계산하기 위해서 cdf(누적분포함수: cumulative distribution function)를 이용하며, 다음과 같이 계산합니다.

$$P(-2 \leq t \leq 2) = P(t \leq 2) - P(t \leq -2)$$

함수 scipy.stats.t.cdf()	함수 인자	반환 값
`scipy.stats.t.cdf(t, df)`	• t: 확률변수 • df: 자유도	확률변수 t에 대한 누적확률을 계산

▌자유도 2인 t분포에 대해서 $P(-2 \leq t \leq 2)$ 의 확률 계산(예제5-2.py)

```
from scipy.stats import t

df=2
y1 = t.cdf(2, df)
y2 = t.cdf(-2, df)

print('P(-2≤X≤2)=', y1-y2)
```

```
P(-2 ≤ X ≤ 2) = 0.816496580927726
```

예제 5-3 t분포에 대한 누적분포함수의 역함수

만약 자유도가 2인 t분포에 대해 $P(t \leq k) = 0.95$ 를 만족하는 확률변수 k를 계산할 때 누적분포함수의 역함수(inverse cumulative distribution function)를 이용하며, 파이썬에서는 ppf(percent point function)로 계산합니다.

함수 scipy.stats.t.ppf()	함수 인자	반환 값
`scipy.stats.t.ppf(q, df)`	• q: percent point • df: 자유도	percent point q를 만족하는 확률변수 계산

▌t분포에 대한 누적분포함수의 역함수(예제5-3.py)

```
from scipy.stats import t

df=2
percent_point=0.95

print('P(x≤k)=0.95, k=',t.ppf(percent_point, df))
```

```
P(x ≤ k) = 0.95,  k = 2.919985580355516
```

| 결과 설명 |

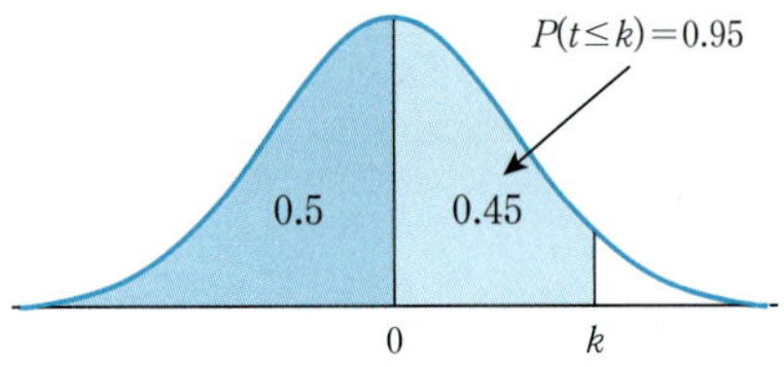

자유도가 2인 t분포에 대해 왼쪽 그림과 같이 $P(t \le k) = 0.95$를 만족하는 k는 0을 기준으로 왼쪽 면적이 0.5이고 오른쪽 면적이 0.45를 만족하며, 이를 역함수에 의해 계산하면 대략 $k = 2.92$ 입니다.

정규분포에 대한 누적분포함수의 역함수는 〈예제 4-9〉를 참고합니다.

단원 정리 5.1

■ 표본분포

모집단에서 표본을 추출할 때 한 번만 추출하지 않고 그림과 같이 여러 번 추출한다고 가정할 때, 각 표본으로부터 얻은 표본 통계량(예를 들어, 표본평균 $\overline{X}$)은 달라질 것이다. 이때 각각의 표본에서 얻은 표본 통계량($\overline{X}$)을 확률변수로 하는 확률분포를 표본분포(sample distribution)라 한다.

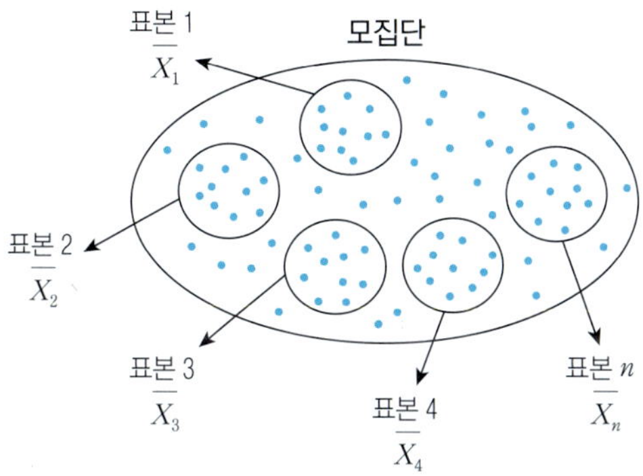

[모집단과 표본평균]

■ 표본평균 $\overline{X}$ 의 분포

표본평균 $\overline{X}$ 에 대한 확률분포의 평균은 모집단 평균 μ와 일치한다($\mu_{\overline{X}} = \mu$).

표본평균 $\overline{X}$ 에 대한 확률분포의 표준편차(표준오차)는 $\frac{\sigma}{\sqrt{n}}$ 이고, 표본의 크기(n)가 커질수록 줄어든다.

- 모집단이 정규분포를 따른다면 표본평균 $\overline{X}$ 에 대한 확률분포 역시 정규분포를 따른다.

모집단 분포	표본평균 $\overline{X}$ 에 대한 확률분포 (표본분포)
$X \sim N(\mu,\ \sigma^2)$	$\overline{X} \sim N\left(\mu,\ \frac{\sigma^2}{n}\right)$

- 모집단 분포가 정규분포가 아니더라도 표본의 크기 n이 충분히 크다면($n \geq 30$) 표본평균 $\overline{X}$ 에 대한 확률분포는 정규분포를 따르게 되는데 이러한 사실을 중심극한정리라 한다.
- 모집단 분산 σ^2을 모르고 표본의 크기 n이 작다면 표본평균 $\overline{X}$ 에 대한 확률분포는 정규분포를 따르지 않고 t분포를 따른다. 표본의 표준편차 $S = \sqrt{\sum_{i=1}^{n}(X_i - \overline{X})^2/(n-1)}$ 에 대해

$t=\dfrac{\overline{X}-\mu}{S/\sqrt{n}}$ 라 한다면, t는 자유도 $(n-1)$인 t분포, 즉 $t_{(n-1)}$을 따르며, 자유도에 따라 분포의 모양이 달라진다.

■ 정규분포와 t분포의 확률 계산

파이썬에서 정규분포를 포함한 연속확률분포의 확률은 이산확률분포와 마찬가지로 모듈 scipy.stats을 사용하고 특히 정규분포에 대해서는 scipy.stats.norm을 이용한다. 연속확률분포를 그래프로 나타내려면 이산확률분포와 달리 확률밀도함수를 사용하며 pdf(probability density function)를 이용한다.

확률밀도함수(pdf)	함수 인자	반환 값
`scipy.stats.t.pdf(t, df)`	• t: 확률변수 • df: 자유도	t분포를 따르는 확률변수 t에 대한 확률밀도함수 계산
`scipy.stats.norm.pdf(x, loc, scale)`	• x: 확률변수 • loc: 평균 • scale: 표준편차	정규분포를 따르는 확률변수 x에 대한 확률밀도함수 계산

누적분포확률(cdf)	함수 인자	반환 값
`scipy.stats.t.cdf(t, df)`	• t: 확률변수 • df: 자유도	t분포를 따르는 확률변수 t에 대한 누적확률 계산
`scipy.stats.norm.cdf(x, m, s)`	• x: 확률변수 • m: 평균 • s: 표준편차	정규분포를 따르는 확률변수 x에 대한 누적확률 계산

누적분포함수의 역함수(ppf)	함수 인자	반환 값
`scipy.stats.t.ppf(q, df)`	• q: percent point • df: 자유도	t분포에 대해 percent point q를 만족하는 확률변수 계산
`scipy.stats.norm.ppf(q, m, s)`	• q: percent point • m: 평균 • s: 표준편차	정규분포에 대해 percent point q를 만족하는 확률변수 계산

확률밀도함수 계산	누적확률 계산(누적분포함수)	누적분포함수의 역함수 (percent point function)
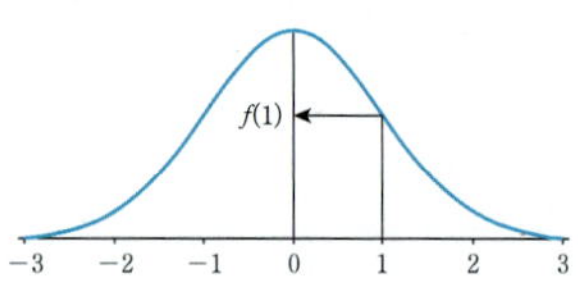	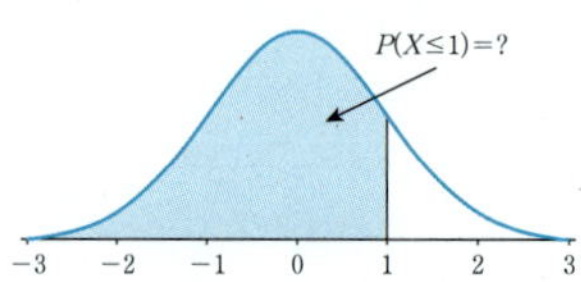	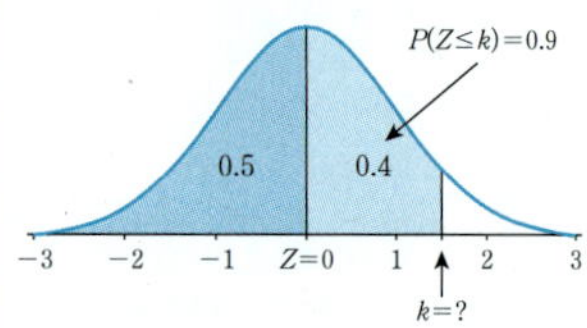

연습문제 5.1

1. 다음 괄호 안에 적절한 단어를 넣으시오.

(1) 모집단의 평균 (μ)과 표준편차 (σ)를 (　　　　　　)라 하고, 표본으로부터 얻은 평균 $(\overline{X})$과 표준편차(S)를 표본 (　　　　　　)이라 한다.

(2) 통계적 추론은 두 분야로 구분하는데, (　　　　　　)과 (　　　　　　)이 있다.

(3) 중심극한정리는 모집단 분포가 어떤 분포이던지 표본의 크기가 충분히 크다면 표본평균은 (　　　　　　) 분포를 따른다는 것이다.

(4) 표본의 크기가 작다면 표본평균은 (　　　　　　) 분포를 따른다.

2. 다음의 조사에 대해 전수조사인지 표본조사인지를 구별하시오.

(1) 어느 고등학교의 신체검사

(2) 대통령 선거에 대한 여론조사

(3) 청년실업률 조사

(4) 수능 성적 결과

(5) 인구조사

(6) 스마트폰 액정 강도 조사

3. 동일한 모집단에 대해 표본의 크기를 증가시킬 때 표준오차는 어떻게 되는가?

① 일정하다.　　② 커진다.

③ 작아진다.　　④ 모집단의 성질에 따라 다르다.

4. t분포에 대해서 $P(-1 \le t \le 1)$의 확률을 계산하되, 자유도가 10, 30, 50, 100인 경우의 확률을 각각 계산하고 표준정규분포에 대해 $P(-1 \le Z \le 1)$의 확률과 비교하시오.

5. 자유도가 100인 t분포에 대해 $P(t \le k) = 0.95$를 만족하는 k를 계산하고 표준정규분포에 대해 $P(Z \le k) = 0.95$를 만족하는 k를 계산하여 비교하시오(〈예제 5-3〉, 〈예제 4-9〉 참고).

6. 평균이 70이고 표준편차가 15인 정규분포를 따르는 난수 1,000개를 발생시켜 이들의 확률분포를 히스토그램으로 나타내는 프로그램을 작성하시오(〈예제 3-1〉, 〈예제 7-9〉 참고).

7. 다음의 과정을 100번 반복하여 만들어진 평균 100개의 분포를 히스토그램으로 나타내시오 (〈예제 3-1〉, 5장의 [참고 1], 〈예제 7-2〉, 〈예제 7-3〉 참고).

[0, 1] 사이의 균등분포를 따르는 난수 10개를 함수 uniform.rvs()를 이용하여 생성하고 평균을 계산한다.

5.2 모집단 평균의 추측

현재 우리나라의 기대수명은 83.3년으로 OECD 국가 중 상위권에 속하는 것으로 나타났고[3] 우리나라 대졸 신입 근로자의 초임은 300인 이상 사업체 정규직 기준으로 평균 연봉이 5,048만 원인 것으로 조사[4]되었습니다.

이와 같은 조사 결과들은 모집단 전체를 조사한 전수조사의 결과가 아니라 표본조사의 결과를 토대로 모집단의 특성을 추측한 것입니다. 표본으로부터 얻은 결과를 이용하여 모집단의 특성을 추측하는 과정을 통계적 추론(statistical inference)이라 합니다. 통계적 추론은 추정(estimation)과 가설검정(hypothesis testing)으로 분류되며, 이 장에서는 추정에 관해서 설명하고 이어서 가설검정을 설명합니다.

5.2.1 점추정

추정(estimation)은 모집단에서 추출한 표본의 결과를 이용하여 모집단의 모수를 추측하는 과정을 말하며, 추정 방법에는 점추정(point estimation)과 구간추정(interval estimation)이 있습니다. 점추정은 오직 하나의 값으로 모수를 추정하는 것이고, 구간추정은 모수가 포함될 것이라고 기대하는 범위(모수의 신뢰구간)를 추정하는 것입니다.

모집단을 추정하기 위해서 도구가 필요한데 이를 추정량(estimator)이라 합니다. 추정량은 모집단의 모수를 추정하기 위해 사용하는 공식이나 함수식을 말하며, 추정치(estimate)는 추정량이라는 공식에 실제 표본의 데이터를 대입하여 계산한 결과를 말합니다.

[참고 2] 좋은 추정량의 선택 기준

- 불편성: 불편성(unbiasedness)은 편의(biased)가 없다는 뜻으로 추정량의 기댓값이 모수와 같으면 불편성을 만족하는 것이고 이러한 추정량을 불편 추정량이라 합니다. 불편 추정량(unbiased estimator)으로 표본평균 $(\overline{X})$과 표본분산 (S^2)을 들 수 있습니다.
- 효율성: 추정량이 불편성을 만족한다고 하더라도 분산이 크다면 편의가 있는 추정량보다 더 낫다고 할 수 없습니다. 효율성(efficiency)은 추정량 중에서 분산이 작은 추정량이 갖는 성질을 의미합니다.
- 일치성: 일치성(consistency)은 표본의 크기가 증가할수록 추정량이 모수에 일치함을 의미합니다. 표본평균은 표본의 크기가 커질수록 모집단 평균과 같아지는 일치성의 성질을 만족합니다.

3) OECD 보건통계(https://www.oecd.org/health/health-data.htm), 2021
4) 고용노동부 고용형태별 근로실태조사, 2020

점추정은 오직 하나의 값으로 모수를 추정하는 것입니다. 따라서 모집단의 평균(μ)을 추정하기 위한 추정량으로 표본평균, 표본 중앙값, 표본 최빈값을 생각할 수 있는데, 이러한 추정량 중에서 좋은 추정량을 선택하기 위한 기준이 있어야 합니다.

점추정에 있어서 모집단 평균에 대한 추정량으로서 표본평균은 불편성(편차가 없는), 효율성(분산이 작은), 일치성(표본의 크기가 증가하면 모수와 일치)의 성질을 갖는 좋은 추정량입니다.

이제 표본평균을 이용하여 모집단 평균을 추정하기로 합니다. 예를 들어, 우리나라 전체 대학생의 월 생활비(모집단 평균 μ)를 추정하기 위해서 표본을 선택했고 표본평균의 결과가 60만 원으로 조사되었다면, 점추정은 이 결과를 이용하여 모집단 평균은 60만 원일 것으로 추정하는 것입니다.

그런데 점추정은 추정량을 이용하여 계산한 추정치가 얼마나 정확한가에 대한 정보를 주지 못한다는 것입니다. 이 예에서 점추정의 추정량으로 표본평균을 사용할 경우, 위의 조사와 다른 표본을 선택한다면 추정치(표본평균)가 달라질 수 있고 분산의 정보도 없으므로 모집단 평균을 추정한 값이 얼마나 정확한지를 나타낼 수 없습니다.

따라서 오직 하나의 값(표본평균)으로 모수를 추정한다면 표본으로부터 얻은 표본평균($\overline{X}$)이 모집단 평균(μ)과 얼마나 가까운가에 대한 어떠한 정보도 제공하지 못한다는 것입니다. 이러한 단점을 보완하기 위해 구간추정을 사용합니다.

5.2.2 구간추정과 신뢰구간

구간추정은 점추정과는 달리 모수(모집단 평균, μ)가 포함될 것이라고 기대하는 범위를 설정하여 모수를 추정하는 방법입니다. 따라서 모집단 평균 μ에 대한 구간추정은 다음과 같이 μ를 중심으로 일정한 간격으로 추정하는 것입니다.

$$L \le \mu \le U$$

- L : 구간의 하한값(lower bound)
- U : 구간의 상한값(upper bound)

그리고 추정한 구간에 대한 신뢰성의 크기를 확률($1-\alpha$)을 이용하여 표시합니다. 이때 α는 오차 확률로서 표본을 이용하게 됨으로서 필연적으로 발생하는 표본오차를 의미합니다. [식 5-1]은 $P(L \le \mu \le U)$를 오차의 크기인 α를 이용하여 $100 \times (1-\alpha)\%$로 나타낸 것으로, 이때 $100 \times (1-\alpha)\%$를 신뢰수준(confidence level)이라 합니다. α의 크기로 0.05를 사용한다면 신뢰수준은 95%가 되고, 이때 L과 U 사이의 구간을 모집단 평균 μ에 대한 95% 신뢰구간이라 합니다.

$$P(L \le \mu \le U) = 100 \times (1-\alpha)\% \qquad \text{[식 5-1]}$$
$$P(L \le \mu \le U) = 100 \times (1-0.05)\% = 95\%$$

■ 오차의 크기인 α를 이용한 신뢰수준은 어떤 의미인가?

어느 한 학생이 우리나라 대학생의 평균 키를 추정할 때, "100% 자신하는데 우리나라 대학생의 평균 키는 1m 이상 2m 이하가 될 거야"라고 할 때 모집단 평균 키를 이렇게 추정하는 것이 의미가 있을까요? 여기서 100%의 자신감이란 신뢰수준이 100%(오차 확률 $\alpha=0$)가 된다는 것인데, 신뢰수준을 높게 하면 신뢰구간의 폭은 넓어집니다.

추정은 모집단에서 추출한 표본의 결과를 이용하여 모집단의 모수를 추측하는 것이기에 오차 확률인 α는 필연적으로 발생하는 것이므로, 이를 감수하더라도 의미 있는 신뢰구간을 추정해야 합니다.

점추정과 마찬가지로 구간추정 역시 표본으로부터 계산된 표본평균 $\overline{X}$를 이용하여 L과 U을 추정합니다. 그런데 표본평균 $\overline{X}$는 표본에 따라 달라지며, 표본평균 $\overline{X}$가 달라진다는 것은 동일한 크기의 신뢰수준을 사용하더라도 표본에 따라 추정한 L과 U가 달라질 수 있음을 의미합니다. 따라서 $P(L \le \mu \le U) = 0.95$를 해석할 때 모집단 평균 μ가 L과 U 사이에 있을 확률이 95%가 된다기보다 추정된 구간 L과 U가 모집단 평균 μ를 포함하게 될 것이라는 믿음의 정도(신뢰성의 수준)가 95%가 된다는 의미로 해석합니다.

[참고 3] 신뢰수준 95%로 추정한 신뢰구간은 모집단 평균 μ를 포함하게 될 것이라는 믿음의 정도가 95%?

예를 들어, 우리나라 대학생의 한 달 생활비를 조사하기 위해 100개의 기관이 참가한다고 가정합니다. 모집단은 우리나라의 대학생 전체가 될 것이고 모든 기관의 표본 수는 동일하다고 가정합니다. 100개의 조사 기관으로부터 다음과 같이 100개의 표본평균 $\overline{X}$가 계산될 것입니다.

$$\overline{X_1},\ \overline{X_2},\ \cdots,\ \overline{X}_{100}$$

100개의 기관 모두가 95%의 신뢰수준으로 모집단 평균 μ에 대한 95% 신뢰구간을 계산한다면 다음 그림과 같이 나타낼 수 있습니다. 표본의 크기가 동일하다고 가정하였기에 $1.96\frac{\sigma}{\sqrt{n}}$의 크기(구간의 폭)는 같지만, 표본평균은 달라질 수 있으므로 그림과 같이 추정한 95% 신뢰구간이 모집단 평균 μ를 포함할 수도 있고($\overline{X_1}$, $\overline{X_2}$, $\overline{X}_{99}$의 경우), 모집단 평균 μ를 포함하지 않을 수도 있는 것($\overline{X_3}$, $\overline{X}_{100}$의 경우)입니다.

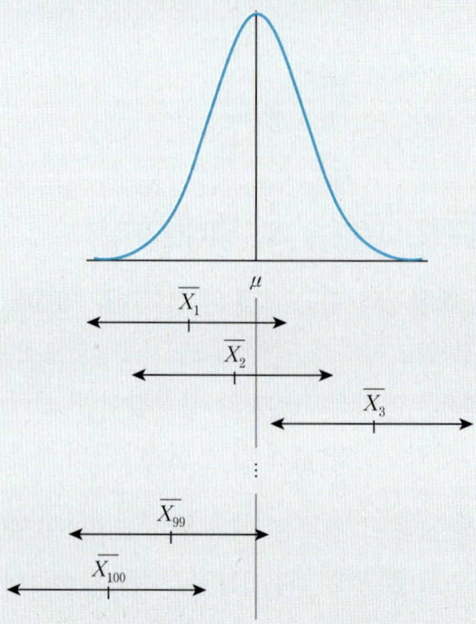

[모집단 평균 μ에 대한 100개의 95% 신뢰구간]

결국 신뢰수준 95%의 신뢰구간이란 추정한 100개의 신뢰구간 중에서 95개(95%)가 모집단 평균을 포함하는 구간이라는 의미로서, 추정된 구간 L과 U가 모집단 평균 μ를 포함하게 될 것이라는 믿음의 정도가 95%가 된다는 것입니다.

5.2.3 모집단 표준편차(σ)를 알고 있는 경우의 신뢰구간

모집단 평균 μ에 대한 신뢰구간을 추정할 때, 이론적으로 모집단 표준편차(σ)의 실제 값을 알고 있느냐의 여부에 따라 표본평균 $\overline{X}$의 표본분포가 달라집니다. 모집단 표준편차를 알고 있고 모집단이 정규분포를 따른다면 표본평균 $\overline{X}$는 정규분포를 따르지만, 모집단이 정규분포를 따르지 않는다고 하더라도 표본의 크기가 충분히 크다면 중심극한정리에 의해 표본평균 $\overline{X}$가 정규분포를 따른다고 할 수 있습니다.

그러나 일반적(현실적)으로 모집단 표준편차를 모르는 경우가 많으며, 이 경우 표본평균 $\overline{X}$는 정규분포가 아닌 t분포를 따르며(5.1.3 t분포와 확률 계산), 자유도가 $(n-1)$인 t분포를 이용하여 신뢰구간을 추정합니다. 이를 정리하면 [표 5-2]와 같고 S는 표본 표준편차입니다.

[표 5-2] 구간추정에서 표본평균 $\overline{X}$ 의 표본분포

σ를 알고 있는 경우	σ를 모르는 경우
$\overline{X} \sim N\left(\mu,\ \frac{\sigma^2}{n}\right)$ $Z = \frac{\overline{X}-\mu}{\sigma/\sqrt{n}} \sim N(0,\ 1)$	$\overline{X} \sim N\left(\mu,\ \frac{S^2}{n}\right)$ $t = \frac{\overline{X}\sim\mu}{S/\sqrt{n}} \sim t(n-1,\ \alpha),\ S = \sqrt{\frac{\sum(X-\overline{X})^2}{n-1}}$

모집단 표준편차(σ)를 알고 있는 경우 모집단 평균(μ)에 대한 구간추정은 표본의 크기에 상관없이 정규분포를 이용합니다. 표본의 크기가 n인 경우 표본평균 $\overline{X}$ 의 분포는 $\overline{X} \sim N\left(\mu,\ \frac{\sigma^2}{n}\right)$인 정규분포를 따르며, 추정하려는 L과 U의 위치는 [그림 5-4]와 같습니다.

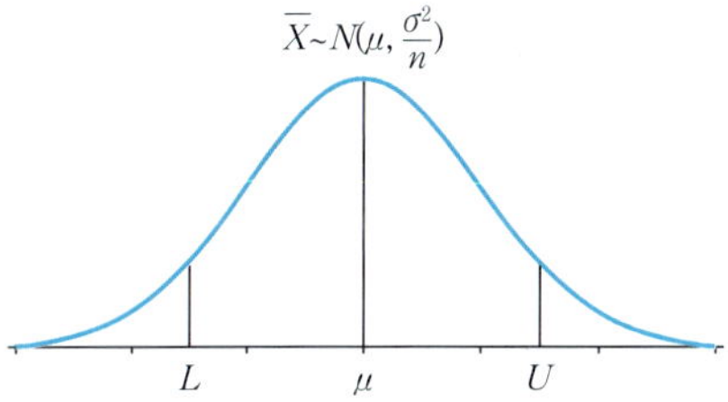

[그림 5-4] 표본평균 $\overline{X}$ 의 분포에서 L과 U의 위치

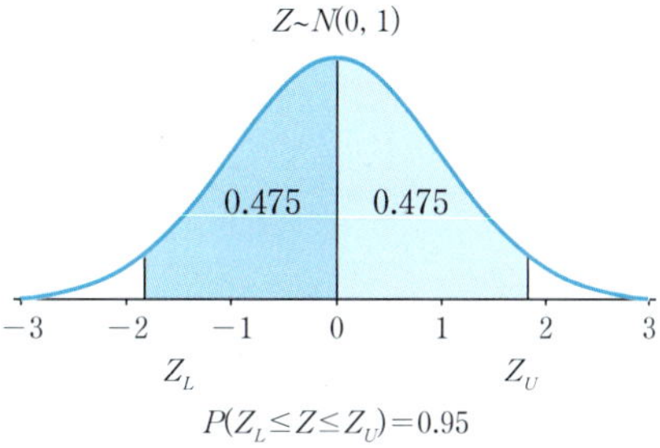

[그림 5-5] 표준정규분포 상에 표시한 L과 U의 표준화

따라서 신뢰수준을 95%($\alpha = 0.05$)로 하여 L과 U를 추정하는 것은 [그림 5-5]에서 좌측 부분의 면적(0.475)과 우측 부분의 면적(0.475)의 합이 0.95가 되는 Z_L과 Z_U를 찾는 것입니다. 표본평균 $\overline{X}$ 가 정규분포를 따르므로 이를 표준화하여 표준정규분포 상에 나타내면 [그림 5-5]와 같습니다. [그림 5-5]에서 Z_L과 Z_U를 찾아야 하는데 Z_U를 계산하는 두 가지 방법을 설명합니다.

우선 [부록 1]의 표준정규준포표를 이용할 수 있고, 두 번째 방법으로는 파이썬에서 누적분포함수의 역함수를 이용할 수 있습니다. 두 가지 방법 모두 다음 [그림 5-6]을 이용합니다.

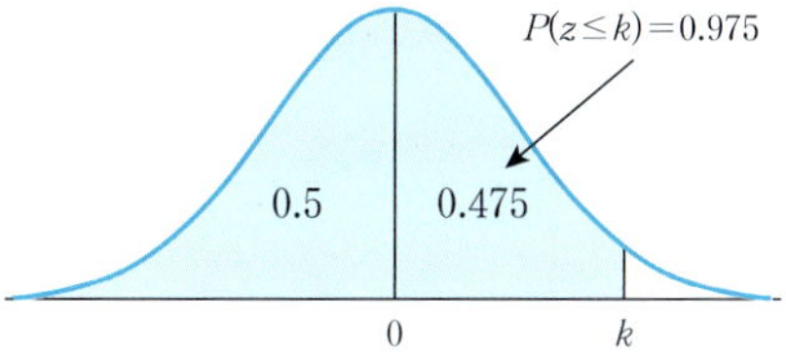

[그림 5-6] Z_U 의 위치(k)

예제 5-4 **정규분포표를 이용하여 Z_L 과 Z_U 를 찾는 방법**

[부록 1]을 이용할 경우 $P(0 \le Z \le k) = 0.475$ 를 만족하는 k를 찾는 것인데 [그림 5-7]과 같이 먼저 표 안에서 0.457을 찾은 다음 왼쪽으로 가상의 수평선을 그어 첫 번째 열과 만나는 Z 값(1.9)을 찾고, 이어서 0.457에 대해 위로 수직선을 그어 첫 번째 행과 만나는 Z 값(0.06)을 더하여 찾습니다. 따라서 k 값, 즉 Z_U 는 1.96이고 Z_L 은 정확히 반대편 대칭 위치에 있으므로 -1.96이 됩니다.

[단계 2]

Z	0.00	0.01	0.02	...	0.06	0.07	0.08	0.09
0.0								
0.1								
0.2								
0.3								
0.4								
...								
[단계 1] 1.9					0.475			
2.0								
...								
3.0								

[그림 5-7] $P(0 \le Z \le k) = 0.475$ 를 만족하는 k를 찾는 방법

예제 5-5 **누적분포함수의 역함수를 이용하여 Z_L 과 Z_U 를 계산하는 방법**

두 번째 방법은 [그림 5-6]에 대해 $P(Z \le k) = 0.975$ 를 만족하는 k를 찾는 것이며, 이는 누적분포함수의 역함수(〈예제 4-9〉 참고)를 이용하여 다음과 같이 계산합니다. 프로그램(예제5-5.py)의 결과 k 즉, Z_U 는 대략 1.96이며, Z_L 은 대칭에 해당하므로 -1.96입니다.

누적분포함수의 역함수를 이용한 Z_U의 계산(예제5-5.py)

```
from scipy.stats import norm

mu=0
sigma=1
percent_point=0.975

print('P(Z≤k)=0.975, k=',norm.ppf(percent_point, mu, sigma))
```

```
P(Z ≤ k) = 0.975,   k = 1.959963984540054
```

이 결과를 표준정규분포 상에 나타내면 [그림 5-8]과 같습니다.

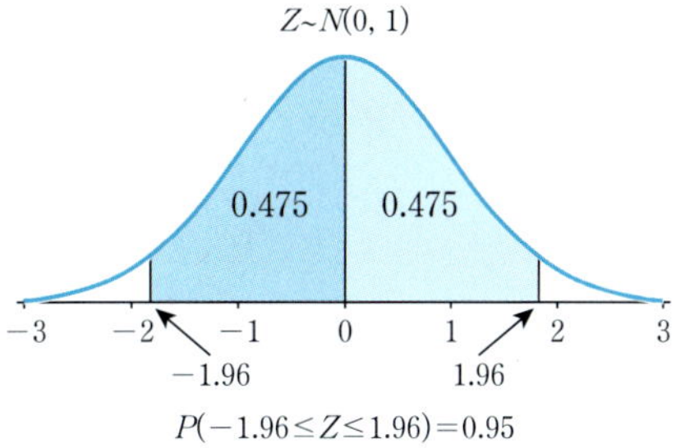

$$P(-1.96 \le Z \le 1.96) = 1 - 0.05$$
$$= 0.95$$
[식 5-2]

[그림 5-8] L과 U를 표준화한 Z_L 과 Z_U 의 위치

이때 표준화는 $Z = \dfrac{\overline{X}-\mu}{\sigma/\sqrt{n}}$ 이므로 위 [식 5-2]에 Z를 대입하여 다음과 같은 식으로 표현할 수 있습니다.

$$P\left(-1.96 \le \frac{\overline{X}-\mu}{\sigma/\sqrt{n}} \le 1.96\right) = 0.95$$ [식 5-3]

그런데 구간 추정은 표본으로부터 얻은 표본평균 $\overline{X}$ 를 이용하여 추정하는 것이므로 [식 5-3]을 모집단 평균 μ를 중심으로 부등식으로 나타내면 [식 5-4]로 나타낼 수 있습니다.

$$P\left(-1.96\frac{\sigma}{\sqrt{n}} \le \overline{X}-\mu \le 1.96\frac{\sigma}{\sqrt{n}}\right)$$
$$= P\left(\overline{X}-1.96\frac{\sigma}{\sqrt{n}} \le \mu \le \overline{X}+1.96\frac{\sigma}{\sqrt{n}}\right) = 0.95$$ [식 5-4] μ에 대한 95% 신뢰구간

이제 추정된 구간을 정규분포 상에 나타내면 [그림 5-9]와 같습니다.

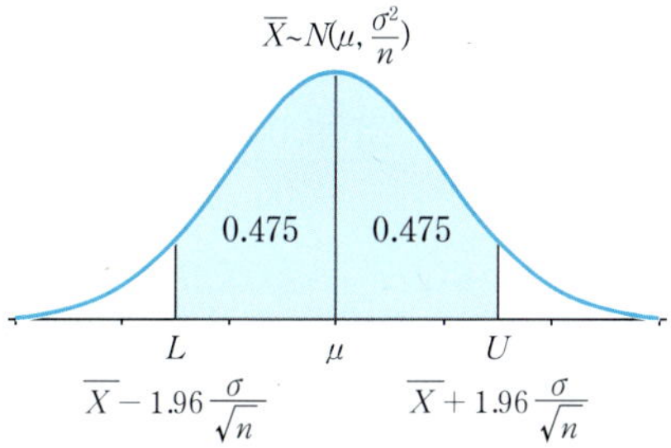

[그림 5-9] μ에 대한 95% 신뢰구간

[식 5-3]과 [식 5-4]로부터 신뢰수준 95% 하에서 추정한 모집단 평균의 신뢰구간과 같은 방법으로 신뢰수준 99% 하에서 추정한 모집단 평균의 신뢰구간은 다음 [표 5-3]과 같습니다.

[표 5-3] 모집단 표준편차를 알고 있는 경우 모집단 평균에 대한 신뢰구간

신뢰수준 95% 하의 신뢰구간	신뢰수준 99% 하의 신뢰구간
$L: \overline{X}-1.96\frac{\sigma}{\sqrt{n}}$ $U: \overline{X}+1.96\frac{\sigma}{\sqrt{n}}$	$L: \overline{X}-2.57\frac{\sigma}{\sqrt{n}}$ $U: \overline{X}+2.57\frac{\sigma}{\sqrt{n}}$

예제 5-6 **모집단 표준편차를 알고 있는 경우 모집단 평균에 대한 구간추정(신뢰수준 95%)**

우리나라 대학생의 월평균 생활비를 조사하고자 합니다. 전국의 대학생에 대해 100명을 무작위로 선택하여 월평균 생활비를 조사한 결과는 580,000원이었습니다. 모집단 표준편차(σ)는 100,000원으로 알려져 있습니다. 월 평균 생활비에 대한 95% 신뢰구간을 계산하여 추정하시오.

| 풀이 |

모집단 표준편차를 알고 있고 표본이 충분히 크므로 정규분포를 이용합니다. $n=100$, 표본평균 $\overline{X}=580,000$, 모집단 표준편차 $\sigma=100,000$이라 할 때 모집단 평균(μ)에 대한 95% 신뢰구간은 다음과 같습니다.

$$\left(\overline{X}-1.96\frac{\sigma}{\sqrt{n}},\ \overline{X}+1.96\frac{\sigma}{\sqrt{n}}\right)$$

위 신뢰구간에 값을 대입하면

$\left(580,000-1.96\frac{100,000}{\sqrt{100}},\ 580,000+1.96\frac{100,000}{\sqrt{100}}\right)$이므로 우리나라 대학생의 월 평균 생활비에 대한 95% 신뢰구간은 (560,400원, 599,600원)입니다.

■ α에 초점을 둔 신뢰구간 추정

앞에서는 신뢰수준$(1-\alpha)$에 초점을 두어 신뢰구간을 설명하였으나 신뢰수준은 α를 이용하여 $100\times(1-\alpha)\%$로 나타낸 것이므로 α에 초점을 두고 신뢰구간을 설명할 수 있습니

다. 예를 들어, $\alpha = 0.05$ 라면 신뢰수준은 95%가 되는데 [그림 5-10]은 신뢰수준 95%에 초점을 두고 표시한 것이고, [그림 5-11]은 α에 초점을 두고 표준정규분포 상에 표시한 것입니다.

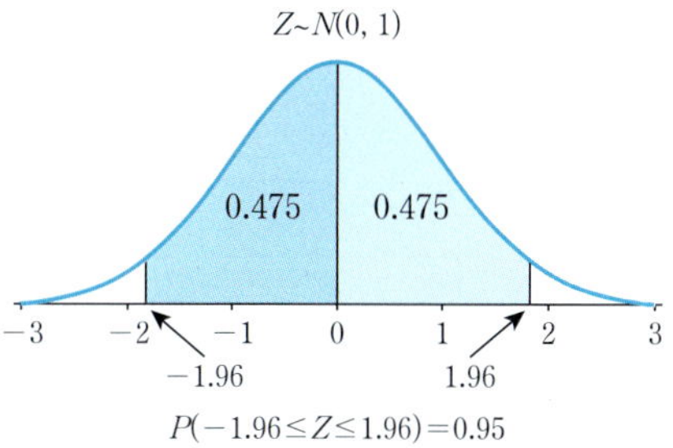

[그림 5-10] 신뢰수준 95%에 대한 면적

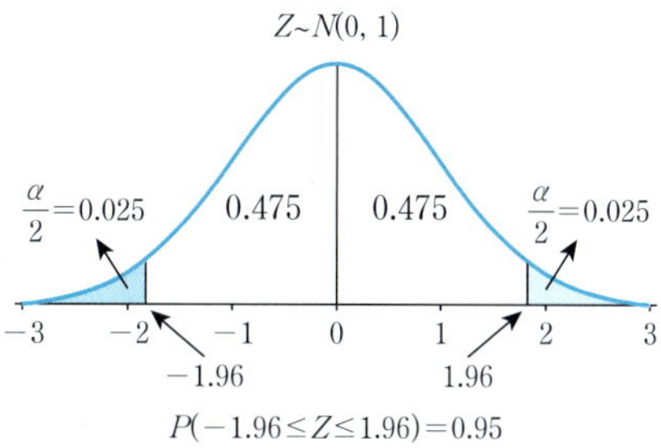

[그림 5-11] $\alpha = 0.05$ 의 위치와 면적

신뢰수준을 95% ($\alpha = 0.05$)로 하여 식 $P(L \le \mu \le U) = 100 \times (1-0.05)\% = 95\%$ 에 대해 L과 U를 추정하는 것은 [그림 5-11]의 표준정규분포에서 좌측 꼬리 부분의 면적 $\left(\frac{\alpha}{2} = 0.025\right)$과 우측 꼬리 부분의 면적 $\left(\frac{\alpha}{2} = 0.025\right)$의 합이 0.05 ($\alpha$)가 되는 Z_L과 Z_U를 찾는 것과 같습니다. 따라서 [그림 5-11]에서 좌측 꼬리 부분의 면적과 우측 꼬리 부분의 면적이 각각 $\frac{\alpha}{2} = 0.025$ 가 되는 Z_L과 Z_U는 각각 −1.96과 1.96이므로 신뢰수준 95%로 계산한 신뢰구간과 $\alpha = 0.05$를 이용하여 계산한 신뢰구간은 같습니다. 신뢰수준 $100 \times (1-\alpha)\%$ 에 대해 모집단 평균 μ에 대한 신뢰구간은 일반적으로 [식 5-5]와 같이 표현합니다.

$$\left(\overline{X} - Z_{\alpha/2}\frac{\sigma}{\sqrt{n}},\ \overline{X} + Z_{\alpha/2}\frac{\sigma}{\sqrt{n}}\right)$$

[식 5-5] 신뢰수준 $100 \times (1-\alpha)\%$ 에서 평균 μ에 대한 신뢰구간

5.2.4 모집단 표준편차(σ)를 모르는 경우의 신뢰구간

모집단의 표준편차 σ는 모르는 경우가 일반적이고 이 경우 표준화 Z에 대해 σ를 사용할 수 없으므로 σ 대신 표본 표준편차인 S를 이용하고 정규분포 대신 t분포를 이용합니다. 이를 비교한 것이 [표 5-4]입니다.

[표 5-4] 추정할 신뢰구간의 비교

구분	σ를 알고 있는 경우	σ를 모르는 경우
표본분포	$\overline{X} \sim N\left(\mu,\ \frac{\sigma^2}{n}\right)$ $Z = \frac{\overline{X} \sim \mu}{\sigma/\sqrt{n}} \sim N(0,\ 1)$	$\overline{X} \sim N\left(\mu,\ \frac{S^2}{n}\right)$ $t = \frac{\overline{X} \sim \mu}{S/\sqrt{n}} \sim t(n-1,\ \alpha)$, $S = \sqrt{\frac{\sum(X-\overline{X})^2}{n-1}}$
신뢰구간 신뢰수준: $100 \times (1-\alpha)\%$	$\left(\overline{X} - Z_{\alpha/2}\frac{\sigma}{\sqrt{n}},\ \overline{X} + Z_{\alpha/2}\frac{\sigma}{\sqrt{n}}\right)$	$\left(\overline{X} - t_{\alpha/2}\frac{S}{\sqrt{n}},\ \overline{X} + t_{\alpha/2}\frac{S}{\sqrt{n}}\right)$

■ 신뢰구간의 t값 $(t_{\alpha/2})$ 계산

표본평균이 정규분포를 따른다고 했을 때 모집단 평균의 신뢰구간을 계산하는 경우 L과 U에 대해 표준화한 Z_L과 Z_U를 계산하여 사용하듯, t분포를 이용할 때 표준화한 t값을 계산해야 합니다.

두 가지 방법으로 t값을 계산할 수 있는데 먼저 [부록 2]의 t분포표를 이용하여 t값을 계산하는 방법을 설명하고 이어서 파이썬 함수를 이용하는 방법을 설명합니다.

t값은 자유도$(n-1)$와 α를 이용하여 찾습니다. [부록 2]의 t분포표에서 t값 그리고 α의 관계는 [그림 5-12]와 같이 오른쪽 꼬리부분의 면적(α)에 대한 t값을 나타냅니다. 신뢰수준이 95%라면 $\alpha = 0.05$가 되지만, [그림 5-13]에서와 같이 양쪽 꼬리 부분에 $\alpha/2 = 0.025$를 할당하는 것(5.2.3절의 α에 초점을 둔 신뢰구간 추정 참고)이므로 [표 5-5]에서의 α는 0.025를 선택합니다.

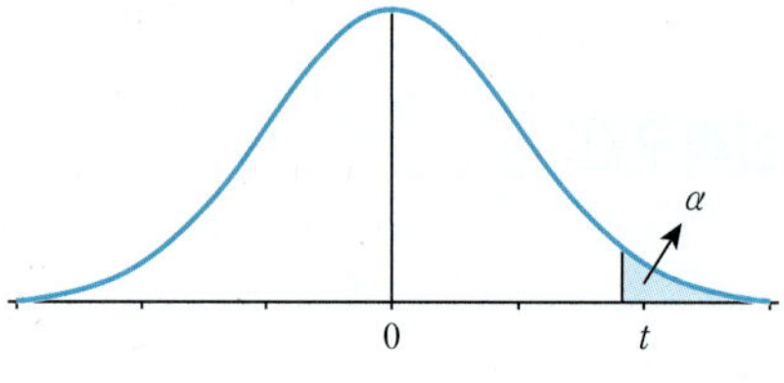

[그림 5-12] t분포포와 α

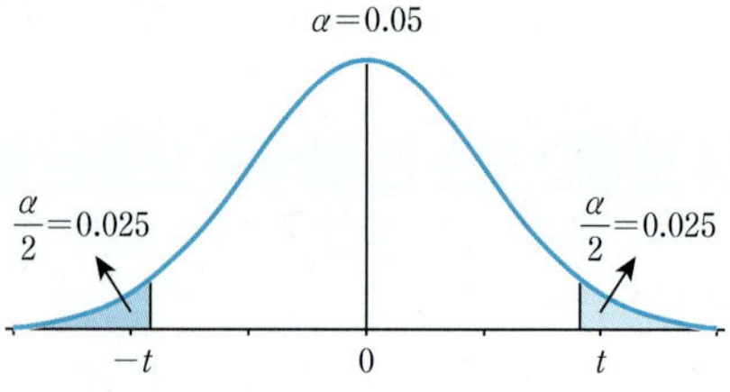

[그림 5-13] t분포와 $\alpha/2$

표본의 크기가 $n = 10$이므로 자유도는 9(=10−1)이고 $\alpha = 0.025$이므로 다음 [표 5-5]에서 이 두 개의 값과 일치하는 곳에서 t값을 찾습니다. 찾은 t값은 2.262입니다.

[표 5-5] t-분포표의 일부([부록 2] 참고)

자유도(df) \ α	0.1	0.05	0.025	0.01	0.005
1	3.078	6.314	12.706	31.821	63.657
2	1.886	2.920	4.303	6.965	9.925
3	1.638	2.353	3.182	4.541	5.841
4	1.533	2.132	2.776	3.747	4.604
5	1.476	2.015	2.571	3.365	4.032
6	1.440	1.943	2.447	3.143	3.707
7	1.415	1.895	2.365	2.998	3.499
8	1.397	1.860	2.306	2.896	3.355
9	1.383	1.833	2.262	2.821	3.250
10	1.372	1.812	2.228	2.764	3.169
…					
30	1.310	1.697	2.042	2.457	2.750
…					
100	1.290	1.660	1.984	2.364	2.626
500	1.283	1.648	1.965	2.334	2.586

[표 5-5]에서 찾은 t값을 t분포에 표시하면 [그림 5-14]와 같습니다.

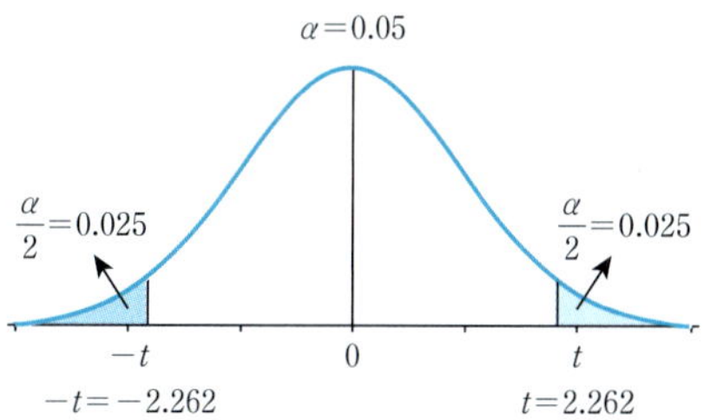

[그림 5-14] t값의 위치

예제 5-7 ppf를 이용한 t값의 계산

파이썬에서 t값을 계산하기 위해서 〈예제 5-3〉에서 사용한 ppf(percent point function)로 계산합니다. t분포가 0을 중심으로 좌우대칭인 분포이므로 $P(t \le k) = 0.975$를 만족하는 k를 찾는 문제는 $P(t \le k) = 0.025$를 만족하는 k를 찾는 문제와 같고 단지 k의 부호만 달라집니다.

■ ppf를 이용한 t값의 계산(예제5-7.py)

```
# Percent point function(inverse of cdf percentiles)
# t.ppf(q, df, loc=0, scale=1)
from scipy.stats import t
print(t.ppf(0.975, 10-1))

2.2621571627409915

print(t.ppf(0.025, 10-1))

-2.2621571627409915
```

위의 프로그램에서 t.ppf(0.975, 10−1)은 [그림 5-14]의 오른쪽 t값을, t.ppf(0.025, 10−1)은 [그림 5-14]의 왼쪽 $-t$값을 계산하며, 이는 다음 그림의 영역에 대해 ppf를 계산한 것입니다.

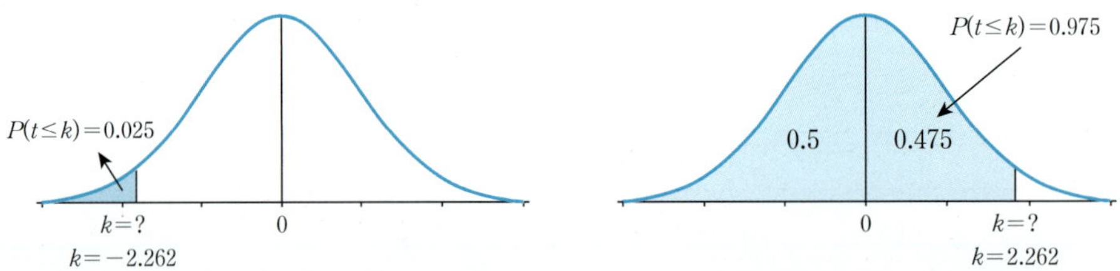

t.ppf(0.025, 10−1)의 계산　　t.ppf(0.975, 10−1)의 계산

예제 5-8 모집단 표준편차를 모르고 표본의 크기 n이 작은 경우 ($n \le 30$) 의 구간추정

A 기업에서 생산하는 건전지의 평균 수명을 조사하기 위해 생산한 10개의 건전지를 조사한 수명(시간)은 다음과 같습니다.

260 265 250 270 272
258 262 268 270 252

이 데이터로부터 모집단 평균에 대한 95% 신뢰구간을 계산하시오.

| 풀이 |

표본의 크기가 $n = 10$ 이므로 자유도는 9(=10−1)이고 $\alpha = 0.025$ 이므로 [표 5-5]에서 이 두 개의 값과 일치하는 곳에서 t값을 찾고 그 값은 2.262입니다.

데이터의 평균과 표준편차를 계산하면 각각 262.7과 7.29이고 이 값들을 [표 5-4]의 신뢰구간의 식 $\left(\overline{X}-t_{\alpha/2}\frac{S}{\sqrt{n}},\ \overline{X}+t_{\alpha/2}\frac{S}{\sqrt{n}}\right)$에 대입하여 계산하면 95% 신뢰구간의 하한은 257.5이고 상한은 267.9입니다.

파이썬에서 신뢰구간은 다음과 같이 함수 scipy.stats.t.interval()을 이용합니다.

함수 scipy.stats.t.interval()	함수 인자
`scipy.stats.t.interval(alpha, df, loc, scale)`	• alpha: 신뢰수준 • df: 자유도 • loc: 표본평균 • scale: 표준오차

모집단 표준편차를 모르는 경우의 구간추정(예제5-8.py)

```
import numpy as np
import scipy.stats as st
from scipy.stats import t

a = [260, 265, 250, 270, 272, 258, 262, 268, 270, 252]

print('평균=', np.mean(a),'\n')
```

```
평균= 262.7
```

```
print('표준오차=', st.sem(a),'\n')
```

```
표준오차= 2.4315061633115844
```

```
print('t값=', t.ppf(0.975, 10-1),'\n')
```

```
t값= 2.2621571627409915
```

```
print('신뢰구간 t.interval =')
```

```
신뢰구간 t.interval =
```

```
print(st.t.interval(0.95, len(a)-1, loc=np.mean(a), scale=st.sem(a)))
```

```
(257.19955091641583, 268.20044908358415)
```

프로그램에서 st.sem(a)는 표준오차인 $S/\sqrt{n}$를 계산하고 신뢰구간은 interval로 계산합니다. interval의 경우에는 신뢰수준을 이용하여 신뢰구간을 계산합니다. 계산된 신뢰구간의 하한은 257.2이고 상한은 268.2입니다.

신뢰구간을 계산할 때 [부록 2]의 표는 소수 이하 셋째 자리까지 계산된 것이고, 표준편차인 S도 실제 계산된 값의 자릿수를 줄여서 계산하였기에 프로그램의 함수를 통해 계산한 신뢰구간과 약간의 차이가 있습니다.

단원 정리 5.2

■ 추정

추정은 모집단에서 추출한 표본의 결과를 이용하여 모집단의 모수를 추측하는 과정을 말하며, 추정 방법에 점추정과 구간추정이 있다. 점추정은 오직 하나의 값으로 모수를 추정하는 것이고, 구간추정은 모수가 포함될 것이라고 기대하는 범위(모수의 신뢰구간)를 추정하는 것이다.

■ 점추정

모집단 평균에 대한 추정량으로서 표본평균은 불편성, 효율성, 일치성의 성질을 갖는 추정량이므로 모집단의 평균에 대한 점추정으로 표본평균을 사용한다.

■ 구간추정

표본평균을 이용한 점추정에서 모집단 평균과 표본평균 간에 필연적인 차이(오차)가 발생하는데, 오직 하나의 값(표본평균)으로 모수를 추정한다면 표본으로부터 얻은 표본평균($\overline{X}$)이 모집단 평균(μ)과 얼마나 가까운가에 대한 정보(추정의 정확도)를 제공해 주지 못한다. 이러한 단점을 보완하기 위해 구간추정(모수의 신뢰구간)을 사용한다. 구간추정은 점추정과는 달리 모수가 포함될 것이라고 기대하는 범위를 설정하여 모수를 추정하는 방법이다. 모집단 평균 μ에 대한 구간추정은 다음과 같이 μ를 중심으로 일정한 간격으로 추정한다.

$L \le \mu \le U$	• L: 구간의 하한값(lower bound) • U: 구간의 상한값(upper bound)

모집단 평균 μ에 대한 신뢰구간을 추정할 때, 이론적으로 모집단 표준편차(σ)를 알고 있느냐의 여부에 따라 표본평균 $\overline{X}$의 표본분포가 달라진다. 모집단 표준편차를 알고 있고 모집단이 정규분포를 따른다면 표본평균 $\overline{X}$는 정규분포를 따르지만, 모집단이 정규분포를 따르지 않는다고 하더라도 표본의 크기가 충분히 크다면 중심극한정리에 의해 표본평균 $\overline{X}$가 정규분포를 따른다고 할 수 있다.

• 모집단 표준편차를 알고 있는 경우 모집단 평균에 대한 신뢰구간

신뢰수준 95% 하의 신뢰구간	신뢰수준 99% 하의 신뢰구간
$P\left(\overline{X}-1.96\frac{\sigma}{\sqrt{n}} \le \mu \le \overline{X}+1.96\frac{\sigma}{\sqrt{n}}\right)$	$P\left(\overline{X}-2.57\frac{\sigma}{\sqrt{n}} \le \mu \le \overline{X}+2.57\frac{\sigma}{\sqrt{n}}\right)$

• 모집단 표준편차를 모르는 경우 모집단 평균에 대한 신뢰구간

일반적(현실적)으로 모집단 표준편차를 모르는 경우가 많으며, 이 경우 표본평균 $\overline{X}$ 는 정규분포가 아닌 t분포를 따르게 되며, 자유도가 $n-1$인 t분포를 이용하여 신뢰구간을 추정한다. 모집단 표준편차를 모르는 경우 모집단 평균에 대한 $100\times(1-\alpha)\%$ 신뢰구간은 다음의 식으로 계산한다.

$$P\left(\overline{X}-t_{(\alpha/2,\ n-1)}\frac{S}{\sqrt{n}} \le \mu \le \overline{X}+t_{(\alpha/2,\ n-1)}\frac{S}{\sqrt{n}}\right)$$

모집단 표준편차를 모르는 경우의 신뢰구간은 파이썬에서 interval로 계산한다.

함수 scipy.stats.t.interval()	함수 인자
`scipy.stats.t.interval(alpha, df, loc, scale)`	• alpha: 신뢰수준 • df: 자유도 • loc: 표본평균 • scale: 표준오차

연습문제 5.2

1. 다음 문장의 괄호에 들어갈 적절한 단어를 쓰시오.

   (1) 좋은 추정량의 선택 기준에서 (   )는 추정량 중에서 분산이 작은 추정량이 갖는 성질을 의미한다.

   (2) (   )은 점추정과는 달리 모수가 포함될 것이라고 기대하는 범위를 설정하여 모수를 추정하는 방법이다.

   (3) 모집단의 표준편차 σ를 모르는 경우, 표준화 Z에 대해 σ를 사용할 수 없으므로 σ 대신 표본 표준편차인 S를 이용하고, 정규분포 대신 (   )분포를 이용하여 신뢰구간을 계산한다.

   (4) 신뢰수준을 높이면 추정된 신뢰구간의 폭은 (   ) 된다.

2. 사당에서 출발하는 통학버스의 학교 도착 소요시간을 25번 조사한 결과 평균이 35분, 표준편차는 5분으로 조사되었다. 소요시간 평균에 대한 95% 신뢰구간을 계산하시오(〈예제 5-5〉 참고).

3. 신입생 중 임의로 20명을 선택하여 신장을 조사한 결과 평균은 170cm, 표준편차는 15cm로 조사되었다. 신입생의 신장에 대한 95%와 99% 신뢰구간을 계산하시오(〈예제 5-5〉 참고).

4. A 마트에서 주말마다 장을 보는데 15주 동안 구매가격을 조사한 결과, 평균은 55,000원, 표준편차는 10,000원으로 조사되었다. A 마트 구매가격의 95%와 99% 신뢰구간을 계산하시오(〈예제 5-5〉 참고).

5. B 은행은 대출창구를 이용한 고객 10명을 대상으로 평균 상담시간을 조사한 결과 25분, 표준편차는 10분으로 조사되었다. 대출창구 상담시간에 대한 95%와 99% 신뢰구간을 계산하시오(〈예제 5-5〉 참고).

6. 문제 5에 대해서 같은 신뢰수준(95%)은 그대로 유지한 상태에서 조사한 고객의 수를 10명에서 50명과 100명으로 늘리면 신뢰구간이 어떻게 변할 것인지 예측해 보고 결과를 확인하시오.

5.3 유죄인가 무죄인가를 판단하는 가설의 검정

5.3.1 재판과 통계적 가설검정

재판은 죄를 지었다고 의심되는 용의자에 대해 검사가 법원의 심판을 요구(이를 기소라 함)하는 것으로 시작하지만, 피의자 또는 피고인에 대해 유죄가 밝혀지지 않는 한 무죄를 가정한 상태로 재판이 이루어집니다. 이를 '무죄 추정의 원칙'이라 하고 헌법에 명시[5)]되어 있습니다.

재판을 통한 법원의 무죄 판결이 '피의자가 무죄임을 증명'한 것이라면 또는 유죄 판결이 '피의자가 유죄임을 증명'한 것이라면 재판은 단 한 번의 판결로 종료되어야 합니다. 그러나 재판의 결과에 불복하여 행해지는 항소[6)]나 항고[7)]와 같은 추가적인 절차가 존재한다는 것은 재판이 죄의 유무를 증명한다기보다는 무죄 추정의 원칙에 의하여 무죄가 아님을 밝히는 충분한 근거(증거)가 있다면 유죄로, 무죄가 아님을 밝히는 충분한 근거(증거)가 없다면 무죄로 죄의 유무를 판단하는 것으로 볼 수 있습니다.

스마트폰 배터리를 생산하는 기업에서 배터리의 사용 가능 시간을 향상시킨 새로운 공법을 발명했다고 가정합니다. 통계적 가설검정은 가설을 세우고 그 가설의 진위를 검정하는 절차로서, 앞에서 설명한 재판과 유사한 절차로 진행합니다.

새로운 공법으로 제작된 배터리의 사용 가능 시간이 과거 동일한 크기의 제품보다 늘어난 것인지를 밝히기 위해서 다음과 같이 상반된 두 개의 가설(H_0, H_1)을 세우는 것으로 가설검정을 시작합니다. 과거에 제작된 배터리의 충전 시간은 평균(μ)이 48인 분포를 따른다고 가정합니다.

- H_0 가설: $\mu = 48$ (사용 가능 시간 평균이 48시간인 분포, 과거 배터리의 사용 가능 시간의 분포)
- H_1 가설: $\mu > 48$ (사용 가능 시간 평균이 48시간보다 더 늘어난 분포)

H_1 가설에 대해서 검정하는 것이 아니라 그와 반대되는 H_0 가설을 검정하는 이유는 재판에서 피고인에 대해 무죄를 가정한 상태에서 재판을 시작하는 것과 같습니다. 이렇게 하는 이유는 타당한 근거(H_0가 사실이 아님)가 제시되지 않는 이상 H_0 가설을 사실로 유지하겠

5) 헌법 제27조 제4항: 형사피고인은 유죄가 확정될 때까지는 무죄로 추정된다.

6) 항소: 1심 판결에 불복하여 2심 재판을 청구

7) 항고: 법원의 결정이나 명령에 불복하여 상급법원에 상소

다는 의미로서 무죄 추정의 원칙과 같다고 볼 수 있습니다.

■ 그렇다면 H_0 가설이 사실이 아님을 밝히는 근거(증거)는 무엇으로부터 얻을 수 있는가?

이는 오로지 표본으로부터 얻게 되며, 표본의 결과가 검정의 열쇠입니다. 이 기업의 경우 H_0 가설이 사실이 아님을 밝히는 충분한 근거를 표본의 결과를 이용하여 제시한다면, H_0 가설을 기각하고 H_1 가설을 사실로 받아들입니다. 그러나 표본의 결과가 H_0 가설이 사실이 아님을 밝히는 근거를 충분히 밝히지 못한다면 H_0 가설을 사실로 받아들여야 합니다. 용어로 H_0 가설을 귀무가설, H_1 가설을 대립가설이라 하는데 용어 자체가 생소하므로 주장하려는 가설을 H_1 가설로, 그와 반대되는 가설을 H_0 가설로 칭하겠습니다.

5.3.2 재판과 가설검정에서 오류가 나타날 가능성

징역형을 선고받고 옥살이를 한 피의자에 대해 재심 청구 후에 무죄를 선고하는 뉴스를 접할 수 있습니다. 이미 유죄 판결(무죄 가설 H_0를 기각)을 받았지만, 재심을 통해 최종 재판 결과가 유죄에서 무죄로 번복된 것입니다. 통계적 가설검정에서도 표본에 따라서 검정 결과는 언제든지 번복될 수 있습니다. 재판의 예를 들어서 발생할 수 있는 오류를 정리하면 [표 5-6]과 같이 나타낼 수 있습니다.

[표 5-6] 오류의 종류

오류가 발생하는 경우	오류의 종류
• 실제로 피의자는 무죄이나 유죄루 판결 • H_0가 사실이나 H_0를 기각함	제1종의 오류(α)
• 실제로 피의자는 유죄이나 무죄로 판결 • H_1이 사실이나 H_0를 기각하지 않음	제2종의 오류(β)

■ 위 [표 5-6]에서 발생할 수 있는 두 가지의 오류 중에서 어떤 오류가 더 큰 문제인가?

실제로 피의자는 무죄이지만, 유죄 판결을 받는 것이 더 큰 문제입니다. 이러한 오류를 제1종의 오류라 하고 그 크기를 α로 나타냅니다. 재판에서 발생하는 이러한 오류의 원인은 충분하지 않거나 또는 잘못된 근거나 증거에 기인하며, 통계적 가설검정에서는 모집단이 아니라 표본을 이용하기 때문에 발생합니다.

■ 이러한 오류가 나타날 가능성을 줄이는 것이 좋지만, 그렇다고 아예 오류의 가능성을 없애 버린다면 어떤 결과가 나타나게 될 것인가?

오래된 건물일수록 화재경보기가 오작동하는 경우가 많이 있습니다. 화재가 발생하지 않았는데 화재경보기가 울린다면 제1종의 오류(α)가 발생한 것이며, 화재가 발생했는데 경보기가 울리지 않았다면 제2종의 오류(β)가 발생한 것입니다. 만약 화재경보기의 제1종 오류를 방지하기 위해서 화재 감지 센서를 둔감하게 조절한다면 화재 발생에도 경보기가 울리지 않을 가능성(제2종의 오류)이 커집니다.

따라서 어떠한 문제의 가설검정에도 이 두 가지의 오류는 필연적으로 발생하게 되며, 제1종의 오류(α)를 줄이면서 동시에 제2종의 오류(β)가 커지지 않도록 하는 방법을 찾아야 합니다. 가설검정의 근거는 오직 표본이기에 더 좋은, 확실한 증거를 확보하기 위해 표본에 관심을 두어야 합니다.

가설검정의 순서는 먼저 가설을 세우고 제1종의 오류(α)의 크기를 설정합니다. 이를 유의수준(significance level)이라 합니다. 유의수준은 표본의 결과가 H_0가 사실이 아니라는 증거에 대해 얼마나 충분한 타당성이 있는가를 판정하는 기준으로 사용합니다.

5.3.3 유의수준과 고전적 가설검정

다시 배터리 사용 가능 시간에 대한 가설검정 문제로 돌아와서 유의수준을 0.05(5%)로 설정했다고 가정합니다.

- H_0 가설: $\mu = 48$ (사용 가능 시간 평균 48시간인 분포, 과거 배터리의 사용 가능 시간의 분포)
- H_1 가설: $\mu > 48$ (사용 가능 시간 평균이 48시간보다 더 늘어난 분포)

가설검정은 가설 H_0가 사실이라는 가정 하에 검정이 이루어지고 과거에 제작된 배터리의 사용 가능 시간은 평균이 48인 분포를 따른다고 가정합니다.

■ 새로운 공법으로 만들어진 배터리의 사용 가능 시간 평균이 48시간보다 얼마나 늘어나야만 H_0 가설이 사실이 아니라는 충분한 근거가 있다고 판단할 것인가?

과거 제품에 대한 배터리 충전 시간에 대한 분포는 [그림 5-15]와 같이 평균이 48시간인 분포라고 가정하였고, 그렇다면 새로운 공법으로 제작한 배터리의 충전 시간이 얼마나 늘어났을 때 H_0 가설을 기각할 충분히 타당한 근거를 제시할 것인가를 생각해 봅니다. 그 기준을 [그림 5-15]에서 K로 표시하였습니다.

즉, 새로운 공법으로 제작한 배터리에 대해 표본을 뽑은 다음 충전 시간의 평균$(\overline{X})$을 계산하여 그 값이 K보다 크다면 H_0 가설을 기각할 것이기에 K보다 큰 영역을 가설 H_0의 기각영역, K보다 작다면 늘어나지 않았다(즉, 평균이 48시간인 과거의 분포와 같다)고 볼 것이기에 가설 H_0의 채택영역이라 하고 [그림 5-16]과 같이 나타낼 수 있습니다.

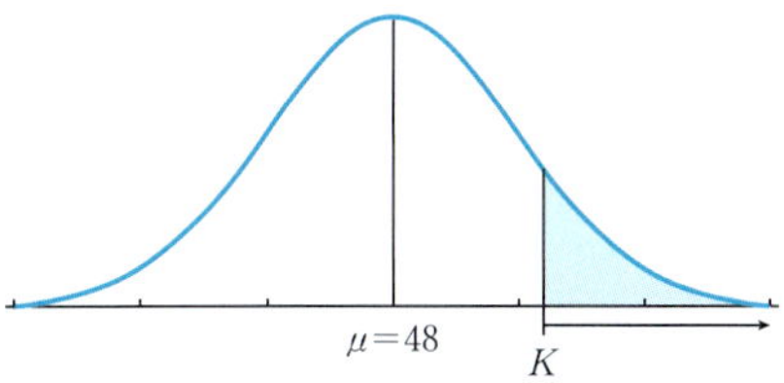

[그림 5-15] H_0 가설의 분포

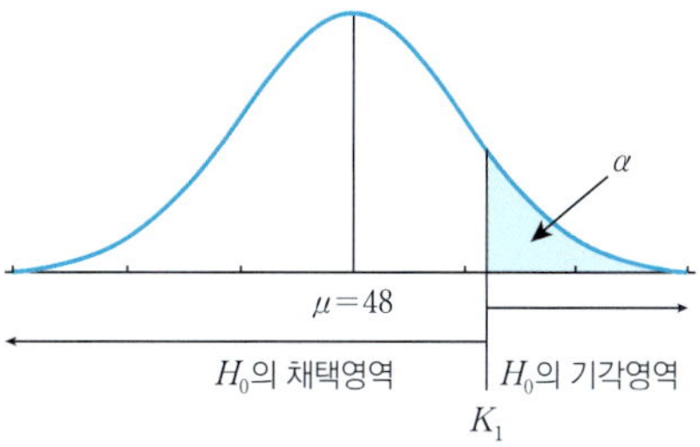

[그림 5-16] H_0 가설의 기각영역과 채택영역

H_0 가설의 기각과 채택의 기준이 될 K는 어떻게 정할 것인가? [그림 5-16]에 나타나 있듯이 분포의 오른쪽 끝부분의 확률(면적)이 유의수준(α)의 크기가 되도록 K_1을 결정하는 것입니다. 과거에는 이러한 과정으로 가설을 검정하였기에 이를 고전적 가설검정이라 합니다.

고전적 가설검정에서는 유의수준(α)을 어떻게 정하느냐에 따라 기각영역과 채택영역이 달라집니다. 즉, 다음 [그림 5-17]에서 현재의 유의수준 α가 0.05인데, 이를 0.01로 줄인다면 기준값 K_2는 기존의 K_1보다 더 오른쪽에 위치할 것이기에 유의수준을 어떻게 결정하느냐에 따라 가설검정의 기준이 달라진다는 것입니다.

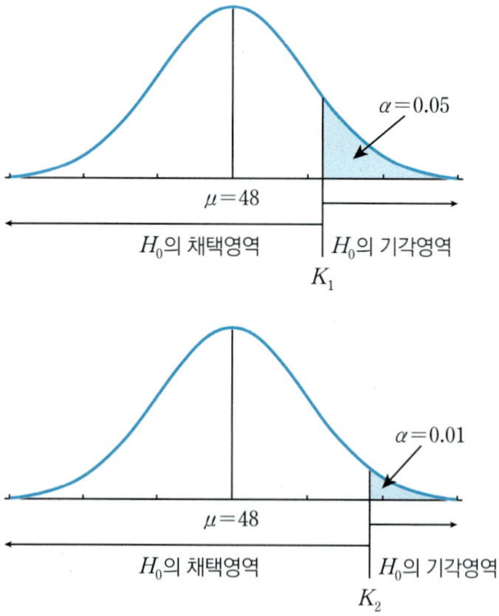

[그림 5-17] 유의수준의 변화에 따른 검정영역의 변화

고전적 가설검정은 검정이 이루어지기 전에 오로지 유의수준에 의해서 H_0 가설을 기각할 것인가 채택할 것인가의 기준이 정해지므로 유의수준의 크기를 어떻게 정하느냐에 따라 검정 결과가 달라진다는 문제가 발생합니다.

5.3.4 p값을 이용한 가설검정

이러한 문제점을 보완하고자 p값(p-value)을 이용하는데, 이는 표본의 결과를 검정과정에 반영하는 방법입니다. 따라서 p값은 검정 과정에서 밝혀진(나타난) 유의수준이라고 볼 수 있습니다.

앞에서 유의수준(α)은 H_0 가설이 사실임에도 불구하고 H_0 가설을 기각할 확률이라고 하였고 이는 잘못된 결론을 내릴 확률을 의미합니다. 그런데 검정 과정에서 계산된 p값이 α의 크기보다 작다면, 잘못된 결론을 내릴 확률이 기준(α)보다 작다는 것을 의미합니다. 반면에 검정 과정에서 계산된 p값이 α보다 크다면 이는 잘못된 결론을 내릴 확률이 기준(α)보다 커졌다는 의미입니다.

잘못된 결론을 내릴 확률이 검정 과정에서 허용 기준(유의수준)보다 작게 나왔다는 것은 H_0 가설이 사실이 아니라는 것을 나타내는 강력한 증거가 됩니다. 따라서 p값을 이용하여 가설을 검정할 때는 다음과 같이 처리합니다.

[표 5-7] p값에 따른 가설의 검정과 해석

검정 결과	해석
p값 $\leq \alpha$이면 H_0 가설을 기각	H_1 가설을 새로운 사실로 채택
p값 $> \alpha$이면 H_0 가설을 기각하지 않음	• H_0 가설을 사실로 유지 • H_1 가설은 받아들이지 않음

대부분의 통계처리 프로그램과 파이썬 통계처리 함수들은 p값을 계산해주기 때문에 p값과 유의수준을 비교하여 [표 5-7]과 같이 가설을 검정할 수 있습니다.

양측검정인가 또는 단측검정인가는 오로지 H_1 가설에 의해 결정됩니다. 만약 배터리의 사용 가능 시간이 과거(48시간)보다 늘어났다고 생각한다면 H_1 가설은 다음과 같이 $\mu > 48$ (평균이 48시간보다 더 늘어난 분포)로 단측검정을 합니다.

[단측검정]

- H_0 가설: $\mu = 48$ (평균이 48시간인 분포)
- H_1 가설: $\mu > 48$ (평균이 48시간보다 더 늘어난 분포)

만약 앞서 예를 들었던 배터리의 문제에서 새로운 공법으로 배터리의 사용 가능 시간에 변화가 있을 것으로 예상하지만, 과거보다 사용 시간이 늘어날 수도 있고 줄어들 수도 있다고 생각된다면, 이 경우의 가설은 다음과 같으며, 이를 양측검정이라 합니다.

[양측검정]

- H_0 가설: $\mu = 48$ (평균이 48시간인 분포)
- H_1 가설: $\mu \neq 48$ ($\mu < 48$ 이거나 $\mu > 48$)

양측검정의 경우는 단측검정에서 계산된 단측 p값에 대해 양방향의 검정이 이루어지므로 2배를 한 후에 유의수준과 비교하여 검정합니다.

H_1 가설	검정 방법	검정 결과
$\mu > 48$	단측검정	p값 $\leq \alpha$ 이면 H_0 가설을 기각
$\mu \neq 48$ ($\mu < 48$ 이거나 $\mu > 48$)	양측검정	(p값$\times 2$) $\leq \alpha$ 이면 H_0 가설을 기각

단원 정리 5.3

■ 통계적 가설검정

표본분포의 성질을 이용하여 모집단 특성에 대한 가설의 진위를 가리는 것이다. 통계적 가설검정은 재판 과정과 마찬가지로 간접적인 방법, 즉 주장(대립가설)과 반대되는 가설(귀무가설)을 사실로 가정한 상태에서 검정이 이루어진다. 이때 두 개의 가설은 법정에서의 가설과 같이 서로 상반된 것이어야 한다.

[재판과 가설검정에서의 가정]

구분	가설	사실로 가정(전제)
재판	주장과 반대되는 가설(귀무가설) → H_0 : 용의자는 무죄이다.	H_0 : 용의자는 무죄이다.
	주장하는 가설(대립가설) → H_1 : 용의자는 유죄이다.	
가설 검정	주장과 반대되는 가설(귀무가설) → H_0 : 충전 시간은 과거보다 늘어나지 않았다.	H_0 : 충전 시간은 늘어나지 않았다.
	주장하는 가설(대립가설) → H_1 : 충전 시간은 과거보다 늘어났다.	

가설검정은 법원에서의 재판과 같이 가설의 옳고 그름(참과 거짓)을 판단하는 것이 아니라 표본의 결과가 '귀무가설 H_0가 사실이 아니라는 증거'를 얼마나 충분히 제시하느냐에 따라 가설검정이 이루어진다고 볼 수 있다.

■ 가설검정에서의 오류

오류의 원인은 추정에서도 설명하였듯이 근본적으로 표본오차(또는 추정오차)에 있다. 따라서 표본의 결과를 이용하는 모든 통계적 추론은 추정을 포함하여 가설검정에서도 표본오차는 언제나 발생할 수 있으므로 가설검정 역시 오류를 범할 가능성은 항상 존재한다.

[가설의 검정에서 발생 가능한 상황별 오류]

상황	검정 결과	판정
H_0가 사실(용의자는 무죄)	H_0를 기각하지 않음(용의자를 무죄로 판정)	바른 결정 $(1-\alpha)$
	H_0를 기각함(용의자를 유죄로 판정)	제1종의 오류 (α) type 1 error
H_1이 사실(용의자는 유죄)	H_0를 기각하지 않음(용의자를 무죄로 판정)	제2종의 오류 (β) type 2 error
	H_0를 기각함(용의자를 유죄로 판정)	바른 결정 $(1-\beta)$

■ 가설검정의 순서

1. 주장하려는 내용에 따라 H_0 가설(귀무가설)과 H_1 가설(대립가설)을 세운다.
2. 제1종의 오류인 유의수준을 정한다.
3. 표본의 결과를 가지고 채택영역과 기각영역을 표시한다.
4. 검정 통계량을 계산하여 표본의 결과가 H_0 가설(귀무가설)은 사실이 아니라는 것에 대해 충분히 타당성이 있는 근거를 제시하는가에 따라 가설을 검정한다.

■ 가설검정 방법

• 고전적 가설검정: 표본의 결과를 검정에 반영하기 전에 유의수준을 어떻게 정하느냐에 따라 H_0 가설의 기각영역(또는 채택영역)이 결정되므로 유의수준의 크기에 따라 가설검정의 결과가 달라질 수 있다.

• p값을 이용한 가설검정: 검정 과정에서 표본의 결과를 검정에 반영하는 방법으로 p값은 검정 과정에서 밝혀진(나타난) 유의수준이라고 볼 수 있다. 유의수준(α)은 H_0 가설이 사실임에도 불구하고 H_0 가설을 기각할 확률이라고 하였고, 이는 잘못된 결론을 내릴 확률을 의미하므로 검정 과정에서 계산된 p값이 α의 크기보다 작다면, 잘못된 결론을 내릴 확률이 기준(α)보다 작다는 것을 의미한다. 반면에 검정 과정에서 계산된 p값이 α보다 크다면 이는 잘못된 결론을 내릴 확률이 기준(α)보다 커졌다는 의미이다.

※ 단측검정과 양측검정은 오로지 H_1 가설에 의해 결정된다.

• p값에 따른 가설의 검정과 해석(단측검정의 경우)

검정 결과(단측검정)	해석
p값 $\le \alpha$ 이면 H_0 가설을 기각	H_1 가설을 새로운 사실로 채택
p값 $> \alpha$ 이면 H_0 가설을 기각하지 않음	• H_0 가설을 사실로 유지 • H_1 가설은 받아들이지 않음

• p값에 따른 가설의 검정과 해석(양측검정의 경우)

검정 결과(양측검정)	해석
p값 $\times 2 \le \alpha$ 이면 H_0 가설을 기각	H_1 가설을 새로운 사실로 채택
p값 $\times 2 > \alpha$ 이면 H_0 가설을 기각하지 않음	• H_0 가설을 사실로 유지 • H_1 가설은 받아들이지 않음

연습문제 5.3

1. 다음의 주장이 타당한지에 대해 통계 조사를 한다고 할 때 H_0 가설(귀무가설)과 H_1 가설(대립가설)을 세우시오.

(1) 경찰청은 코로나 거리두기 규제로 음주운전 적발 사례가 과거보다 줄어들었다고 발표하였다.

(2) 국민건강보험공단은 개개인이 방역수칙을 준수하여 국민 총 의료비가 코로나 이전보다 줄어들 것으로 예상하였다.

(3) 타이어를 생산하는 A 기업은 최근에 개발한 타이어의 평균 수명이 이전 제품보다 늘어났다고 광고하고 있다.

(4) 과학기술정보통신부는 코로나로 인한 원격학습과 재택근무의 영향으로 인터넷 사용 시간이 코로나 이전보다 늘어났다고 발표하였다.

(5) 운동기구를 판매하는 C 업체는 최근 실시한 TV 광고의 효과로 매출액에 차이가 있을 것으로 생각하고 있다.

(6) 보건복지부는 코로나 유행의 결과로 흡연율에 변화가 있을 것으로 생각하고 있다.

2. 문제 1에 대해서 양측검정인지 단측검정인지를 구별하시오.

3. 다음의 설명이 맞으면 ○, 틀리면 ×를 표시하시오.

(1) 고전적 가설검정은 검정이 이루어지기 전에 오로지 유의수준에 의해서 H_0 가설을 기각할 것인가 채택할 것인가의 기준이 정해지므로 유의수준의 크기를 어떻게 정하느냐에 따라 검정결과가 달라진다. ( )

(2) 검정 과정에서 계산된 p값이 α의 크기보다 작다면, 잘못된 결론을 내릴 확률이 기준(α)보다 작다는 것을 의미한다. ( )

(3) 검정 과정에서 계산된 p값이 α의 크기보다 크다면 H_0 가설(귀무가설)을 기각한다. ( )

(4) 단측검정이든 양측검정이든 계산된 p값은 모두 동일하다. ( )

CHAPTER 06

표본에 대한 통계적 추론을 통해 가설의 진위여부를 밝혀내기

- 모집단으로부터 추출한 표본에 대해 통계분석을 통해 특성을 파악하고 가설을 검정하여 가설의 진위 여부를 밝혀봅니다.
- 밝히고자 하는 가설에 따라 모집단으로부터 표본의 측정과 척도가 달라지며, 통계적 분석방법이 달라집니다.

contents

CHAPTER 06

표본에 대한 통계적 추론을 통해 가설의 진위여부를 밝혀내기

| 이 장에서 학습할 내용 |

1. 모집단이 한 개인 경우의 통계적 추론
2. 두 모집단의 평균 차이에 대한 추론
3. 세 개 이상의 모집단 차이에 대한 추론
4. 변수 간의 상호 관련성을 파악하는 상관과 회귀분석
5. 분할표를 통해 변수 간의 관련성을 검정하는 카이제곱 분석

6.1 모집단이 한 개인 경우의 통계적 추론

모집단이 한 개인 단일 모집단에 대해서 표본으로부터 모집단 평균을 추론하고자 할 때 표본의 크기가 충분히 크다면 중심극한정리에 의하여 표본평균의 분포가 정규분포를 따르지만, 표본의 크기가 작다면 정규분포가 아닌 t분포를 이용해야 합니다.

그러나 t분포는 표본의 크기 즉, 자유도가 커질수록 정규분포에 근사하므로 표본의 크기에 상관없이 t분포를 이용하여 가설을 검정합니다. 또한 현실적으로 모집단 표준편차인 σ를 모르는 경우가 대부분이므로 모집단 표준편차 σ를 표본 표준편차 S로 대체하여 계산합니다.

단일 모집단에 대해서 표본으로부터 모집단 평균을 추론하고자 할 때 일표본 t검정(one sample t-test)을 실시합니다.

예제 6-1 커피 가격에 대한 일표본 t검정(단측검정)

한국소비자원이 매출액 상위 6개 커피전문점의 서비스 이용 경험자 1,031명에 대해 소비자 만족도를 조사한 결과[1], 소비자가 생각하는 적정한 커피 가격(아메리카노 HOT 레귤러

1) 커피전문점 서비스 비교, 한국소비자원, 2019

사이즈 기준)은 3,055원으로 조사되었습니다. 그러나 대부분의 학생들과 직장인들은 실제 커피 가격이 그보다 비싼 것으로 느끼고 있어서 42개 커피전문점 업체를 조사한 아메리카노의 가격(커피가격.xlsx)은 [그림 6-1]과 같습니다. 가설을 세우고 유의수준 5% 하에서 검정하시오.

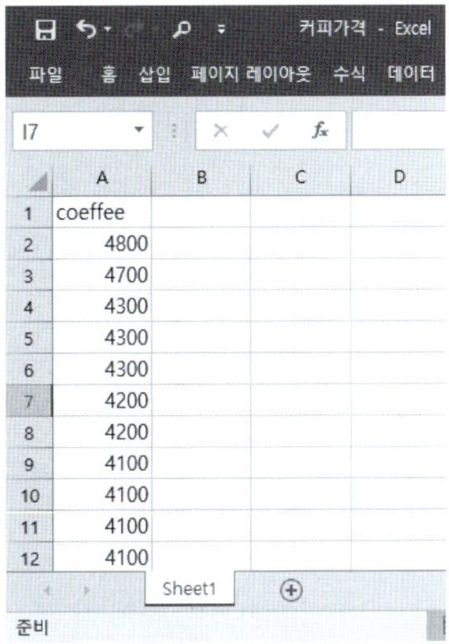

	A	B	C	D
1	coeffee			
2	4800			
3	4700			
4	4300			
5	4300			
6	4300			
7	4200			
8	4200			
9	4100			
10	4100			
11	4100			
12	4100			

[그림 6-1] 42개 업체의 커피 가격

| 풀이 |

소비자 만족도의 조사 결과로는 아메리카노의 적정 가격이 3,055원으로 조사되었지만, 학생과 직장인들은 실제로는 그것보다는 더 비싸게 팔고 있다고 생각하므로 가설은 다음과 같이 나타낼 수 있습니다. 즉, 학생과 직장인들의 주장을 H_1 가설로, 그와 반대되는 가설을 H_0 가설로 설정합니다.

- H_0: $\mu = 3{,}055$ (모집단 평균은 3,055이다)
- H_1: $\mu > 3{,}055$ (모집단 평균은 3,055보다 크다) [단측검정]

파이썬에서 일표본 t검정(one sample t-test)을 할 때 함수 scipy.stats.ttest_1samp()를 사용합니다.

함수 ttest_1samp	함수 인자
`scipy.stats.ttest_1samp(a, popmean, alternative)`	• a: 배열 데이터 • popmean: 모집단 평균 • alternative='two-sided' ='less'(one-sided) ='greater'(one-sided)

함수 ttest_1samp()의 alternative='two-sided'는 양측검정에 사용하는데 디폴트(default)이므로 생략할 수 있으며, H_1 가설(대립가설)에서 현재 고려 중인 데이터(a)의 평균이 모집단 평균(popmean)보다 크다면 alternative='greater'를 사용해야 합니다.

| 결과 설명 |

[결과 1]은 42개 표본에 대한 기술 통계량(〈예제 3-10〉 참고)으로 함수 data.describe()로 계산하였으며, 평균은 3,119, 표준편차는 1,147, 최솟값과 최댓값은 각각 1,500과 4,800입니다.

[결과 2]의 히스토그램을 통해 조사된 커피 가격은 저가(2,000원 이하)와 고가(4,000원 이상)로 구분되는 것을 알 수 있습니다. 이러한 현상은 조사한 지역과 표본에 따라 다르게 나타날 수도 있습니다.

이 예제에서 t값과 p값은 다음과 같이 계산하며, 이 값들은 [결과 3]에 나타납니다.

$$t = \frac{\overline{X} - \mu}{S/\sqrt{n}} = 0.3617, \quad p\text{값} = P(0.3617 < t) = 1 - P(t < 0.3617) = 0.3596$$

커피전문점 42개 업체를 조사한 아메리카노 가격 자료의 분석 결과, p값(0.3596)이 유의수준($\alpha = 0.05$)보다 크기 때문에 가설 H_0를 기각할 수 없습니다. 따라서 직장인들이 느끼는 커피 가격이 소비자 만족도의 결과(3,055원)보다 비싸다는 주장에 대해 충분한 근거가 없다는 결론을 내릴 수 있습니다.

▌커피 가격에 대한 일표본 t검정(예제6-1.py)

```
import pandas as pd
import matplotlib.pyplot as plt
from scipy import stats

data = pd.DataFrame(pd.read_excel("..\데이터\커피가격.xlsx"))
mu = 3055

# data에 대한 기술통계량 출력
print(data.describe())
```

[결과 1] 참고

```
plt.hist(data, label='Coffee Price', bins=7)  # 막대 수를 7개로 하고 범례 내용 작성
plt.legend()                                  # 범례('bins=5')를 그래프에 배치함
plt.show()                                    # 히스토그램을 화면에 출력
```

[결과 2] 참고

```
# 만약 양측검정이라면
result = stats.ttest_1samp(data.coeffee, mu, alternative='two-sided')
print(result)
```

```
Ttest_1sampResult(statistic=0.361796557752, pvalue=0.7193620858263579)
```

```
# [예제 1]과 같은 단측검정의 경우
result = stats.ttest_1samp(data.coeffee, mu, alternative='greater')
print(result)
```

[결과 3] 참고

| 결과 1 |

```
          coeffee
count   42.000000
mean  3119.047619
std   1147.263573
min   1500.000000
25%   1800.000000
50%   3500.000000
75%   4100.000000
max   4800.000000
```

| 결과 2 |

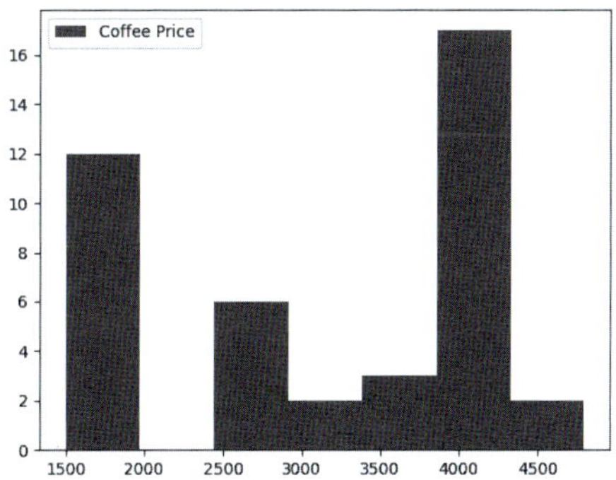

| 결과 3 |

```
Ttest_1sampResult(statistic=0.36179655775, pvalue=0.3596810429131789)
```

단원 정리 6.1

■ 단일 모집단에 대한 추론

단일 모집단에 대해서 표본으로부터 모집단 평균을 추론하고자 할 때, 표본의 크기가 작다면 정규분포가 아닌 t분포를 이용해야 한다. 그러나 t분포는 표본의 크기, 즉 자유도가 커질수록 정규분포에 근사하므로 표본의 크기에 상관없이 t분포를 이용하여 가설을 검정한다. 또한 현실적으로 모집단 표준편차인 σ를 모르는 경우가 대부분이므로 모집단 표준편차 σ를 표본 표준편차 S로 대체하여 계산한다.

파이썬에서 일표본 t검정(one sample t-test)을 할 때 함수 scipy.stats.ttest_1samp()를 사용하며, t값$\left(t=\dfrac{\overline{X}-\mu}{S/\sqrt{n}}\right)$과 p값을 계산하여 다음과 같이 가설을 검정한다.

함수 ttest_1samp	함수 인자
`scipy.stats.ttest_1samp(a, popmean, alternative)`	• a: 배열 데이터 • popmean: 모집단 평균 • alternative='two-sided' ='less'(one-sided) ='greater'(one-sided)

※ 단측검정인가 또는 양측검정인가는 오직 H_1 가설에 의해서 결정된다.

[단측검정의 경우]

검정	p값>유의수준(α)	p값≤유의수준(α)
결론	H_0 가설(귀무가설)을 기각하지 않음	H_0 가설(귀무가설)을 기각함

[양측검정의 경우]

검정	(p값×2)>유의수준(α)	(p값×2)≤유의수준(α)
결론	H_0 가설(귀무가설)을 기각하지 않음	H_0 가설(귀무가설)을 기각함
해석	H_0 가설을 사실로 유지	H_1 가설을 새로운 사실로 채택

검정을 하기 전에 표본이 가지고 있는 특성을 알아보기 위해 기술통계량(〈예제 3-10〉 참고)을 출력하고, 표본의 전체적인 윤곽, 즉 분포 모양을 확인하기 위해 히스토그램(〈예제 3-1〉 참고) 또는 막대그래프(〈예제 3-2〉 참고)를 활용한다.

[기술 통계량]

```
         coeffee
count    42.000000
mean   3119.047619
std    1147.263573
min    1500.000000
25%    1800.000000
50%    3500.000000
75%    4100.000000
max    4800.000000
```

[데이터의 분포]

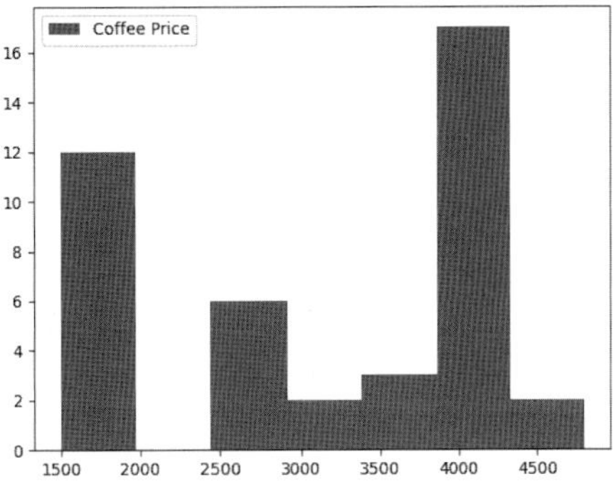

연습문제 6.1

1. 직장인 전문 여론조사기관인 A 리서치는 직장인들의 평균 점심 비용(음료 제외)은 6,300원으로 조사되었다고 발표하였다. 이에 구내식당이 없는 S 기업 직원 중 100명을 대상으로 일주일간 점심 비용의 평균을 조사한 결과(S기업 점심비용.xlsx)를 이용하여 A 리서치가 발표한 내용에 대해 S 기업의 조사 결과와 차이가 있는지에 대해 가설을 세우고 유의수준 5% 하에서 검정하시오.

2. 인터넷신문 B사는 성인 500명을 대상으로 주당 스마트폰 이용 시간을 조사한 결과 평균 35시간(1일 5시간)으로 발표하였다. 이에 파이썬 과목을 수강하는 40명의 대학생을 상대로 주당 스마트폰 이용 시간을 조사한 결과(스마트폰_이용시간.csv)를 토대로 인터넷신문 B사의 발표 내용에 대해 차이가 있는지에 대해 가설을 세우고 유의수준 5% 하에서 검정하시오.

3. 입시전문학원인 J 학원은 이번 5월에 10개 고등학교 3학년을 대상으로 치룬 영어 모의시험의 가채점 결과를 75점으로 발표하였다. 이에 K 고등학교 3학년 영어 모의시험의 결과(K고등학교 영어시험.xlsx)를 바탕으로 J 학원의 결과와 차이가 있는지에 대해 가설을 세우고 유의수준 5% 하에서 검정하시오.

4. B 대학 학생회는 학생 500명을 상대로 스마트폰 이용 요금을 조사한 결과 월 평균 68,000원으로 조사되었다고 홈페이지 게시판에 공지하였다. 소프트웨어학과 과 대표 C군은 실제 학생들이 그 금액보다 더 많은 요금을 내고 있다고 생각하여 학과 구성원 80명을 상대로 조사(스마트폰_이용요금.txt)하였다. 과연 C군의 주장이 타당한지에 대해 가설을 세우고 유의수준 5% 하에서 검정하시오.

5. D 대학 학생복지과는 주요 지점의 셔틀버스 운행을 결정하기 위해 도보 통학을 제외한 학생들에 대해 통학에 걸리는 시간(분 단위)을 표본 조사한 결과 65분으로 발표하면서 예상보다 오래 걸리지 않는다며 셔틀버스의 운행을 백지화하였다. 그러나 학생회에서는 실제로 그보다 더 오래 통학하는 학생들이 많다고 판단하여 200명을 대상으로 통학 시간을 조사(D대학_통학시간.xlsx)하였다. 과연 학생회의 주장이 타당한지에 대해 가설을 세우고 유의수준 5% 하에서 검정하시오.

6.2 모집단이 두 개인 경우의 통계적 추론

예를 들어, 스마트폰의 이용 시간이 성별에 따라 차이가 있는지 알고 싶다고 가정합니다. 이때 모집단은 스마트폰을 이용하는 남자 전체와 스마트폰을 이용하는 여자 전체이므로 두 개입니다.

두 개의 모집단을 비교하는 문제는 두 개의 모집단 평균(남자의 스마트폰 이용 시간에 대한 평균 μ_1과 여자의 스마트폰 이용 시간에 대한 평균 μ_2)을 비교하는 것으로서, 두 모집단 평균의 차이인 $\mu_1 - \mu_2$를 이용하여 두 모집단에 차이가 있는지에 대해 가설을 검정합니다. 이를 독립인 두 표본에 대한 t검정(two independent samples t-test)이라 합니다.

이와는 달리 서로 짝을 이루는 데이터에 대한 차이를 검정할 수도 있습니다. 예를 들어, 신입생 50명을 대상으로 좌측과 우측의 시력에 차이가 있는지를 알아보는 경우, 또는 어떤 약의 효과를 알아보기 위해 투약 전과 투약 후를 비교하는 경우는 두 집단이 독립적이지 않으며, 이에 대한 검정은 대응 표본에 대한 t검정(paired samples t-test)이라 합니다.

6.2.1 독립인 두 표본에 대한 t검정

두 모집단이 정규분포를 따른다면 두 표본에 대한 표본평균 차이 $(\overline{X_1} - \overline{X_2})$는 정규분포를 따릅니다. 그러나 두 모집단이 각각 정규분포를 따르지 않는다고 하더라도 표본의 크기가 충분히 크다면 중심극한정리에 의해 $(\overline{X_1} - \overline{X_2})$는 근사적으로 정규분포를 따릅니다. 두 모집단의 평균 차이에 대한 가설(양측검정)은 다음과 같습니다.

■ 두 모집단 평균 차이에 대한 가설(양측검정의 경우)

• H_0: $\mu_1 = \mu_2$ • H_1: $\mu_1 \neq \mu_2$	또는	• H_0: $\mu_1 - \mu_2 = 0$ • H_1: $\mu_1 - \mu_2 \neq 0$

따라서 한 개의 모집단에 대한 추론과 마찬가지 방법으로 평균 차이인 $(\overline{X_1}-\overline{X_2})$를 확률변수로 표준화하여 표준정규분포를 이용하여 가설을 검정할 수 있습니다.

[참고 1] 두 모집단에 대한 표본평균 차이인 $(\overline{X_1}-\overline{X_2})$의 분포는?

중심극한정리에 의해 $\overline{X_1}$ 와 $\overline{X_2}$ 는 근사적으로 다음의 정규분포를 따릅니다.

$$\overline{X_1} \sim N(\mu_1,\ \sigma_1^2/n_1),\ \overline{X_2} \sim N(\mu_2,\ \sigma_2^2/n_2)$$

이때 $(\overline{X_1}-\overline{X_2})$는 근사적으로 다음의 정규분포를 따릅니다.

$$(\overline{X_1}-\overline{X_1}) \sim N\left(\mu_1-\mu_2,\ \frac{\sigma_1^2}{n_1}+\frac{\sigma_2^2}{n_2}\right)$$

따라서 $(\overline{X_1}-\overline{X_2})$에 대해 표준화를 하면 다음과 같이 나타낼 수 있습니다.

$$Z = \frac{(\overline{X_1}-\overline{X_2})-(\mu_1-\mu_2)}{\sqrt{\dfrac{\sigma_1^2}{n_1}+\dfrac{\sigma_2^2}{n_2}}}$$

그러나 표본의 크기가 작고 모집단 표준편차를 모르지만 두 집단의 분산이 같다고 가정한다면, 두 집단의 공통분산 S_p^2을 이용하여 표준화시킨 다음의 t값을 이용하여 검정(《예제 6-2》)해야 합니다. 이때 t값은 자유도 n_1+n_2-2인 t분포를 따릅니다.

$$t = \frac{(\overline{X_1}-\overline{X_2})-(\mu_1-\mu_2)}{S_p\sqrt{\dfrac{1}{n_1}+\dfrac{1}{n_2}}},\ S_p^2 = \frac{(n_1-1)S_1^2+(n_2-1)S_2^2}{n_1+n_2-2}$$

그러나 두 집단의 모집단 분산의 차이가 크다면 공통분산을 이용할 수 없고 모집단 분산을 따로 추정(《예제 6-3》)하여 사용해야 하며, t값은 다음과 같이 계산합니다.

$$t = \frac{(\overline{X_1}-\overline{X_2})-(\mu_1-\mu_2)}{\sqrt{\dfrac{S_1^2}{n_1}+\dfrac{S_2^2}{n_2}}}$$

파이썬에서 독립인 두 표본에 대한 t검정에 사용하는 함수 ttest_ind()의 사용법은 다음과 같습니다.

함수 scipy.stats.ttest_ind()	함수 인자
`scipy.stats.ttest_ind(a, b, equal_var, alternative)`	• a, b: 배열 데이터 • equal_var='False' 분산이 같지 않을 경우 • alternative='two-sided' ='less'(one-sided) ='greater'(one-sided)

두 표본의 분산이 같다는 가정(등분산 가정)을 나타내는 equal_var='True' 부분은 디폴트(default)이므로 생략할 수 있으며, 두 집단의 분산이 같지 않다는 가정(equal_var='False')이라면 Welch의 t-test를 사용하여 검정합니다.

함수 stats.ttest_ind()에서 양측검정을 나타내는 alternative='two-sided' 부분 역시 디폴트이므로 생략할 수 있으며, H_1 가설(대립가설)에서 첫 번째 데이터(a)의 평균이 두 번째 데이터(b)의 평균보다 크다면 alternative='greater'를 사용합니다.

예제 6-2 독립인 두 표본에 대한 평균 차이의 t검정(등분산 가정)

직장인(20~50대)을 대상으로 주당 평균 스마트폰 이용 시간에 대한 조사 결과(성인_스마트폰_이용시간.xlsx)로부터 남녀 간 스마트폰 이용 시간에 차이가 있는지에 대해 가설을 세우고 5% 유의수준 하에서 검정하시오. 단, 남녀 간 이용 시간의 분산은 같다고 가정합니다.

| 풀이 |

가설은 다음과 같습니다.

- H_0: $\mu_{남자} = \mu_{여자}$ (남자와 여자의 이용 시간은 같다)
- H_1: $\mu_{남자} \neq \mu_{여자}$ (남자와 여자의 이용 시간은 차이가 있다) [양측검정]

※ 독립인 두 표본에 대한 t검정에서 두 표본의 크기는 같지 않아도 됩니다. 그러나 엑셀 파일에 저장된 두 표본의 사례수가 다를 경우에는 파일을 분리하여 각각 따로 불러와야 합니다. 만약 두 표본의 사례수가 다른 상태에서 같은 파일에서 불러오면, 데이터가 없

는 수만큼 결측값(missing data)을 갖는 것으로 판단하여 검정이 이루어지지 않습니다. 이 예에서도 남자의 사례수는 100, 여자의 사례수는 98로 차이가 있기 때문에 각각 분리하여 불러들인 변수 d_1(남자)과 d_2(여자)로 저장하여 사용합니다. 만약 사례수가 같다면 하나의 파일에 저장하여 사용할 수 있습니다.

▌독립인 두 표본에 대한 평균 차이 t검정(등분산 가정)(예제6-2.py)

```
import numpy as np
import pandas as pd
from scipy import stats

data = pd.read_excel("..\데이터\성인_스마트폰_이용시간.xlsx")
print(data.describe())
```

[결과 1] 참고

```
from matplotlib import pyplot as plt
# 수평의 상자 도형(False의 F는 대문자로)
data.boxplot(column=["male", "female"], vert=False)
plt.show()
```

[결과 2] 참고

```
d1 = pd.read_excel("..\데이터\성인_스마트폰_이용시간_남자.xlsx")
d2 = pd.read_excel("..\데이터\성인_스마트폰_이용시간_여자.xlsx")
result=stats.ttest_ind(d1.male, d2.female, alternative='two-sided')
print(result)
```

[결과 3] 참고

| 결과 1 |

```
            male       female
count  100.000000   98.000000
mean    31.273000   32.876531
std      2.912767    3.269282
min     22.200000   24.400000
25%     29.300000   30.900000
50%     31.100000   32.750000
75%     32.975000   34.900000
max     38.900000   41.700000
```

| 결과 2 |

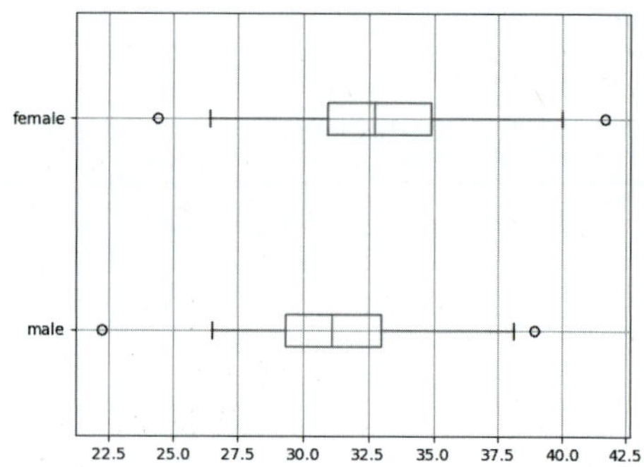

| 결과 3 |

```
Ttest_indResult(statistic=-3.645768621069706, pvalue=0.00034151561881195196)
```

| 결과 설명 |

[결과 1]은 주당 평균 스마트폰 이용 시간에 대한 조사 결과(성인_스마트폰_이용시간.xlsx)로 사례수는 남자 100, 여자 98이며, 평균 시간은 남자 31.27, 여자 32.88, 표준편차 남자 2.91, 여자 3.27, 최솟값 남자 22.2, 여자 24.4, 그 다음은 1~3 사분위수, 최댓값은 남자 38.9, 여자 41.7로 나타났습니다.

[결과 2]는 최솟값, 1~3 사분위수, 최댓값으로 상자 도형을 나타낸 것입니다. 1 사분위수와 3 사분위수 사이의 사분위수 범위(IQR: InterQuartile Range)는 데이터 중 절반에 해당하는 범위를 나타내는데 그림에서 남자와 여자의 사분위수 범위는 비슷하게 보입니다. [결과 2]의 그래프를 닫으면 [결과 3]이 나타납니다.

[결과 3]은 다음 가설의 검정 결과이며, p값(0.00034)이 유의수준(0.05)보다 작으므로 H_0 가설을 기각하고 남자와 여자의 주당 평균 스마트폰 이용 시간에 차이가 있다는 충분한 근거를 제시하고 있다는 결론을 내립니다.

- H_0: $\mu_{남자} = \mu_{여자}$ (남자와 여자의 이용 시간은 같다)
- H_1: $\mu_{남자} \neq \mu_{여자}$ (남자와 여자의 이용 시간은 차이가 있다) [양측검정]

예제 6-3 독립인 두 표본에 대한 평균 차이의 t검정(이분산 가정)

대학생을 대상으로 1일 평균 수면 시간을 조사한 결과(대학생_수면시간.xlsx)를 이용하여 남녀 간 수면 시간에 차이가 있는지에 대해 가설을 세우고 유의수준 5% 하에서 검정하시오. 단, 남녀 간 수면 시간의 분산은 같지 않다고 가정합니다.

| 풀이 |

가설은 다음과 같습니다.

- H_0: $\mu_{남자} = \mu_{여자}$ (남자와 여자의 수면 시간은 같다)
- H_1: $\mu_{남자} \neq \mu_{여자}$ (남자와 여자의 수면 시간은 차이가 있다) [양측검정]

함수 stats.ttest_ind()에서 두 표본의 분산이 다르다는 가정(이분산 가정)을 이용하면 equal_var='False'를 반드시 사용해야 합니다.

독립인 두 표본에 대한 평균 차이 t검정(이분산 가정)(예제6-3.py)

```
import numpy as np
import pandas as pd
from scipy import stats

data = pd.read_excel("..\데이터\대학생_수면시간.xlsx")
print(data.describe())
```

[결과 1] 참고

```
from matplotlib import pyplot as plt
# 수평의 상자 도형(False의 F는 대문자로)
data.boxplot(column=["male", "female"], vert=False)
plt.show()
```

[결과 2] 참고

```
d1 = pd.read_excel("..\데이터\대학생_수면시간_남자.xlsx")
d2 = pd.read_excel("..\데이터\대학생_수면시간_여자.xlsx")
result=stats.ttest_ind(d1.male, d2.female, equal_var='False')
print(result)
```

[결과 3] 참고

| 결과 1 |

```
            male      female
count  96.000000   99.000000
mean    7.018750    6.418182
std     1.862218    0.956755
min     3.200000    4.400000
25%     5.700000    5.800000
50%     7.000000    6.300000
75%     8.025000    7.000000
max    13.100000    8.900000
```

| 결과 2 |

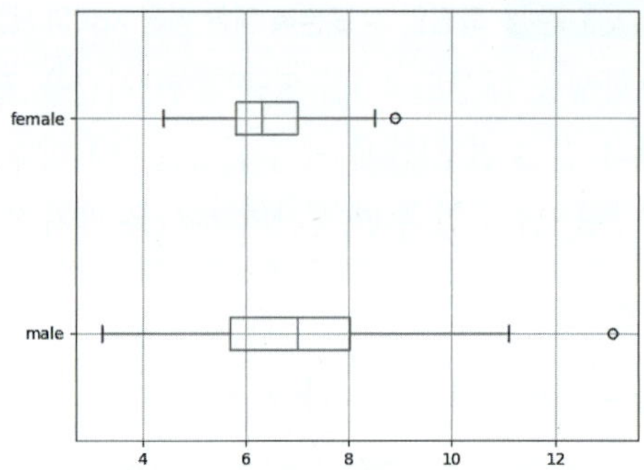

| 결과 3 |

```
Ttest_indResult(statistic=2.8450527424639183, pvalue=0.004919637444598858)
```

| 결과 설명 |

[결과 1]은 1일 평균 수면 시간을 조사한 결과(대학생_수면시간.xlsx)로 사례수는 남자 96, 여자 99이며, 평균 시간은 남자 7.02(7시간), 여자 6.42(6시간 25분), 표준편차 남자 1.86, 여자 0.96, 최솟값 남자 3.2(3시간 12분), 여자 4.4(4시간 24분), 그 다음은 1~3 사분위

수, 최댓값은 남자 13.1(13시간 6분), 여자 8.9(8시간 54분)로 나타났습니다.

[결과 2]는 최솟값, 1~3 사분위수, 최댓값으로 상자 도형(〈예제 3-5〉 참고)을 나타낸 것입니다. 1 사분위수와 3 사분위수 사이의 사분위수 범위(IQR: InterQuartile Range)는 데이터 중 절반에 해당하는 범위를 나타내는데 그림에서 남자와 여자의 사분위수 범위는 차이가 있으며, 범위 역시 차이가 큽니다. [결과 2]의 그래프를 닫으면 [결과 3]이 나타납니다.

[결과 3]은 다음 가설의 검정 결과이며, p값(0.0049)이 유의수준(0.05)보다 작으므로 H_0 가설을 기각하고 남자와 여자의 수면 시간에 차이가 있다는 충분한 근거를 제시한다는 결론을 내립니다.

- H_0: $\mu_{남자} = \mu_{여자}$ (남자와 여자의 수면 시간은 같다)
- H_1: $\mu_{남자} \neq \mu_{여자}$ (남자와 여자의 수면 시간은 차이가 있다) [양측검정]

[참고 2] 두 집단의 분산이 같은지를 검정하는 방법

두 표본에 대한 t검정에 사용하는 함수 ttest_ind()를 사용하기 전에 두 집단의 분산이 같은지 또는 다른지를 검정하는 방법으로 Levene의 등분산 검정을 사용할 수 있습니다.

함수 levene	함수 인자	결과
`scipy.stats.levene(a, b, center)`	• a, b: 배열 데이터 • center='mean' ='median'	• statistics: 검정 통계량 • pvalue: p값

두 집단(A, B)의 분산이 같은가를 검정하기 위한 가설은 다음과 같고 양측검정으로 처리합니다.

- H_0: $\sigma_A^2 = \sigma_B^2$ (집단 A, B 간 분산의 차이가 없다) [가설]
- H_1: $\sigma_A^2 \neq \sigma_B^2$ (집단 A, B 간 분산의 차이가 있다) 양측검정

〈예제 6-2〉와 〈예제 6-3〉에서 사용한 데이터에 대한 등분산 검정 결과는 다음과 같습니다.

▌두 집단 분산이 같은지를 검정하는 방법(참고_levene_등분산검정.py)

```
import numpy as np
import pandas as pd
from scipy import stats

a1 = pd.read_excel("..\데이터\성인_스마트폰_이용시간_남자.xlsx")
a2 = pd.read_excel("..\데이터\성인_스마트폰_이용시간_여자.xlsx")

b1 = pd.read_excel("..\데이터\대학생_수면시간_남자.xlsx")
b2 = pd.read_excel("..\데이터\대학생_수면시간_여자.xlsx")

result1 = stats.levene(a1.male, a2.female, center='mean')
result2 = stats.levene(b1.male, b2.female, center='mean')

print(result1) # 결과 1
```

```
LeveneResult(statistic=0.4717550732460051, pvalue=0.4929926832749576)
```

```
print(result2) # 결과 2
```

```
LeveneResult(statistic=23.026579508637933, pvalue=3.1920354052893605e-06)
```

| 결과 설명 |

〈예제 6-2〉와 〈예제 6-3〉의 가설은 다음과 같습니다.

- H_0: $\sigma^{2}{}_{남자} = \sigma^{2}{}_{여자}$ (남자와 여자의 이용 시간에 대한 분산은 같다) 〈예제 6-2〉
- H_1: $\sigma^{2}{}_{남자} \neq \sigma^{2}{}_{여자}$ (남자와 여자의 이용 시간에 대한 분산에 차이가 있다) [양측검정]

- H_0: $\sigma^{2}{}_{남자} = \sigma^{2}{}_{여자}$ (남자와 여자의 수면시간에 대한 분산은 같다) 〈예제 6-3〉
- H_1: $\sigma^{2}{}_{남자} \neq \sigma^{2}{}_{여자}$ (남자와 여자의 수면시간에 대한 분산에 차이가 있다) [양측검정]

〈예제 6-2〉의 데이터에 대한 가설검정 결과(결과 1) p값은 0.492이므로 H_0 가설을 기각할 수 없고 분산이 같다(등분산)는 결론을 내립니다. 반면에 〈예제 6-3〉의 데이터에 대한 결과(결과 2)에서 p값은 3.19e-06(=3.19/1000000)이므로 H_0 가설을 기각하고 분산에 차이가 있다는 결론(이분산)을 내립니다.

예제 6-4 **기술통계 결과를 이용하는 독립인 두 표본에 대한 t검정**

〈예제 6-2〉와 〈예제 6-3〉에 대해서 수집한 데이터가 없고 오로지 기술통계량, 즉 평균, 표준편차, 사례수만을 알고 있는 경우, 남자의 수면 시간이 여자의 수면 시간보다 길다는 가정에 대해 가설을 세우고 유의수준 5% 하에서 검정하시오. 단, 남녀 간 수면 시간의 분산은 같지 않다고 가정합니다.

| 풀이 |

가설은 다음과 같습니다.

- H_0: $\mu_{남자} = \mu_{여자}$ (남자와 여자의 수면 시간은 같다)
- H_1: $\mu_{남자} > \mu_{여자}$ (남자의 수면 시간이 여자보다 길다) [단측검정]

파이썬에서 독립인 두 표본에 대한 t검정에서 데이터가 없고 평균, 표준편차 등의 기술통계량만 알고 있는 경우에 사용하는 함수 ttest_ind_from_stats()의 사용법은 다음과 같습니다.

함수 ttest_ind_from_stats()	함수 인자
`scipy.stats.ttest_ind_from_stats(mean1, std1, nobs1, mean2, std2, nobs2, equal_var, alternative)`	• mean1, mean2: 두 집단 평균 • std1, std2: 두 집단 표준편차 • nobs1, nobs2: 두 집단 사례수 • equal_var='False' 분산이 같지 않을 경우 • alternative='two-sided' ='less'(one-sided) ='greater'(one-sided)

※ 두 집단의 분산이 같지 않다는 가정(equal_var=False)이라면 Welch의 t-test를 사용하여 검정합니다.

함수 ttest_ind_from_stats()에서 필요한 인자의 값은 〈예제 6-3〉의 [결과 1]에서 얻을 수 있으며, 다음과 같습니다.

구분	남(male)	여(female)
평균(mean)	7.01875	6.418182
표준편차(std)	1.862218	0.956755
사례수(count)	96	99

▌기술통계 결과를 이용하는 독립인 두 표본에 대한 t검정(예제6-4.py)

```
from scipy import stats

result=stats.ttest_ind_from_stats(7.02, 1.86, 96, 6.42, 0.96, 99, equal_var='False', alter
native='greater')
print(result)
```

```
Ttest_indResult(statistic=2.842953712200941, pvalue=0.0024754104583474073)
```

| 결과 설명 |

아래의 단측검정 가설에 대해 p값(0.0025)이 유의수준(0.05)보다 작으므로 H_0 가설을 기각합니다. 따라서 남자의 수면 시간이 여자보다 길다는 충분한 근거를 제시한다는 결론을 내립니다.

- H_0: $\mu_{남자} = \mu_{여자}$ (남자와 여자의 수면 시간은 같다)
- H_1: $\mu_{남자} > \mu_{여자}$ (남자의 수면 시간이 여자보다 길다) [단측검정]

6.2.2 대응 표본에 대한 t검정

예를 들어, 초등학교 입학생을 대상으로 좌측과 우측의 시력에 차이가 있는지를 비교하거나 운동 전과 운동 후의 혈압에 차이가 있는지를 비교할 때 한 사람에 대해 두 개의 데이터가 짝을 이루게 되며, 두 개의 데이터는 동일한 사람에 의하여 만들어진 것이기에 서로 독립적이지 않습니다. 이러한 데이터를 대응 표본(matched sample 또는 paired sample)이라 합니다.

대응 표본은 약의 효과나 교육의 효과를 비교하는 경우, 투약 전후의 효과와 교육 전후의 효과에 대해 쌍을 이룬 표본의 평균 차이를 검정합니다. 대응 표본에 대해서 평균 차이에

대한 가설은 관찰값의 차이인 $d = X_1 - X_2$ 를 다룹니다. 따라서 가설(양측검정)은 다음과 같습니다.

• H_0: $\mu_d = 0$ • H_1: $\mu_d \neq 0$	$\mu_d = \mu_1 - \mu_2$	[양측검정]

이때 검정통계량[2)] $t = \dfrac{\overline{d} - \mu_d}{S_d / \sqrt{n}}$ 는 t-분포를 따르며, $\overline{d}$ 와 S_d 는 다음과 같습니다.

$$\overline{d} = \frac{1}{n}\sum d_i = \frac{1}{n}\sum (X_1 - X_2),\ S_d = \sqrt{\frac{\sum (d_i - \overline{d})^2}{(n-1)}}$$

쌍을 이루는 관찰값 차이의 평균인 $\overline{d}$ 는 두 집단에 대해 표본의 개수 n개에 대한 평균값이고 S_d 는 n개의 d_i 에 대한 표준편차입니다.

파이썬에서 대응 표본에 대한 t검정은 함수 ttest_rel()을 사용하며, 함수 인자는 다음과 같습니다.

함수 ttest_rel()	함수 인자
scipy.stats.ttest_rel(a, b, alternative)	• a, b: 배열 데이터 • alternative='two-sided' ='less'(one-sided) ='greater'(one-sided)

H_1 가설(대립가설)에서 첫 번째 데이터(a)의 평균이 두 번째 데이터(b)의 평균보다 클 경우에 alternative='greater'를 선택합니다.

예제 6-5 대응 표본에 대한 t검정

A 피트니스 센터에서 개발한 운동 효과로 하루 30분씩 5일 만에 허리둘레를 현저하게 줄일 수 있다고 하여 20대 여성(6명)과 남성(7명)이 시험적으로 참여한 결과(피트니스_결과.xlsx)는 다음과 같다고 합니다. 성별 1은 여성, 2는 남성, before는 시험 참여 전, after는 참여 후의 결과로 단위는 인치(inch)입니다. 참여 전보다 참여 후에 허리둘레가 줄어들었는지에 대해 가설을 세우고 유의수준 5% 하에서 검정하시오.

2) 수집한 데이터가 우리가 기대하는 것으로부터 H_0 가설이 참일때 얼마나 멀리 벗어나는가를 측정. p값을 계산하기 위하여 사용한다.

sex	before	after
1	33	31
1	36	35
1	32	29
1	34	33
1	40	39
1	42	41
2	51	50
2	46	45
2	58	58
2	60	58
2	35	33
2	33	32
2	38	37

| 풀이 |

운동 참여 후에 허리둘레가 줄어들었는지에 대해 가설을 검정하는 것이므로 H_1 가설은 (참여 전의 허리둘레) > (참여 후의 허리둘레) 관계로 나타내고, 이는 (참여 전의 허리둘레) − (참여 후의 허리둘레) > 0인 관계로서 가설은 다음과 같습니다.

•H_0: $\mu_d = 0$ •H_1: $\mu_d > 0$	$\mu_d = \mu_{참여전} - \mu_{참여후}$	[단측검정]

대응 표본에 대한 t검정(예제6-5.py)

```
import numpy as np
import pandas as pd
from scipy import stats

data = pd.read_excel("..\데이터\피트니스_결과.xlsx")
print(data.describe(), '\n')
```

[결과 1] 참고

```
from matplotlib import pyplot as plt
# 수평의 상자 도형(False의 F는 대문자로)
data.boxplot(column=["before", "after"], vert=False)
```

```
plt.show()
```

[결과 2] 참고

```
result=stats.ttest_rel(data.before, data.after, alternative='greater')
print(result)
```

[결과 3] 참고

| 결과 1 |

```
             sex     before      after
count  13.000000  13.000000  13.000000
mean    1.538462  41.384615  40.076923
std     0.518875   9.587652   9.886536
min     1.000000  32.000000  29.000000
25%     1.000000  34.000000  33.000000
50%     2.000000  38.000000  37.000000
75%     2.000000  46.000000  45.000000
max     2.000000  60.000000  58.000000
```

| 결과 2 |

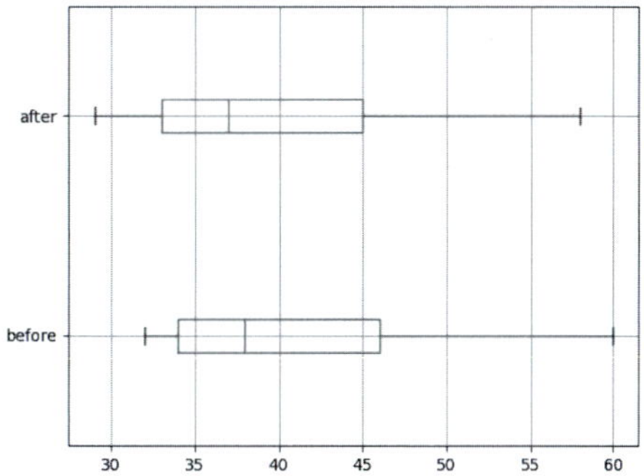

| 결과 3 |

```
Ttest_relResult(statistic=6.27766603994597, pvalue=2.0408468189827468e-05)
```

| 결과 설명 |

[결과 1]에서 성별 사례수는 13이고 평균 참여 전 평균은 41.38, 참여 후 평균은 40.07, 표준편차 참여 전 9.59, 참여 후 9.89, 최솟값 참여 전 32, 참여 후 29로 나타났고 나머지는 최솟값, 최댓값 그리고 사분위수를 나타냅니다.

[결과 2]는 [결과 1]에 대해 참여 전과 참여 후의 상자 도형(참고 3.1.5 상자 도형)을 나타냅니다. 사분위수 편차는 크게 변화가 없지만, 참여 후에 중앙값이 약간 작아진 것을 확인할 수 있습니다.

[결과 3]은 가설(단측검정)에 대해 p값(2.04e−05=2.04/100,000)이 유의수준(0.05)보다 작으므로 H_0 가설(귀무가설)을 기각하고 피트니스 운동 참여 후에 허리둘레가 줄어들었다는 충분한 근거를 제시한다는 결론을 내립니다.

• H_0: $\mu_d = 0$ • H_1: $\mu_d > 0$	$\mu_d = \mu_{참여전} - \mu_{참여후}$	[단측검정]

단원 정리 6.2

■ 두 개의 모집단에 대한 추론

두 개의 모집단에 대해서 모집단 평균에 대한 추론은 데이터(표본)가 어떻게 수집되었느냐에 따라 다음과 같이 구분하며, 분석 방법이 달라진다.

구분	독립인 두 표본(two sample)	대응 표본(paired sample)
표본추출	서로 독립적인 모집단으로부터 추출된 표본	독립적인 모집단이 아닌 짝을 이루는 표본

■ 독립인 두 표본에 대해 두 모집단 평균 차이에 대한 추론 절차

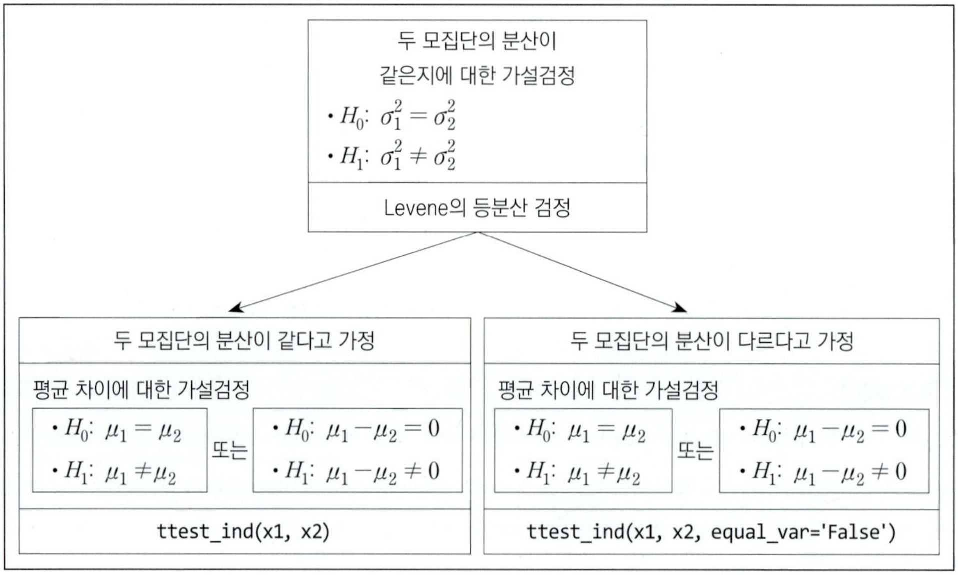

파이썬에서 독립인 두 표본에 대한 t검정에 사용하는 함수 ttest_ind()의 사용법은 다음과 같으며, t값과 p값을 계산한다.

함수 ttest_ind()	함수 인자
`scipy.stats.ttest_ind(a, b, equal_var, alternative)`	• a, b: 배열 데이터 • equal_var='False' 분산이 같지 않을 경우 • alternative='two-sided' ='less'(one-sided) ='greater'(one-sided)

■ 대응 표본에 대해 두 집단의 평균 차이에 대한 추론

대응 표본은 서로 짝을 이루는 데이터로 구성된 표본을 말한다.

•H_0: $\mu_d = 0$ •H_1: $\mu_d \neq 0$	$\mu_d = \mu_1 - \mu_2$	[양측검정]

이때 검정통계량 $t = \dfrac{\overline{d} - \mu_d}{S_d / \sqrt{n}}$ 는 t-분포를 따르며, $\overline{d}$ 와 S_d 는 다음과 같다.

$$\overline{d} = \frac{1}{n}\sum d_i = \frac{1}{n}\sum (X_1 - X_2),\ S_d = \sqrt{\frac{\sum (d_i - \overline{d})^2}{(n-1)}}$$

파이썬에서 대응 표본에 대한 t검정은 함수 ttest_rel()을 사용하며, 함수 인자는 다음과 같고 t값과 p값을 계산한다.

함수 ttest_rel()	함수 인자
`scipy.stats.ttest_rel(a, b, alternative)`	• a, b: 배열 데이터 • alternative='two-sided' ='less'(one-sided) ='greater'(one-sided)

[단측검정의 경우]

검정	p값>유의수준(α)	p값≤유의수준(α)
결론	H_0 가설(귀무가설)을 기각하지 않음	H_0 가설(귀무가설)을 기각함
해석	H_0 가설을 사실로 유지	H_1 가설을 새로운 사실로 채택

[양측검정의 경우]

검정	(p값×2)>유의수준(α)	(p값×2)≤유의수준(α)
결론	H_0 가설(귀무가설)을 기각하지 않음	H_0 가설(귀무가설)을 기각함
해석	H_0 가설을 사실로 유지	H_1 가설을 새로운 사실로 채택

검정을 하기 전에 표본이 가지고 있는 특성을 알아보기 위해 기술통계량(〈예제 3-10〉 참고)을 출력하고 표본의 전체적인 윤곽, 즉 분포 모양을 확인하기 위해 히스토그램(〈예제 3-1〉 참고), 막대그래프(〈예제 3-2〉 참고), 상자 도형(〈예제 3-5〉 참고)을 활용한다.

연습문제 6.2

1. 50명이 수강한 파이썬 프로그래밍의 중간시험 성적이 기대보다 낮았다고 평가한 A 교수는 중간시험 이후에 방과 후 보충수업을 실시하였다. 기말시험 성적이 중간시험보다 나아졌는지에 대해 가설을 세우고 유의수준 5% 하에서 검정하시오(파이썬 프로그래밍 성적.xlsx).

2. 전화기용 보조배터리를 생산하는 A 전기는 한국과 중국 두 곳에 생산 공장을 운영하고 있다. 최근 중국에 전력 공급이 원활하지 않아 생산된 제품의 질이 낮아졌을 것으로 생각되어 두 곳에서 생산한 제품 표본에 대해 충전 후 지속 시간을 비교하고자 한다. 한국 공장에서는 85개를, 중국 공장에서는 100개의 제품을 조사(배터리 지속시간.xlsx)하였고 두 공장 제품의 지속 시간에 차이가 있는지에 대해 가설을 세우고 유의수준 5% 하에서 검정하시오.

3. 대전과 광주 두 곳에 콜센터를 운영하는 A 커뮤니케이션은 최근 광주 공장의 상담원들이 대전보다 낮은 급여를 받고 있다는 민원을 다수 접수하였다. 이에 급여 담당자는 지역에 대한 급여 차별은 없으며, 단지 근무시간에 따라 차등 지급을 하고 있다고 발표하였고, 노동조합은 두 지역 상담원 100명을 임의로 선택하여 주당 근로시간을 조사(주당 근로시간.xlsx)하였다. 두 지역 상담원의 주당 근로시간에 차이가 있는지에 대해 가설을 세우고 유의수준 5% 하에서 검정하시오.

4. K 푸드는 사내 자전거 동호회의 신입회원 25명을 대상으로 동호회 가입 전과 동호회 가입 한 달 후의 체중을 비교(체중비교.xlsx)하였다. 가입 후의 체중이 가입 전보다 낮아진 것인지에 대해 가설을 세우고 유의수준 5% 하에서 검정하시오.

5. S 전자는 최근 사내에 설치한 휴게실의 만족도(100점 만점)를 성별로 조사(휴게실 만족도.xlsx)하였다. 성별에 따라 만족도 점수에 차이가 있는지에 대해 가설을 세우고 유의수준 1% 하에서 검정하시오.

6.3 세 개 이상의 모집단 평균을 비교하는 분산분석

고등학교에서 학년별(1학년, 2학년, 3학년)로 스마트폰의 이용 시간에 차이가 있는지를 알아본다고 가정합니다. 이를 분석하기 위해서 6.2절에서 설명한 두 개의 모집단 평균을 비교하는 경우를 응용한다면 우선 1학년과 2학년 간에 평균 차이가 있는지, 다음으로는 2학년과 3학년 간에 평균 차이가 있는지, 마지막으로 1학년과 3학년 간에 평균 차이가 있는지를 알아보아야 합니다. 따라서 가설은 다음과 같이 생각할 수 있습니다.

■ 두 개씩 묶은 평균 차이에 대한 가설

세 개의 모집단 평균 $\mu_{1학년}$, $\mu_{2학년}$, $\mu_{3학년}$ 을 비교		
H_0: $\mu_{1학년} = \mu_{2학년}$ H_1: $\mu_{1학년} \neq \mu_{2학년}$	H_0: $\mu_{2학년} = \mu_{3학년}$ H_1: $\mu_{2학년} \neq \mu_{3학년}$	H_0: $\mu_{1학년} = \mu_{3학년}$ H_1: $\mu_{1학년} \neq \mu_{3학년}$

세 개의 모집단 평균의 차이를 비교하기 위해서 두 개씩의 평균을 묶어서 처리한다면 총 3번(${}_3C_2$)의 가설검정이 필요합니다. 더욱이 다섯 개의 모집단 평균을 비교한다면 총 10번(${}_5C_2$)의 가설검정이 이루어져야 하는데, 이와 같은 방법으로 두 개씩의 평균을 분리한 상태에서 가설검정을 했을 때는 종합적인 판단을 내리기 어렵고, 다섯 개의 평균 차이를 동시에 비교하는 검정이 아니므로 동일한 유의수준을 유지할 수 없습니다.

세 개 이상의 모집단에 대한 평균을 동시에 비교할 때 사용하는 통계적 분석 방법을 분산분석(ANOVA: Analysis Of Variance)이라 합니다. 세 개의 모집단에 대한 평균을 동시에 비교한다면 분산분석의 가설은 다음과 같습니다.

- H_0: $\mu_1 = \mu_2 = \mu_3$
- H_1: 적어도 한 개의 평균은 나머지와 다르다. 또는 적어도 두 개의 평균 간에 차이가 있다.

분산분석은 농작물의 생산과 관련된 실험(수확량의 증가, 비료의 효과 등)에서 시작된 실험계획법(experimental design)에 주로 사용하였으며, 실험계획법은 품질관리나 시장조사에 활용되고 있습니다. 분산분석은 말 그대로 분산을 이용하는데 이에 대한 기본적인 개념은 다음 절에서 설명합니다.

6.3.1 분산분석의 기본 개념

예를 들어, 어떤 비료를 사용하는 것이 사과의 수확량 증가에 효과가 있는지를 비교하는 실험을 한다고 가정합니다. 실험에 사용할 사과나무는 동일한 품종의 5년생 15그루이고 비료는 A, B, C의 세 가지에 대해 5그루씩 무작위로 할당하여 나무당 수확량(X)을 측정한 결과는 [표 6-1]과 같다고 합니다. 이때 수확량에 영향을 줄 비료를 요인(factor)이라 하고 요인을 몇 개의 단위로 구분한 것을 처리(treatment) 또는 수준(level)이라 합니다. 이 예에서 요인은 1개(비료)이고 수준은 3(A, B, C)입니다. 이처럼 요인이 한 개인 분산분석을 일원 분산분석(oneway ANOVA)이라 합니다.

[표 6-1] 비료 종류와 사과 수확량

비료 / 표본	요인		
	비료 A	비료 B	비료 C
나무 1	$X_{11} = 25$	$X_{21} = 34$	$X_{31} = 29$
나무 2	$X_{12} = 29$	$X_{22} = 36$	$X_{32} = 31$
나무 3	$X_{13} = 27$	$X_{23} = 38$	$X_{33} = 27$
나무 4	$X_{14} = 23$	$X_{24} = 32$	$X_{34} = 26$
나무 5	$X_{15} = 22$	$X_{25} = 35$	$X_{35} = 25$
평균	$\overline{X_1} = 25$	$\overline{X_2} = 35$	$\overline{X_3} = 27$
전체 평균	$\overline{X} = 29$		

분산분석은 분산을 분석하는 것으로서 분석에 사용할 분산은 다음과 같습니다.

[표본평균 간의 분산]

집단 간 표본평균 $(\overline{X_i})$ 과 전체 평균 $\overline{X}$ 와의 분산

비료 / 표본	요인(집단 간)		
	비료 A	비료 B	비료 C
나무 1	X_{11}	X_{21}	X_{31}
나무 2	X_{12}	X_{22}	X_{32}
나무 3	X_{13}	X_{23}	X_{33}
나무 4	X_{14}	X_{24}	X_{34}
나무 5	X_{15}	X_{25}	X_{35}
집단 평균	$\overline{X_1}$	$\overline{X_2}$	$\overline{X_3}$
전체 평균		$\overline{X}$	

[표본 내에서의 분산]

각 집단 내에서 X_{ij} 와 집단 간 표본평균 $(\overline{X_i})$ 과의 분산

비료 / 표본	요인(집단 내)		
	비료 A	비료 B	비료 C
나무 1	X_{11}	X_{21}	X_{31}
나무 2	X_{12}	X_{22}	X_{32}
나무 3	X_{13}	X_{23}	X_{33}
나무 4	X_{14}	X_{24}	X_{34}
나무 5	X_{15}	X_{25}	X_{35}
평균	$\overline{X_1}$	$\overline{X_2}$	$\overline{X_3}$

위의 분산에 대한 관계를 수식으로 표현하면 다음과 같습니다. 다음의 식에서 첨자 i는 처리(수준, 1~3)를, 첨자 j는 수준별 관찰(표본, 1~5)값을 나타냅니다.

분산	=	표본평균 간의 분산	+	표본 내(처리 내)에서의 분산
편차 $(X_{ij}-\overline{X})$	=	집단 간 편차 $(\overline{X_i}-\overline{X})$	+	집단 내 편차 $(X_{ij}-\overline{X_i})$
$\sum_{j}^{5}\sum_{i}^{3}(X_{ij}-\overline{X})^2$	=	$\sum_{i}^{3}(\overline{X_i}-\overline{X})^2$	+	$\sum_{j}^{5}\sum_{i}^{3}(X_{ij}-\overline{X_i})^2$
전체 변동	=	설명이 가능한 변동	+	설명이 불가능한 변동(오차 변동)

[그림 6-2] 변동의 분해

위 식에서 두 번째 줄에 표시한 편차는 사과나무 각각에 대한 수확량 X_{ij} 와 전체 평균 $\overline{X}$ 와의 차이를 나타내며, 이를 편차라 합니다. 이 편차의 등식은 다음과 같습니다.

$$(X_{ij} - \overline{X}) = (\overline{X_i} - \overline{X}) \ + \ (X_{ij} - \overline{X_i})$$

편차 = 집단 간 편차 + 집단 내 편차

[그림 6-2]에서 표본 내에서의 분산은 집단 내 편차인 $(X_{ij} - \overline{X_i})$의 제곱합인 $\sum_j^5 \sum_i^3 (X_{ij} - \overline{X_i})^2$ 으로 나타내는데 이를 오차 변동이라 합니다. 오차 변동은 설명할 수 없는 변동을 나타냅니다.

[참고 3] 설명이 불가능한 변동인 오차 변동이란?

동일한 품종의 사과나무를 6그루 심었다고 합시다. [사례 1]은 어느 특정한 두 개의 나무에만 계속 비료를 준 경우이고, [사례 2]는 6그루 모두 비료를 주지 않고 동일한 조건에서 키운 경우입니다.

시간이 지난 후에 나무에서 열린 사과의 개수는 각각 다를 것인데, [사례 1]과 같이 비료를 준 특정한 나무의 사과 개수가 비료를 주지 않은 나무의 사과 개수보다 늘어났다면 이러한 차이는 비료의 효과에서 오는 차이로 설명할 수 있으며, 이러한 변동의 크기는 설명이 가능한 변동입니다.

그러나 [사례 2]와 같이 동일한 조건에서 키우더라도 각 나무에 열릴 사과의 개수는 다를 것인데, 이러한 차이는 원인을 알 수 없기에 설명할 수 없으며, 이러한 변동의 크기를 오차 변동 즉, 설명할 수 없는(설명이 불가능한, 우연에 의한) 변동이라 합니다.

<table>
<tr><th>[사례 1] 두 개의 나무에만 계속 비료를 준 경우</th><th>[사례 2] 모두 비료를 주지 않고 동일한 조건 하에 키운 경우</th></tr>
<tr><td>
</td><td>
</td></tr>
<tr><td>사과 개수의 차이는 설명할 수 있는 변동
(우연에 의한 변동으로 볼 수 없음)</td><td>사과 개수의 차이는 설명할 수 없는 변동
(우연에 의한 변동)</td></tr>
</table>

표본평균 간 분산은 집단 간 편차인 $(\overline{X_i} - \overline{X})$의 제곱합인 $\sum_i^3 (\overline{X_i} - \overline{X})^2$ 으로 나타냅니

다. 만약 비료(i)에 따라 수확량에 차이가 있다면 $\sum_{i}^{3}(\overline{X_i}-\overline{X})^2$ 은 커질 것이고, 비료(i)에 따라 수확량에 차이가 없다면 $\sum_{i}^{3}(\overline{X_i}-\overline{X})^2$ 은 작아질 것입니다.

위의 제곱합은 자유도로 나누어 주어야 분산이 되겠지만, 쉽게 설명하자면 분산분석은 두 분산의 비율인 $F=\frac{\text{표본평균 간 분산}}{\text{표본평균 내 분산}}=\frac{\text{집단 간 변동}}{\text{집단 내 변동}}$ 의 크기로서 가설을 검정합니다. 이 비율은 $\frac{\text{설명 가능한 변동}}{\text{설명할 수 없는 변동}}$ 을 의미하기도 합니다. 이 비율 F가 큰 값을 가진다는 것은 [그림 6-3]의 왼쪽과 같이 (설명 가능한 변동 > 설명할 수 없는 변동)이고, 이는 비료에 따라 수확량에 차이가 있음을 의미합니다. 반대로 이 비율 F가 작다는 것은 (설명 가능한 변동 < 설명할 수 없는 변동)이고, 이는 비료에 따른 수확량에 차이가 없음을, 즉 비료의 효과가 없음을 의미합니다.

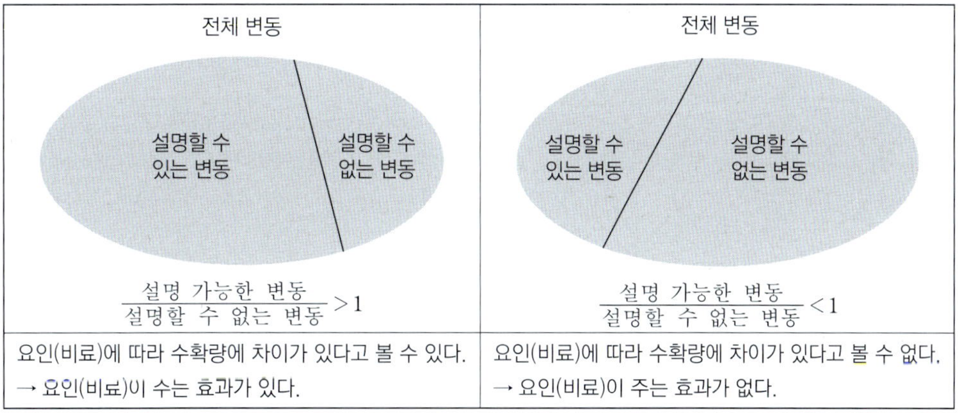

[그림 6-3] 설명할 수 있는 변동과 설명할 수 없는 변동의 비율

[참고 4] 분산분석의 가정

분산분석을 하기 위해서는 다음과 같은 가정이 충족되어야 합니다.
각 처리에서의 표본은 독립적으로 추출되었다.
각 처리는 평균 $\mu_i(i=1,\ 2,\ 3,\ \cdots,\ t)$와 동일한 분산 σ^2 을 갖는 정규분포를 따른다.

[참고 5] 분산분석에서의 F검정과 분산분석 표

앞에서 설명하였듯이 분산분석은 분산의 비율(F값)로서 검정을 하며, 이를 F검정이라 합니다. 따라서 F값을 계산하기 위해 각 변동(분산)을 다음의 표와 같이 정리해야 하는데 이를 분산분석표(ANOVA table)라 합니다.

[분석분석표]

분산	제곱합 (Sum of Squares)	자유도 (df)	평균제곱 (Mean squares)	F값
집단 간 변동 (처리 또는 수준)	$SST=\sum_i (\overline{X_i}-\overline{X})^2$	$r-1$ (r: 수준)	$MST=\dfrac{SST}{r-1}$	$\dfrac{MST}{MSE}$
집단 내 변동 (오차변동)	$SST=\sum_j\sum_i (X_{ij}-\overline{X_i})^2$	$n-r$	$MSE=\dfrac{SSE}{n-r}$	
전체 변동	$TSS=\sum_j\sum_i (X_{ij}-\overline{X})^2$	$n-1$ (n: 표본 수)		

[분산분석표]에서 F값은 두 개의 변동(집단 간, 집단 내)에 대해 각각의 자유도로 나눈 값의 비율을 나타냅니다. [분산분석표]에서 집단(처리) 간 변동은 SST(Sum of Squares between Treatment)라 하며, 식에서 C는 수준별 관찰(또는 표본) 수를 나타냅니다. 이 변동은 집단 간(수준별) 평균이 전체 평균으로부터 떨어져 있는 정도를 나타내며, 전체 변동 중에서 설명이 가능한 변동의 크기입니다.

집단 내 변동은 SSE(Sum of Squares for Error)라 하며, 집단 내에서 관찰값이 집단 평균으로부터 떨어진 정도를 나타내며, 전체 변동 중에서 설명할 수 없는(설명 불가능한) 변동의 크기입니다. 전체 변동은 TSS(Total Sum of Squares)로 표현합니다.

■ 분산분석의 종류

분산분석은 실험계획법에서 주로 사용하는 분석이며, 사용한 요인의 수와 반복에 따라 다음과 같이 구분합니다.

요인의 수	분산분석	실험계획법	예제
1	일원 분산분석	완전임의설계법(completely randomized design)	〈예제 6-6〉
2	반복이 없는 이원 분산분석	임의화블록설계법(randomized block design)	〈예제 6-7〉
	반복이 있는 이원 분산분석	인자가 2개인 요인설계법(factor design)	〈예제 6-8〉

6.3.2 일원 분산분석

요인이 한 개인 분산분석을 일원 분산분석(oneway ANOVA)라 하고 [표 6-2]의 데이터를 사용하기로 합니다.

예제 6-6 **일원 분산분석**

실험에 사용할 사과나무는 동일한 품종의 5년생 15그루이고 비료는 A, B, C의 세 가지에 대해 5그루씩 무작위로 할당하여 나무당 수확량을 측정한 결과는 [표 6-2]와 같다고 합니다. 비료에 따라 수확량에 차이가 있는지에 대해 가설을 세우고 유의수준 5% 하에서 검정하시오.

[표 6-2] 비료 종류와 사과 수확량

비료 A	비료 B	비료 C
25	34	29
29	36	31
27	38	27
23	32	26
22	35	25
25	35	27

| 풀이 |

가설은 다음과 같습니다.

- H_0: $\mu_{비료\ A} = \mu_{비료\ B} = \mu_{비료\ C}$ (세 가지 비료에 대한 생산량의 평균은 차이가 없다)
- H_1: 적어도 한 개의 평균은 나머지와 다르다. 또는 적어도 두 개의 평균 간에 차이가 있다.

파이썬에서 일원 분산분석은 두 가지 방법을 이용할 수 있습니다. 함수 f_oneway()는 함수 인자로 리스트를 이용할 때 사용하고, 일반적으로는 함수 anova_lm()을 사용합니다. 우선 사용법이 간단한 f_oneway()에 대해서 설명하고 함수 anova_lm()은 이원분산분석에서 설명합니다.

함수 f_oneway()	함수 인자
scipy.stats.f_oneway(sample1, …, sampleN)	• sample1, ⋯, sampleN: 일원 분산분석에 사용할 n개의 표본 리스트

일원 분산분석(예제6-6.py)

```
import pandas as pd
import numpy as np
import matplotlib.pyplot as plt
from scipy.stats import f_oneway

# enter data for three groups
a = [25, 29, 27, 23, 22, 25]
b = [34, 36, 38, 32, 35, 35]
c = [29, 31, 27, 26, 25, 27]

print('a mean=', np.mean(a), 'a std=', np.std(a))
print('b mean=', np.mean(b), 'b std=', np.std(b))
print('c mean=', np.mean(c), 'c std=', np.std(c),'\n')
```

```
a mean= 25.166666666666668 a std= 2.3392781412697
b mean= 35.0 b std= 1.8257418583505538
c mean= 27.5 c std= 1.9790570145063195
```

```
plot_data = [a, b, c]
ax = plt.boxplot(plot_data, vert=True, meanline=True)
ax = plt.xticks([1, 2, 3], ['A', 'B', 'C'])
plt.show()
```

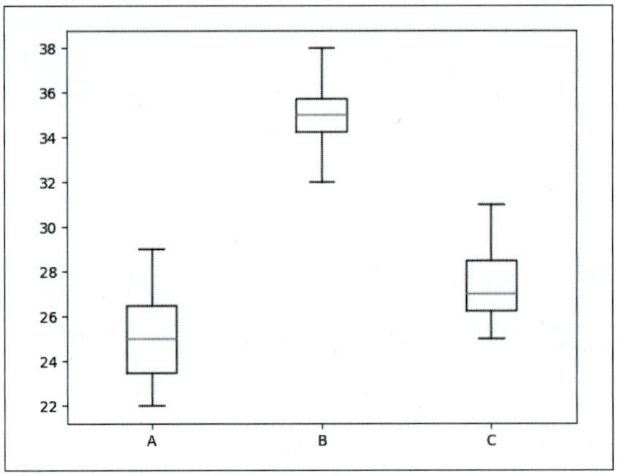


```
# one-way ANOVA
print(f_oneway(a, b, c), '\n')
```

```
F_onewayResult(statistic=31.12445414847162, pvalue=4.586610000570152e-06)
```

| 결과 설명 |

앞부분에 평균과 표준편차를 출력하고 상자 도형에서 상자 가운데 라인은 기본적으로 중앙값으로 표시하지만, 여기에서는 평균(meanline=True)으로 나타냈고 수직 방향(vert=True)으로 표시했으며, x축의 눈금(기본 1, 2, 3)을 A, B, C로 변경하였습니다. 상자 도형이 화면에 나타나고 이어서 상자 도형을 닫아야만 다음 결과가 나타납니다.

분산분석의 검정 결과 p값(4.586e−06=4.586/1,000,000)이 유의수준(0.05)보다 작으므로 H_0 가설(귀무가설)을 기각하고 세 가지 비료의 평균 중에서 적어도 한 개 비료의 평균은 나머지와 다르다는 결론을 내립니다.

여기에서 '적어도 한 비료의 평균은 나머지 비료의 평균과 다르다'는 것은 '세 개 모두의 평균 간에 차이가 있다'는 것을 포함하므로 다음과 같이 4개의 사례로 나타낼 수 있습니다.

[적어도 한 개의 평균은 나머지와 다르다는 의미]

두 개의 평균 간에 차이가 있다			세 개 모두의 평균 간에 차이가 있다
[사례 1] $\mu_{비료\ A} = \mu_{비료\ B}$	[사례 2] $\mu_{비료\ B} \neq \mu_{비료\ C}$	[사례 3] $\mu_{비료\ A} \neq \mu_{비료\ C}$	[사례 4] $\mu_{비료\ A} \neq \mu_{비료\ B} \neq \mu_{비료\ C}$

그런데 분산분석의 결과만으로는 [사례 1]부터 [사례 4] 중에서 어디에 해당하는 것인지는 알 수 없습니다. 분산분석 결과에 따라 H_0 가설(귀무가설)을 기각할 수 없다면 '세 개 모두의 비료 간에는 평균 생산량에 차이가 없다'는 결론을 내리지만, 〈예제 6-6〉의 결과와 같이 H_0 가설(귀무가설)을 기각하였을 때 위의 어느 사례에 해당하는 것인지를 밝혀내기 위해서 사후 검정을 해야 하며, 동시 신뢰구간을 이용한 다중비교(multiple comparison)를 이용합니다.

파이썬에서 여러 가지의 다중비교 방법을 이용할 수 있지만, 여기에서는 Tukey의 방법(Tukey's Honestly Significant Difference)을 이용하며, 사용법은 다음과 같습니다.

함수 pairwise_tukeyhsd()	함수 인자
`statsmodels.stats.multicomp.pairwise_tukeyhsd( … )`	• endog: 배열(ndarray) • groups: 그룹

앞서 〈예제 6-6〉의 프로그램에서 생산량은 리스트(list)에 저장하여 사용하였지만, Tukey의 HSD를 이용하기 위해서 pandas의 DataFrame(참고 2.1.4 데이터 구조의 변

환)을 이용한 배열로 변환해야 하는데 이때 데이터의 구조를 다음의 [유형 1]에서 [유형 2]로 변환해야 합니다.

<table>
<tr><th>[유형 1]</th><th>[유형 2]</th></tr>
<tr><td>
<table>
<tr><td>A</td><td>25</td><td>29</td></tr>
<tr><td>B</td><td>34</td><td>36</td></tr>
</table>
</td><td>
<table>
<tr><td>25</td><td>A</td></tr>
<tr><td>29</td><td>A</td></tr>
<tr><td>34</td><td>B</td></tr>
<tr><td>36</td><td>B</td></tr>
</table>
</td></tr>
</table>

프로그램으로 작성하면 다음과 같습니다. 다음의 내용에 앞서 〈예제 6-6〉 프로그램의 마지막 부분에 추가하여 실행하며, 결과는 다음과 같습니다.

▌추가.py

```
# DataFrame으로 배열로 변환
df = pd.DataFrame({'product': a+b+c, 'group':np.repeat(['a', 'b', 'c'], repeats=6)})

# Tukey's HSD test
from statsmodels.stats.multicomp import pairwise_tukeyhsd
tukey = pairwise_tukeyhsd(endog=df['product'], groups=df['group'], alpha=0.05)

print(tukey)
```

```
Multiple Comparison of Means - Tukey HSD, FWER=0.05
==================================================================
group1  group2  meandiff  p-adj     lower    upperv   reject
------------------------------------------------------------------
   a      b       9.8333  0.001     6.4517   13.215    True
   a      c       2.3333  0.2058   -1.0483    5.715   False
   b      c         -7.5  0.001   -10.8817  -4.1183    True
------------------------------------------------------------------
```

위의 결과를 요약하면 다음과 같습니다.

유의수준 5% 하에서 유의한 차이가 있는 평균	결론
$\mu_{비료\ A} \neq \mu_{비료\ B}$	$\mu_{비료\ A} < \mu_{비료\ B}$ (비료 B의 평균 생산량이 비료 A보다 많다)
$\mu_{비료\ C} \neq \mu_{비료\ B}$	$\mu_{비료\ C} < \mu_{비료\ B}$ (비료 B의 평균 생산량이 비료 C보다 많다)

6.3.3 반복이 없는 이원 분산분석

일원 분산분석은 한 개의 요인에 대해 3개 이상의 평균을 비교할 때 사용하고 이원 분산분석은 두 개의 요인이 있는 경우입니다. 사과의 수확량을 나타낸 [표 6-2]에 대해서 수확량은 비료 외에도 품종, 온도, 일조량, 습도(수분) 등의 여러 요인에 의해 영향을 받을 수 있습니다. 이때 수확량이 비료(요인 1)와 품종(요인 2) 두 개의 요인에 의해 차이가 날 것이라고 보고 분석을 하는 경우를 이원 분산분석이라 합니다.

예제 6-7 반복이 없는 이원 분산분석

동일한 배기량의 자동차 연비(1L당 주행 거리(km))를 비교하기 위해 세 개의 자동차 회사에서 출시한 차종 A, B, C에 대해서 조사한 결과는 [표 6-3]과 같습니다. 차종마다 또는 도로 상태에 따라 연비에 차이가 있는지 가설을 세우고 유의수준 5% 하에서 검정하시오.

[표 6-3] 자동차의 연비(단위: km)

조사 횟수 \ 차종	차종 A	차종 B	차종 C
1	13.5	11.5	10.1
2	13.1	9.4	9.2
3	12.8	7.9	8.2

[표 6-4] 자동차의 연비(단위: km)

도로 상태 \ 차종	차종 A	차종 B	차종 C
고속도로	13.5	11.5	10.1
시내	13.1	9.4	9.2
비포장도로	12.8	7.9	8.2

| 풀이 |

[표 6-3]의 조사 결과에 대해 분산분석을 실시한다면 이는 요인이 한 개(차종)인 일원 분산분석으로 처리합니다. 그러나 자동차의 연비는 주행한 도로의 상태나 운전자에 따라서도 영향을 받을 수 있습니다. 그러므로 [표 6-3]과 같이 조사하기보다는 [표 6-4]와 같이 도로의 상태를 구분하여 조사하였다면, 이는 요인이 두 개(차종, 도로 상태)인 이원 분산분석으로 처리하며, 반복이 없는 경우입니다. 이를 임의화블록설계법(randomized block design)이라고도 합니다.

이 방법은 처리 이전에 실험 단위들을 유사한 것들로 블록화(block)함으로써 블록과 관련된 변동을 오차 변동에서 분리하는 것인데 이렇게 함으로써 오차 변동은 작아지고 결국 분산분석 결과(모집단 평균 간의 차이)에 대한 정도가 높아집니다. 이원 분산분석에서 변동은 다음과 같이 구분합니다.

[이원 분산분석에서 오차 변동의 차이]

구분	전체 변동(TSS)
일원 분산분석	집단 간 변동(SST) + 오차 변동(SSE)
반복이 없는 이원 분산분석	집단 간 변동(SST) + 블록 간 변동(SSB) + 오차 변동(SSE)

따라서 반복이 없는 이원 분산분석의 경우 가설은 다음과 같이 블록에 따른 가설([가설 2])을 추가합니다.

[표 6-5] 반복이 없는 이원 분산분석의 가설

구분	[가설 1]	[가설 2]
요인	차종(처리)에 따른 연비 차이	도로 상태(블록 간)에 따른 연비 차이
내용	• H_0: $\mu_{차종\ A} = \mu_{차종\ B} = \mu_{차종\ C}$ • H_1: 적어도 한 개의 평균은 나머지와 다르다.	• H_0: $\mu_{고속도로} = \mu_{시내} = \mu_{비포장}$ • H_1: 적어도 한 개의 평균은 나머지와 다르다.

블록에 대한 가설이 추가되므로 분산분석표에도 블록에 대한 F값을 다음과 같이 계산해야 하며, 가설이 두 개이므로 p값도 두 개(집단과 블록)가 필요합니다.

[반복이 없는 이원 분산분석표]

분산	제곱합	자유도(df)	평균제곱(Mean squares)	F값
집단 간(요인 1: 차종)	SST	$r-1$ (r: 수준)	$MST=\dfrac{SST}{r-1}$	$\dfrac{MST}{MSE}$
블록 간(요인 2: 블록)	SSB	$b-1$ (b: 블록)	$MSB=\dfrac{SSB}{b-1}$	$\dfrac{MSB}{MSE}$
오차	SSE	$(r-1)\times(b-1)$	$MSE=\dfrac{SSE}{(r-1)(b-1)}$	
전체	TSS	$r\times b-1$		

이원 분산분석에 사용할 데이터는 [표 6-3]의 데이터를 기본으로 다음과 같이 엑셀 파일에 저장하여 사용합니다. 파이썬에서 분산분석은 함수 anova_lm()을 사용합니다. 이 함수의 인자는 함수 ols에 의해 적합된 모형(model)이 있어야 하며, 사용법은 다음과 같습니다.

함수 anova_lm()	함수 인자
`statsmodels.stats.anova.anovalm(model)`	model: 함수 ols의 결과(적합된 모델)

함수 ols()	함수 인자
`model=statsmodels.formula.api.ols(formula, data).fit()`	• formula: 분산분석에 사용할 model (문자열로 표시) • data=데이터 이름

OLS(Ordinary Least Squares)는 선형 모형의 계수들을 추정하는 방법이고 선형 모형은 종속변수와 독립변수의 선형 관계를 나타내는 공식으로 볼 수 있습니다. 현재 고려하고 있는 반복이 없는 이원 분산분석의 경우 종속변수(영향을 받는 변수)는 연비이고 독립변수(영향을 주는 변수)는 차종과 도로 상태라고 볼 수 있습니다. 위의 인자 중 formula 부분에서 모형의 식을 문자열로 나타내는데 형식은 다음과 같고 독립변수 앞에는 C를 붙여줘야 합니다. 더 자세한 것은 6.4.2 회귀분석에서 설명하겠습니다.

```
model=ols('종속변수column~C(독립변수1column)+C(독립변수2column)',DataFrame).fit()
```

[표 6-6] 자동차의 연비(단위: km)

도로 상태 \ 차종	차종 A	차종 B	차종 C	평균
고속도로	13.5	11.5	10.1	11.70
시내	13.1	9.4	9.2	10.57
비포장도로	12.8	7.9	8.2	9.63
평균	13.13	9.60	9.17	10.63

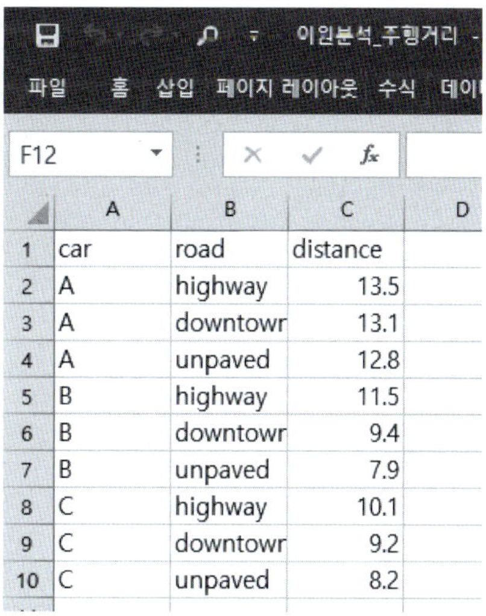

	A	B	C	D
1	car	road	distance	
2	A	highway	13.5	
3	A	downtowr	13.1	
4	A	unpaved	12.8	
5	B	highway	11.5	
6	B	downtowr	9.4	
7	B	unpaved	7.9	
8	C	highway	10.1	
9	C	downtowr	9.2	
10	C	unpaved	8.2	

[그림 6-4] 엑셀 파일(이원분석_주행거리.xlsx)

프로그램에서 분산분석에 사용한 모형은 다음과 같이 독립변수 2개(도로 상태를 나타내는 road와 차종을 나타내는 car)와 종속변수(주행거리를 나타내는 distance)로 구성되며, DataFrame의 이름은 df입니다.

```
model=ols('distance ~ C(road)+C(car)',data=df).fit()
```

사후 비교인 다중비교에서 다음 예제의 [결과 1]의 결과와 상관없이 두 개의 독립변수 모두에 대해서 실시하였습니다. 함수 pairwise_tukeyhsd()의 첫 번째 인자는 종속변수이고 두 번째 인자는 독립변수입니다.

〈예제 6-7〉 반복이 없는 이원 분산분석(예제6-7.py)

```
import pandas as pd
from statsmodels.formula.api import ols
from statsmodels.stats.anova import anova_lm

# load data file
df = pd.read_excel("..\데이터\이원분석_주행거리.xlsx")
model = ols('distance ~ C(road) + C(car)', data=df).fit()
print(anova_lm(model))
```
[결과 1] 참고
```
print()

# Tukey's test
from statsmodels.stats.multicomp import pairwise_tukeyhsd
tukey = pairwise_tukeyhsd(endog=df['distance'], groups=df['road'], alpha=0.05)
print(tukey)
```
[결과 2] 참고
```
tukey = pairwise_tukeyhsd(endog=df['distance'], groups=df['car'], alpha=0.05)
print(tukey)
```
[결과 3] 참고

| 결과 설명 |

[결과 1]의 분산분석표에서 독립변수인 도로 상태(road)는 p값이 유의수준(0.05)보다 크므로 [표 6-5]의 [가설 2]에 대해 H_0 가설(귀무가설)을 기각할 수 없습니다. 그러므로 도로 상태(road)에 따른 연비가 모두 같다(도로 상태가 연비에 영향을 주지 않는다)는 결론을

내립니다.

독립변수 차종(car)은 p값(0.005)이 유의수준(0.05)보다 작으므로 [표 6-5]의 [가설 1]에 대해 H_0 가설(귀무가설)을 기각하고 차종에 따라 연비에 차이가 있다(차종이 연비에 영향을 준다)는 결론을 내립니다.

그러나 [결과 1]의 분산분석표로는 어느 차종 간에 연비에 차이가 있는지는 알 수 없기에 [결과 1]에서 기각된 가설이 있다면 다중비교([결과 2])를 해야만 합니다. [결과 2]에 나타나 있듯이 도로 상태에 따라서는 유의미한 차이가 없으며, [결과 3]의 차종 간 차이를 정리하면 다음과 같습니다.

유의수준 5% 하에서 유의한 차이가 있는 평균	결론
$\mu_{차종\ A} \neq \mu_{차종\ B}$	$\mu_{차종\ B} < \mu_{차종\ A}$ (차종 A의 연비가 차종 B보다 높다)
$\mu_{차종\ A} \neq \mu_{차종\ C}$	$\mu_{차종\ C} < \mu_{차종\ A}$ (차종 A의 연비가 차종 C보다 높다)

| 결과 1 |

```
            df     sum_sq    mean_sq          F    PR(>F)
C(road)    2.0   6.426667   3.213333   5.932308  0.063571
C(car)     2.0  28.406667  14.203333  26.221538  0.005022
Residual   4.0   2.166667   0.541667        NaN       NaN
```

| 결과 2 |

```
Multiple Comparison of Means - Tukey HSD, FWER=0.05
=============================================================
group1     group2  meandiff p-adj   lower    upper   reject
-------------------------------------------------------------
downtown  highway   1.1333  0.8043  -4.5152  6.7819   False
downtown  unpaved  -0.9333  0.8615  -6.5819  4.7152   False
 highway  unpaved  -2.0667  0.5374  -7.7152  3.5819   False
-------------------------------------------------------------
```

| 결과 3 |

```
Multiple Comparison of Means - Tukey HSD, FWER=0.05
==============================================================
group1 group2 meandiff  p-adj    lower    upper  reject
--------------------------------------------------------------
   A      B   -3.5333  0.0258   -6.528  -0.5387   True
   A      C   -3.9667  0.0156  -6.9613   -0.972   True
   B      C   -0.4333  0.8946   -3.428   2.5613  False
--------------------------------------------------------------
```

6.3.4 반복이 있는 이원 분산분석

반복이 없는 이원 분산분석에서는 각 요인에 대해 단 한 개만의 측정 데이터를 사용합니다. 그러나 요인별 수준에 따라 2회 이상의 실험을 하는 것이 바람직하며, 이 경우에 반복이 없는 경우보다 많은 이점이 있는데 그중에서도 교호작용(또는 상호작용, interaction)을 확인할 수 있다는 것입니다. 〈예제 6-8〉에서는 각 수준별로 3회의 반복이 있는 이원 분산분석을 통해 가설을 검정합니다.

예제 6-8 반복이 있는 이원 분산분석

화장품을 생산하는 A 기업의 영업담당자는 근무연한과 판매 지역에 따라 영업직원의 화장품 판매량에 차이가 있을 것으로 생각하고 있습니다. 근무연수는 세 개의 집단(5년 이하, 6년 이상 10년 이하, 11년 이상)으로 구분하고 판매 지역은 두 개의 집단(전문점, 재래시장)으로 구분하며, 각 수준별로 3명의 사원을 배치하여 총 36명의 영업사원에 대해 매출액(단위: 백만 원)을 조사한 결과는 [표 6-7]과 같습니다. 이 결과에 대해서 근무연수와 판매 지역에 따라 판매량에 차이가 있는지에 대해 가설을 세우고 유의수준 5% 하에서 가설을 검정하시오.

[표 6-7] 근무연수와 판매 지역에 따른 화장품 매출액(단위: 백만 원)

근무연수 / 판매 지역	5년 이하 (5Y)	6~10년 (10Y)	11년 이상 (11Y)
전문점 (SS: Special Store)	19	23	18
	23	25	19
	22	26	16
재래시장 (TM: Traditional Maket)	15	16	22
	18	17	26
	12	15	28

	A	B	C
1	위치	근무연수	매출액
2	SS	5Y	19
3	SS	5Y	23
4	SS	5Y	22
5	SS	10Y	23
6	SS	10Y	25
7	SS	10Y	26
8	SS	11Y	18
9	SS	11Y	19
10	SS	11Y	16
11	TM	5Y	15
12	TM	5Y	18
13	TM	5Y	12
14	TM	10Y	16
15	TM	10Y	17
16	TM	10Y	15
17	TM	11Y	22
18	TM	11Y	26
19	TM	11Y	28

[그림 6-5] 반복이 있는 이원 분산분석 데이터

[표 6-7]에 대해서 반복이 있는 이원 분산분석의 분석 자료(엑셀 파일)로 사용하려면 [그림 6-5]와 같은 형식으로 입력해야 합니다.

반복이 있는 이원 분산분석의 경우 가설은 반복이 없는 이원 분산분석의 가설에 대해 [표 6-8]과 같이 교호작용(또는 상호작용)에 따른 가설([가설 3])을 추가합니다. [가설 3]의 H_0 가설(귀무가설)에서 교호작용은 $\alpha\beta_{ij}$로 표시하는데 α는 첫 번째 인지의 효과를, β는 두 번째 인자의 효과를 나타냅니다. 모든 $(\alpha\beta)_{ij} = 0$이라는 것은 모든 수준별 조합에 대해 교호작용이 없다는 의미입니다.

[표 6-8] 반복이 있는 이원 분산분석의 가설

구분		요인의 효과	내용
요인 1	[가설 1]	근무연수에 따른 매출액의 차이	• H_0: $\mu_{5\text{년 이하}} = \mu_{10\text{년 이하}} = \mu_{11\text{년 이상}}$ • H_1: 적어도 한 개의 평균은 나머지와 다르다.
요인 2	[가설 2]	판매 지역에 따른 매출액의 차이	• H_0: $\mu_{\text{할인점}} = \mu_{\text{전문점}} = \mu_{\text{재래시장}} = \mu_{\text{아파트단지}}$ • H_1: 적어도 한 개의 평균은 나머지와 다르다.
추가 가설	[가설 3]	근무연수와 판매 지역의 교호작용(상호작용)에 따른 차이	• H_0: 모든 $(\alpha\beta)_{ij} = 0$ • H_1: $(\alpha\beta)_{ij}$ 중 적어도 한 개는 0이 아니다.

[참고 6] 교호작용이란?

교호작용은 두 개의 요인이 서로 동시에 작용하면서 나타나는 처리 효과의 변화를 의미하며, 상승효과 또는 상쇄효과를 나타냅니다. 상승효과란 예를 들어, 어떤 교육에 있어서 판서만을 위주로 하는 것보다 판서와 시청각 보조자료를 동시에 활용할 때 교육의 효과가 증가하는 것을 말하며, 상쇄효과는 음식의 궁합으로 설명할 수 있습니다. 아이들에게 토마토를 먹이려고 일부러 설탕을 뿌리는 경우가 있습니다. 토마토는 그냥 먹게 되면 좋은 영양분이 체내에 섭취되지만, 설탕과 같이 먹게 되면 체내에서 설탕을 소화하기 위해서 토마토에 있는 다량의 무기질과 비타민 B1을 소모해 버리므로 이 경우의 교호작용은 상쇄효과를 나타냅니다.

프로그램(예제6-8.py)에서 실제 엑셀 파일의 열 제목은 [그림 6-4]와 같이 한글로 되어 있으나 열 제목을 영문으로 바꾸려면 df.columns를 이용하며, 위치는 area로, 근무연수는 service로, 매출액은 sales로 변경하였습니다.

seaborn의 함수 boxplot을 이용하여 상자 도형을 [결과 1]과 같이 표시하였고 교호작용의 효과를 [결과 2]의 그래프로 나타냈습니다.

프로그램에서 사용할 선형 모형에는 두 개의 독립변수와 교호작용이 포함되므로 다음과 같이 사용하였습니다.

```
model = ols('sales ~ C(area) + C(service) + C(area):C(service)', data=df).fit()
```

사후 비교인 다중비교에서 [결과 1]과 상관없이 두 개의 독립변수 모두에 대해서 실시하였습니다. 함수 pairwise_tukeyhsd()의 첫 번째 인자는 종속변수 sales(매출액)이고 두 번째 인자는 각각 독립변수 area(근무 지역)와 service(근무연수)를 사용하였습니다.

▎반복이 있는 이원 분산분석(예제6-8.py)

```
import pandas as pd
import seaborn as sns
import matplotlib.pyplot as plt
from statsmodels.formula.api import ols
from statsmodels.stats.anova import anova_lm

# load data file
df = pd.read_excel("..\데이터\화장품_매출액.xlsx")
df.columns = ['area', 'service', 'sales']
```

```
sns.boxplot(x='area', y='sales', hue='service', data=df)
plt.show()
```

[결과 1] 참고

```
# 교호작용 그래프
from statsmodels.graphics.factorplots import interaction_plot
fig = interaction_plot(df.area, df.service, df.sales)
plt.show()
```

[결과 2] 참고

```
model = ols('sales ~ C(area) + C(service) + C(area):C(service)', data=df).fit()
print(anova_lm(model), '\n')
```

[결과 3] 참고

```
# Tukey's test
from statsmodels.stats.multicomp import pairwise_tukeyhsd
tukey = pairwise_tukeyhsd(endog=df['sales'], groups=df['area'], alpha=0.05)
print(tukey)
print()
```

[결과 4] 참고

```
tukey = pairwise_tukeyhsd(endog=df['sales'], groups=df['service'], alpha=0.05)
print(tukey)
```

[결과 5] 참고

| 결과 1 |

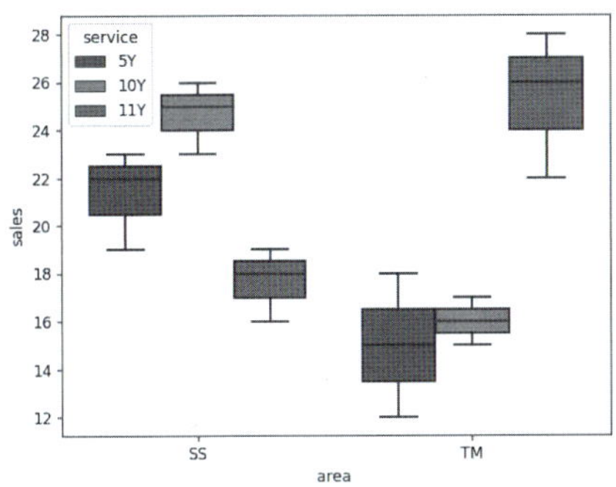

| 결과 2 |

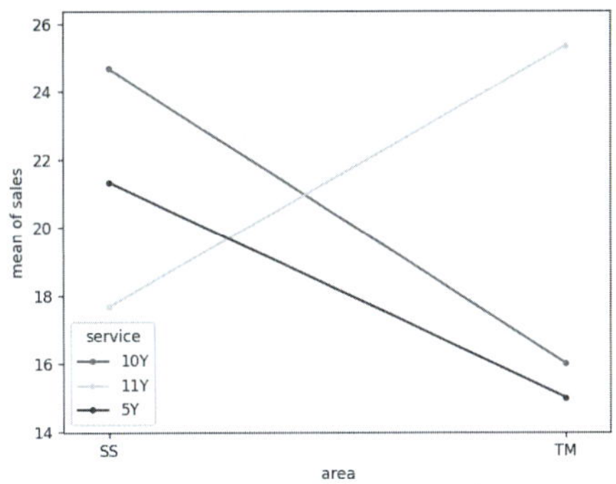

| 결과 3 |

```
                      df      sum_sq     mean_sq          F    PR(>F)
C(area)              1.0   26.888889   26.888889   5.694118  0.034370
C(service)           2.0   34.333333   17.166667   3.635294  0.058307
C(area):C(service)   2.0  234.111111  117.055556  24.788235  0.000055
Residual            12.0   56.666667    4.722222        NaN       NaN
```

| 결과 4 |와 | 결과 5 |

```
Multiple Comparison of Means - Tukey HSD, FWER=0.05
====================================================
group1 group2  meandiff   p-adj   lower   upper  reject
----------------------------------------------------
   SS     TM   -2.4444  0.2669 -6.9491  2.0603  False
----------------------------------------------------

Multiple Comparison of Means - Tukey HSD, FWER=0.05
====================================================
group1 group2  meandiff   p-adj   lower   upper  reject
----------------------------------------------------
  10Y    11Y    1.1667  0.8999 -5.7346   8.068  False
  10Y     5Y   -2.1667  0.6995  -9.068  4.7346  False
  11Y     5Y   -3.3333  0.4411 -10.2346  3.568  False
----------------------------------------------------
```

| 결과 설명 |

결과들은 순차적으로 나타나므로 [결과 1]의 그래프를 닫아야(close) [결과 2]가 나타나고, [결과 2]의 그래프를 닫아야 [결과 3]이 나타납니다.

[결과 2]의 교호작용을 나타내는 그래프에서 근무연수가 적은 경우, 전문점(SS)에서의 매출액이 높고, 근무연수가 많은 경우에는 전통시장(TM)에서의 매출이 높은 경향을 나타냅니다.

[결과 3]의 분산분석표에서 판매지역에 따라 매출액에는 차이가 있지만, 근무연수에 따른 차이는 없으며, 교호작용의 효과가 있는 것으로 나타났습니다.

[결과 4]와 [결과 5]에서 근무지역과 근무연수에 따른 매출액의 차이는 없는 것으로 나타났습니다. 이 예에서 교호작용의 효과에 대해서 알아보면, 전문점의 경우에는 대부분 젊은 연령층이 이용하고 전통시장의 경우는 중년 이상의 연령층에서 이용하므로 전통시장의 경우는 젊은 사원보다는 경험이 많은 사원을 배치하는 것이 효과적이고, 반대로 번화한 지역의 전문점에는 경험이 많은 사원보다는 젊은 사원을 배치하는 것이 효과적이라고 해석할 수 있습니다.

단원 정리 6.3

■ 분산분석이란?

동일한 유의수준 하에서 세 개 이상의 모집단에 대한 평균을 동시에 비교할 때 사용하는 통계적 분석 방법을 말한다.

■ 모집단 평균에 대한 분산분석의 가설검정

세 개의 모집단에 대한 평균 비교를 할 때의 가설

- H_0: $\mu_1 = \mu_2 = \mu_3$
- H_1: 적어도 한 개의 평균은 나머지와 다르다. 또는 적어도 두 개의 평균 간에 차이가 있다.

분산분석은 다음과 같이 전체 변동을 설명 가능한 변동과 설명이 불가능한 변동으로 분해한 뒤에 두 변동 비율인 $F = \frac{\text{표본평균 간 분산}}{\text{표본평균 내 분산}} = \frac{\text{집단 간 변동}}{\text{집단 내 변동}}$의 크기로서 가설을 검정한다.

[변동의 분해]

분산	=	표본평균 간의 분산	+	표본 내(처리 내)에서의 분산
편차 $(X_{ij} - \overline{X})$	=	집단 간 편차 $(\overline{X_i} - \overline{X})$	+	집단 내 편차 $(X_{ij} - \overline{X_i})$
$\sum_j \sum_i (X_{ij} - \overline{X})^2$	=	$\sum_j \sum_i (\overline{X_i} - \overline{X})^2$	+	$\sum_j \sum_i (X_{ij} - \overline{X_i})^2$
전체 변동	=	설명이 가능한 변동	+	설명이 불가능한 변동(오차 변동)

■ 요인과 처리(수준)

실험(또는 분석)을 통제하는 독립변수를 요인이라 하고, 처리(또는 수준)는 요인을 몇 개의 단위(집단)로 구분한 것을 말한다.

■ 분산분석표(ANOVA table)

분산분석은 표본평균의 분산을 분석하는 방법으로 전체 변동의 크기를 집단 간 변동과 집단 내 변동으로 구분하여 어떠한 요인에 의해 변동이 발생하였는가를 분산 비율을 근거로 검정하는 통계적 방법이다. 각 변동의 크기와 분산 비율을 계산하기 위해 분산분석표를 작성하고 계산된 F값을 근거로 F분포를 이용하여 가설을 검정한다. 일원 분산분석의 분산분석표는 다음과 같다.

분산	제곱합 (Sum of Squares)	자유도 (df)	평균제곱 (Mean squares)	F 값
집단 간 (처리 또는 수준)	$SST=\sum_j\sum_i(\overline{X_i}-\overline{X})^2$	$r-1$ (r: 수준)	$MST=\frac{SST}{r-1}$	$\frac{MST}{MSE}$
집단 내 (오차)	$SSE=\sum_j\sum_i(X_{ij}-\overline{X_j})^2$	$n-r$	$MSE=\frac{SSE}{n-r}$	
전체	$TSS=\sum_j\sum_i(X_{ij}-\overline{X})^2$	$n-1$ (n: 표본수)		

집단 내 변동은 SSE(Sum of Squares for Error)라 하며, 집단 내에서 관찰값이 집단 평균으로부터 떨어진 정도를 나타내며, 전체 변동 중에서 설명할 수 없는 변동의 크기이다. 전체 변동은 TSS(Total Sum of Squares)로 표현한다.

파이썬에서 분산분석은 함수 anova_lm()을 사용한다. 이 함수의 인자는 함수 ols에 의해 적합된 모형(model)이 필요하며, 사용법은 다음과 같다.

함수 anova_lm()	함수 인자
`statsmodels.stats.anova.anovalm(model)`	mode: 함수 ols의 결과(적합된 모델)

함수 ols()	함수 인자
`model=statsmodels.formula.api.ols(formula, data).fit()`	• formula: 분산분석에 사용할 model(문자열로 표시) • data=데이터 이름

가설에 대한 분산분석 결과, 요인에 대한 H_0 가설(귀무가설)을 기각할 때 구체적으로 어느 수준 간에 차이가 있는지는 알 수 없으므로 동시 신뢰구간을 이용한 다중비교(multiple comparison)를 해야 한다.

■ 분산분석의 종류

본 절에서 다룬 분산분석은 다음과 같다.

요인	분산분석	실험계획법
1	일원 분산분석	완전임의설계법(completely randomized design)
2	반복이 없는 이원 분산분석	임의화블록설계법(randomized block design)
	반복이 있는 이원 분산분석	인자가 2개인 요인설계법(factor design)

요인의 수가 3개 이상이면 다원 분산분석(multifator ANOVA)이라 한다.

파이썬에서 일원 분산분석은 두 가지 방법을 이용할 수 있다. 함수 f_oneway()는 함수 인자로 리스트를 이용할 때 사용하고, 일반적으로는 함수 anova_lm()을 사용한다.

함수 f_oneway()	함수 인자
`scipy.stats.f_oneway(sample1, …, sampleN)`	sample1, ⋯, sampleN: 일원 분산분석에 사용할 n개의 표본 리스트

파이썬에서 이원 분산분석은 함수 anova_lm()을 사용한다. 이 함수의 인자는 함수 ols에 의해 적합된 모형(model)이 필요하며, 사용법은 다음과 같다.

함수 anova_lm()	함수 인자
`statsmodels.stats.anova.anovalm(model)`	model: 함수 ols의 결과(적합된 모델)

함수 ols()	함수 인자
`model=statsmodels.formula.api.ols(formula, data).fit()`	• formula: 분산분석에 사용할 model(문자열로 표시) • data=데이터 이름

연습문제 6.3

1. 건전지를 생산하는 S 기업은 3개의 생산 라인을 운영하고 있으나 생산 라인별(L1, L2, L3)로 건전지 수명에 차이가 있다고 판단되어 라인별로 생산한 제품 중에서 임의로 10개를 추출하여 수명을 조사(건전지 수명.xlsx)하였다. 라인별로 생산한 제품에 대해 수명 차이가 있는지에 대해 가설을 세우고 유의수준 5% 하에서 검정하시오.

2. 키와 체중이 비슷한 15명의 학생을 세 그룹으로 나누어 세 가지의 서로 다른 식이요법(A, B, C)을 5주간 실시한 후에 감량된 체중을 조사(식이요법 체중감량.xlsx)하였다. 식이요법에 따라 체중 감량의 효과에 차이가 있는지에 대해 5% 유의수준 하에서 가설을 검정하시오.

3. 오메가3의 함량이 캡슐당 1,000mL가 포함되어 있다고 광고하는 3개의 건강식품 회사 제품(h1, h2, h3)을 각각 10개씩 추출하여 오메가3의 실제 함량을 조사(오메가3 함량.xlsx)하였다. 세 회사의 제품 간에 오메가3 함량에 차이가 있는지를 5% 유의수준 하에서 가설을 검정하시오.

4. 동일한 토마토 품종에 대해 토양 상태(s_1, s_2)와 비료 제품(p1, p2, p3)을 사용하여 생산량을 조사(토마토 생산량.xlsx)하였다. 두 가지 조건에 대해 토마토 생산량에 차이가 있는지에 대해 5% 유의수준 하에서 가설을 검정하시오.

5. 신체조건이 비슷한 18명의 불면증 환자를 세 그룹으로 나눈 다음, 그룹별로 서로 다른 수면제(m1, m2, m3)를 복용하게 한 후에 수면 지속시간을 조사(수면 지속시간.xlsx)하였다. 세 가지 수면제에 대해 수면 지속시간에 차이가 있는지를 가설을 세우고 유의수준 5% 하에서 검정하시오.

6. 가격대가 비슷한 네 가지 종류의 레이저 프린터(p1, p2, p3, p4)에 대해 A4 용지를 기준으로 토너당 유효 출력 매수를 조사(프린터 출력매수.xlsx)하였다. 유효 출력 매수가 프린터에 따라 차이가 있는지를 가설을 세우고 유의수준 5% 하에서 검정하시오.

7. 동일한 엔진의 차량에 대해서 휘발유 종류(G1, G2, G3)와 첨가제(C1, C2)에 따른 연비(Km/L)를 반복 조사(자동차 연비.xlsx)하였다. 차량의 연비가 휘발유 종류와 첨가제에 따라 차이가 있는지를 가설을 세우고 유의수준 5% 하에서 검정하시오.

6.4 상관과 회귀분석

부모와 자식 간의 키의 관계, 키와 몸무게의 관계, 온도와 수확량 간의 관계 등 연구하고자 하는 변수 간의 상호 관련성을 파악하고자 하는 경우가 많이 있습니다. 이러한 관련성을 분석하는 통계적 방법으로 상관분석(correlation)과 회귀분석(regression analysis)이 있습니다. 상관분석은 변수 간의 단순한 관련성의 정도를 파악하는 것이고 회귀분석은 변수 간의 인과관계를 분석하는 방법으로 변수 중 하나를 종속변수(영향을 받는 변수)로, 나머지를 독립변수(영향을 주는 변수)로 하여 이들의 함수 관계를 통해 관련성의 본질을 나타내는 방법입니다.

6.4.1 상관

상관은 변수 간의 단순한 상호 관계성의 정도를 분석하는 통계적 기법입니다. 상관은 두 변수의 순서쌍으로 구성된 n개의 표본 요소 $(X,\ Y)$에 대해서 두 변수 간의 상관관계를 다음의 표본 상관계수(correlation coefficient) r을 통해 나타냅니다.

모집단 상관계수	표본 상관계수 (피어슨 상관계수)
$\rho = \frac{Cov(X,\ Y)}{\sqrt{V(X)V(Y)}}$	$r = \frac{\sum(X_i - \overline{X})(Y_i - \overline{Y})}{\sqrt{\sum(X_i - \overline{X})^2 \sum(Y_i - \overline{Y})^2}}$

위 식에서 ρ를 모집단 상관계수라 하고 $V(X)$와 $V(Y)$는 각각 X와 Y의 분산이고, $Cov(X,\ Y)$는 X와 Y에 대한 공분산[3](covariance)을 의미합니다. 공분산은 변수 X와 Y에 대한 편차의 곱으로 계산합니다. 위의 상관계수를 피어슨(Pearson)의 상관계수라 하며, 다음과 같은 특징을 갖고 있습니다.

3) 두 개의 확률변수의 선형 관계를 나타내는 값으로, 만약 두 개의 변수 중 하나의 값이 상승하는 경향을 보일 때 다른 값도 상승하는 선형 상관성이 있다면 양수의 공분산을 가지며, 두 개의 변수 중 하나의 값이 상승하는 경향을 보일 때 다른 값이 하락하는 경향을 보인다면 음수의 공분산을 가진다.

■ 상관계수의 특징

1. r은 측정 단위가 없다.
2. $-1 \leq r \leq 1$
3. 변수 X와 Y가 서로 독립이라면 $r=0$

상관계수 r은 $-1 \leq r \leq 1$의 값을 갖고 $-1 \leq r \leq 0$이면 음의 상관관계, $0 < r \leq 1$이면 양의 상관관계라 합니다. 상관계수는 [그림 6-6]과 같이 두 변수 X와 Y에 대한 산점도(scatter diagram)를 그려봄으로써 어느 정도 파악이 가능합니다.

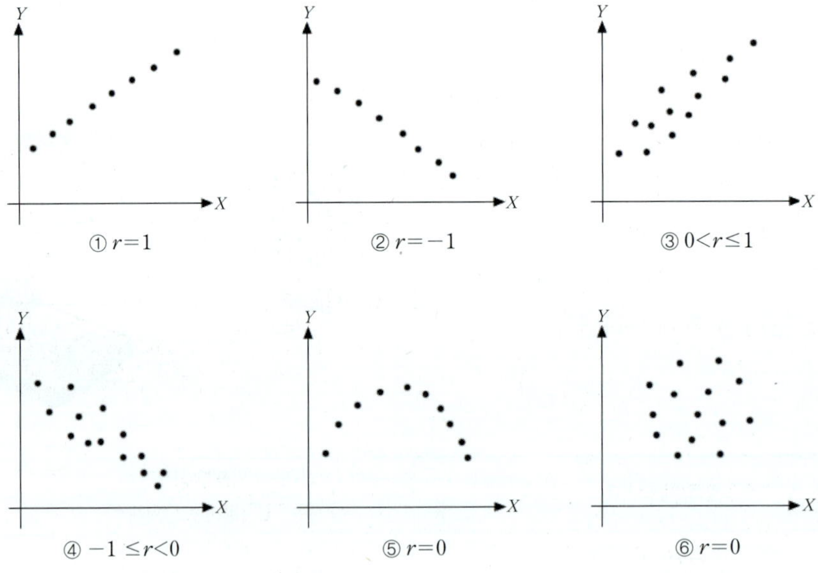

[그림 6-6] 산점도와 상관계수

[그림 6-6]에서 ①, ②와 같이 X와 Y 간의 산점도가 직선으로 표시된 경우는 두 변수 간에 뚜렷한 함수관계가 존재하는 경우로서 각각의 상관계수는 1과 -1이 됩니다. ③과 ④는 ①, ②와는 달리 직선 주변에 몰려 있는 경우를 나타냅니다. ⑤와 ⑥은 상관계수가 0이 되는 경우이며, 상관계수의 특징에서 변수 X와 Y가 서로 독립이라면 상관계수는 0이 되지만, 상관계수가 0일 경우 X와 Y가 서로 독립이 아닐 수 있습니다.

예제 6-9 산점도와 상관계수

학생 건강검사 자료[4] 중 서울 지역 초등학교 3학년 남학생의 표본에 대해 키와 몸무게를 이용하여 산점도를 나타내고 상관계수를 계산하시오.

| 풀이 |

초등학교 3학년 남학생의 키와 몸무게 자료(초등학교3학년_남자.xlsx)에 대한 산점도 그래프는 함수 scatter()를 이용하고 상관계수는 함수 pearsonr()을 이용합니다.

함수 scatter()	함수 인자
`matplotlib.pyplot.scatter(x, y)`	• x: x축 배열 데이터 • y: y축 배열 데이터

함수 pearsonr()	함수 인자
`scipy.stats.pearsonr(x, y)`	• x: x축 배열 데이터 • y: y축 배열 데이터 피어슨의 상관계수와 p값을 반환

〈예제 6-9〉의 프로그램에서 엑셀 데이터를 DataFrame으로 불러왔고 실제 엑셀 파일에는 열 제목이 한글로 표시(키, 몸무게)되어 있는 것을 영문 제목으로 바꿨습니다(〈예제 6-8〉 참고).

▍산점도와 상관계수(예제6-9.py)

```
import pandas as pd
df = pd.DataFrame(pd.read_excel("..\데이터\초등학교3학년_남자.xlsx"))

# 데이터프레임 컬럼명 변경
df.columns = ['height', 'weight']
print(df.describe(), '\n')
```

[결과 1] 참고

```
import matplotlib.pyplot as plt
plt.scatter(df.height, df.weight)    # 산점도
plt.xlabel("height")                 # x축 레이블
plt.ylabel("weight")                 # y축 레이블
plt.grid()                           # 격자 출력
```

4) 2019년도 학생 건강검사 표본통계, 교육부, 2020년

```
plt.show()
```

[결과 2] 참고

```
import scipy.stats as stats
# 피어슨 상관계수 검정
corr = stats.pearsonr(df.height, df.weight)
print(corr)
```

[결과 3] 참고

| 결과 1 |

	height	weight
count	98.000000	98.000000
mean	132.130612	31.536735
std	12.395954	9.699361
min	110.900000	17.200000
25%	122.975000	24.150000
50%	131.150000	28.950000
75%	140.725000	39.575000
max	163.000000	56.700000

| 결과 2 |

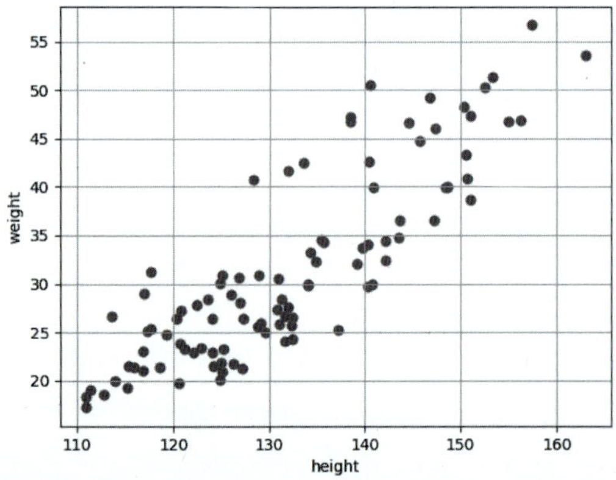

| 결과 3 |

```
PearsonRResult(statistic=0.8583011404409243, pvalue=1.4375440398437703e-29)
```

| 결과 설명 |

[결과 1]은 데이터로 사용한 키(height)와 몸무게(weight)의 기술 통계량을 나타내고, [결과 2]의 산점도에서 키와 몸무게 간의 관계를 확인할 수 있습니다. [결과 3]에서 피어슨 상관계수는 0.858로 계산되었고, p값은 0에 가까우므로 다음의 H_0 가설(귀무가설)을 기각하고 상관계수가 통계적으로 의미가 있는 것으로 결론을 내립니다.

• H_0: $\rho = 0$ (변수 간에 상관관계가 없음)	[가설]
• H_1: $\rho \neq 0$	양측검정

6.4.2 회귀분석

상관분석은 변수 간의 단순한 관련성의 정도를 파악하는 것이고 회귀분석은 변수 간의 인과관계를 분석하는 방법으로 변수 중 하나를 종속변수(영향을 받는 변수)로, 나머지를 독립변수(영향을 주는 변수)로 하여 이들의 함수 관계를 통해 한 변수의 값으로부터 다른 변수의 값을 예측하는 데 사용하는 분석 방법입니다.

앞 절의 상관분석에서는 키와 몸무게 사이의 단순한 관련성의 정도를 상관계수를 통해 나타냈습니다. 이 절에서는 부모와 자식의 키 데이터를 이용하여 부모의 키가 자식의 키에 영향을 준다고 할 때 두 변수 간의 함수 관계를 회귀분석을 통해 밝혀내고자 합니다.

독립변수의 수가 한 개인 경우를 단순회귀분석(simple regression analysis), 독립변수가 두 개 이상인 경우를 중회귀분석(multiple regression analysis)이라 합니다. 본 절에서는 단순회귀분석의 경우만 설명하겠습니다.

■ 단순회귀모형

독립변수를 X라 하고 종속변수를 Y라 할 때 회귀분석의 기초가 되는 모집단 모형(model)을 단순회귀모형(simple regression model)이라 하고 다음과 같이 나타낼 수 있습니다.

모집단 회귀모형	표본 회귀식
$Y_i = \alpha + \beta X_i + \epsilon_i \, (i = 1,\ 2,\ \cdots,\ n)$	$\hat{Y} = a + bX$

회귀모형은 모수인 α와 β에 대해 선형(linear)이면 단순선형회귀모형(simple linear regression mode)이라 합니다. 선형회귀모형에는 오차항이라 부르는 ϵ_i가 포함되어 있는데 이는 실제 X와 Y 간의 선형 관계로 설명할 수 없는 변동의 크기입니다. 예를 들어, 매출액과 광고비에 대해 가장 잘 맞는 선형 관계를 도출한다고 하더라도 임의의 광고비 X_i에 대해 관계식으로 계산된 매출액 Y_i는 실제의 매출액과는 차이가 있으며, 이를 설명할 수 없는 변동인 오차항으로 표시하는 것입니다. 이러한 관계를 그림을 통해 설명하면 다음과 같습니다.

실제 X와 Y에 대한 [그림 6-7]의 산점도 상에서 이 점들에 가장 적합한 직선 식을 $\hat{Y} = a + bX$라고 합시다. 이때 a(절편)와 b(기울기)는 모수 α와 β에 대한 추정값으로 가정합니다.

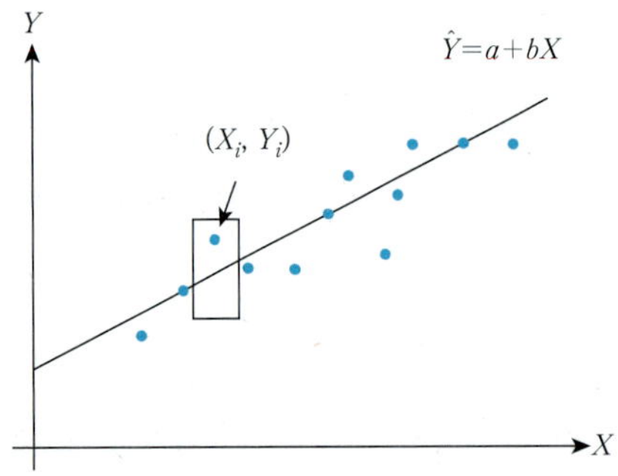

[그림 6-7] 산점도와 직선 $\hat{Y}=a+bX$

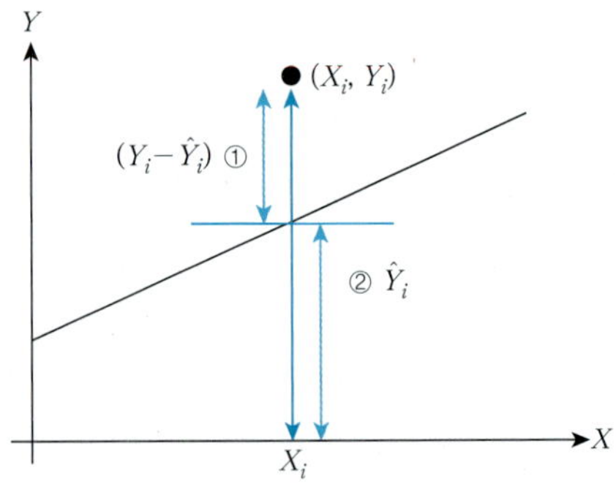

[그림 6-8] [그림 6-7]의 확대

[그림 6-8]은 [그림 6-7]의 사각형 부분을 확대한 것입니다. [그림 6-8]의 (X_i, Y_i)에 대해서 Y_i는 직선 식 $\hat{Y}=a+bX$에 의해 계산된 $\hat{Y}_i$와 $(Y_i-\hat{Y}_i)$로 표현할 수 있습니다.

$$
\begin{aligned}
Y_i &= ①+②\\
&=(Y_i-\hat{Y}_i)+\hat{Y}_i
\end{aligned}
$$

①은 실제 값인 Y_i와 추정된 값인 $\hat{Y}_i$의 차이를 말하며, 이를 잔차(residual)라 하고 ②는 추정된 값을 의미합니다. 위 식을 잔차에 대해 다시 풀어 쓰면 다음과 같습니다.

$$\epsilon_i=Y_i-\hat{Y}_i=Y_i-(a+bX_i)$$

회귀분석을 통해 궁극적으로 얻고자 하는 것은 회귀모형에서 모수 α와 β에 대한 추정을 통해 위의 표본 회귀식과 같이 a와 b를 계산해 내는 것입니다.

회귀분석은 위에서 계산한 모든 ϵ_i에 대한 제곱합(SSE: Sum of Squares for Error)을 최소로 만드는 회귀계수 a와 b를 찾는 것으로서 이를 최소제곱법(method of least square)이라 합니다.

$$SSE=\sum_{i=1}^{n}\epsilon_i^2=\sum_{i=1}^{n}\{Y_i-(a+bX_i)\}^2$$

[참고 7] 단순회귀분석의 가정

1. X와 Y의 관계는 일차 선형함수이다.
2. 오차항 ϵ_i 는 서로 독립이고 정규분포 $N(0,\ \sigma^2)$을 따른다.

[참고 8] 최소제곱법을 사용한 회귀계수 a와 b에 대한 추정

모든 ϵ_i 에 대한 제곱합인 SSE을 최소로 만드는 회귀계수 a와 b를 찾기 위해서 다음과 같이 SSE를 각각 a와 b로 편미분한 값이 0이 되도록 합니다.

$$\frac{\partial SSE}{\partial a} = -2\sum_{i=1}^{n}(Y_i - a - bX_i) = 0$$

$$\frac{\partial SSE}{\partial b} = -2\sum_{i=1}^{n}X_i(Y_i - a - bX_i) = 0$$

위의 식을 정리하면 다음과 같습니다.

$$\sum_{i=1}^{n}Y_i = na + b\sum_{i=1}^{n}X_i$$

$$\sum_{i=1}^{n}X_iY_i = a\sum_{i=1}^{n}X_i + b\sum_{i=1}^{n}X_i^2$$

위의 식을 정규방정식(normal equation)이라 합니다. 정규방정식에 대해 회귀직선의 계수 a와 b의 값을 계산하면 다음과 같습니다.

$$b = \frac{\sum_{i=1}^{n}(X_i - \overline{X})(Y_i - \overline{Y})}{\sum_{i=1}^{n}(X_i - \overline{X})^2} = \frac{\sum_{i=1}^{n}X_iY_i - \left(\sum_{i=1}^{n}X_i\right)\left(\sum_{i=1}^{n}Y_i\right)/n}{\sum_{i=1}^{n}X_i^2 - \left(\sum_{i=1}^{n}X_i\right)^2/n}$$

$$= \frac{\sum_{i=1}^{n}X_iY_i - n\overline{X}\,\overline{Y}}{\sum_{i=1}^{n}X_i^2 - n\overline{X}^2}$$

$$a = \overline{Y} - b\overline{X}$$

이와 같은 방법으로 계산한 회귀직선 $\hat{Y} = a + bX$ 를 추정된 회귀직선(estimated regression line)이라 합니다.

■ 추정된 회귀직선의 정도

최소제곱법으로 추정된 회귀직선이 독립변수 X와 종속변수 Y 사이의 관계를 얼마나 잘 설명해 주고 있는가를 확인해야 합니다. 이를 확인하는 방법으로 결정계수(coefficient of determination)를 이용하거나 추정된 표준오차를 이용하는 방법이 있습니다. 결정계수는 추정된 회귀직선이 종속변수 Y의 변동을 얼마나 잘 설명하는가를 하나의 수치로 나타내는 방법이고, 추정된 표준오차는 실제 관찰값이 추정된 회귀직선 주위에 흩어진 정도를 측정합니다.

■ 결정계수

추정된 회귀직선이 두 변수 사이의 관계를 어느 정도 잘 설명해 주는가? 즉, X가 Y를 얼마나 잘 설명하고 있는가를 측정하기 위해서 결정계수 r^2을 사용합니다. 결정계수는 전체의 변동(총제곱합 TSS: Total Sum of Squares) 중에서 추정된 회귀직선에 의해 설명이 가능한 변동(SSR: Sum of Squares for Regression)의 크기가 얼마나 되는가를 계산하는 것입니다.

$$\text{결정계수}(r^2) = \frac{\text{회귀직선에 의해 설명이 가능한 변동}}{\text{전체 변동}} = \frac{\sum_{i=1}^{n}(\hat{Y}_i - \overline{Y})^2}{\sum_{i=1}^{n}(Y_i - \overline{Y})^2} = \frac{SSR}{TSS}$$

만약 독립변수 X가 종속변수 Y의 변동을 설명하는데 전혀 정보를 제공하지 못한다면 $SSR = 0$이 될 것이고, 반대로 충분한 정보를 제공하면 SSR은 커지며 독립변수는 설명력 있는 중요한 변수가 될 것입니다. 따라서 SSR이 클수록 결정계수 r^2이 커지며, 이는 추정된 회귀직선의 설명력이 높다는 것을 의미합니다. 결정계수는 0과 1 사이의 값을 갖습니다.

[참고 9] 조정된 결정계수

어떠한 종류의 독립변수라도 회귀모형에 독립변수가 추가되면 결정계수의 값은 커지는 경향이 있습니다. 따라서 이러한 단점을 보완하기 위해 독립변수의 개수에 따라 결정계수를 수정하게 되는데 이를 수정된 결정계수(adjusted coefficient of determination)라 하고 엑셀에서는 조정된 결정계수라 표현합니다.

$$\text{조정된 결정계수} = 1 - \frac{SSE/(n-k-1)}{TSS/(n-1)} = \frac{(n-1)r^2 - k}{n-k-1}$$

■ 추정된 표준오차

추정된 회귀직선의 정도(또는 정확도)는 [그림 6-8]의 산점도에서 실제 데이터 (X_i, Y_i)들이 추정된 회귀직선을 중심으로 얼마나 퍼져 있는가를 측정하는 것입니다. 이 크기는 Y_i와 회귀직선에 의해 추정된 $\hat{Y}_i$와의 차이인 잔차$(\epsilon_i = Y_i - \hat{Y}_i)$에 대한 것입니다. 만약 Y_i가 회귀직선 주변에 모여 있다면 잔차의 크기는 줄어들 것이고, 반대로 Y_i가 회귀직선으로부터 많이 떨어져 있다면 잔차의 크기는 커질 것입니다. 이를 나타내는 측정값으로 다음과 같이 잔차의 표준오차인 S_e를 사용합니다.

$$S_e = \sqrt{\frac{\sum_{i=1}^{n}\epsilon_i^2}{n-2}} = \sqrt{\frac{\sum_{i=1}^{n}(Y_i - \hat{Y}_i)^2}{n-2}} = \sqrt{\frac{\sum_{i=1}^{n}(Y_i - (a + bX_i))^2}{n-2}}$$

위 식에서 잔차의 표준오차인 S_e를 추정치의 표준오차라 합니다. 분모인 $n-2$는 표준오차의 자유도로서 n개의 데이터로부터 $\hat{Y}_i$를 계산하기 위해 모수인 α와 β의 추정치 a와 b를 구했기 때문에 사용된 추정치의 개수만큼 줄어든 것입니다.

추정치의 표준오차가 작을수록 추정된 회귀직선이 독립변수인 X와 종속변수인 Y와의 관계를 잘 설명해 준다고 할 수 있습니다.

■ 회귀계수에 대한 추론

회귀분석의 가설검정은 회귀모형 $Y_i = \alpha + \beta X_i + \epsilon_i \ (i = 1, 2, \cdots, n)$에 대해 다음과 같이 회귀직선의 기울기인 β에 대한 것입니다.

• H_0: $\beta = 0$	[가설]
• H_1: $\beta \neq 0$	양측검정

회귀직선의 기울기인 β가 0이라는 것은 독립변수 X와 종속변수 Y 사이에 선형 관계가 존재하지 않는다는 것이며, 독립변수 X는 종속변수 Y에 대해 아무런 영향을 주지 않는다는 것입니다. 이에 대한 검정 방법은 다음과 같이 t검정과 F검정이 있습니다.

[회귀계수 β에 대한 t검정]

모집단 회귀모형을 추정하기 위해 모집단으로부터 n개의 표본을 추출하여 다음과 같은 표본 회귀식을 추정합니다.

모집단 회귀모형	표본 회귀식
$Y_i = \alpha + \beta X_i + \epsilon_i \ (i = 1, 2, \cdots, n)$	$\hat{Y} = a + bX$

$\hat{Y}$, a, b는 각각 Y, α, β에 대한 추정량입니다. 이 추정량들은 각각의 평균과 분산을 가지므로 모수에 대한 구간추정과 가설검정을 할 수 있습니다. 추정된 회귀계수 b에 대해 표준화하면 $\frac{b-\beta}{S(b)}$가 되는데 이 값은 자유도가 $n-2$인 t분포를 따릅니다.

[회귀계수 β에 대한 F검정]

회귀계수 β에 대한 F검정은 분산분석을 이용하는 것입니다. 분산분석은 종속변수 Y에 대한 총변동을 독립변수 X가 설명하는 변동(SSR)과 설명할 수 없는 변동(SSE)으로 구분하여 회귀직선의 정도를 나타내는 방법으로 다음의 결정계수와 유사한 방법으로 이루어집니다. 회귀분석의 분산분석표는 [표 6-9]와 같습니다.

$$\text{결정계수}(r^2) = \frac{\text{회귀직선에 의해 설명이 가능한 변동}}{\text{전체의 변동}} = \frac{\sum_{i=1}^{n}(\hat{Y}_i - \overline{Y})^2}{\sum_{i=1}^{n}(Y_i - \overline{Y})^2} = \frac{SSR}{TSS}$$

[표 6-9] 회귀분석의 분산분석표

변동	제곱합	자유도	평균제곱	F값
회귀	$SSR = \sum_{i=1}^{n}(\hat{Y}_i - \overline{Y})^2$	1	$MSR = \frac{SSR}{1}$	$\frac{MSR}{MSE}$
잔차	$SSE = \sum_{i=1}^{n}(Y_i - \hat{Y}_i)^2$	$n-2$	$MSE = \frac{SSE}{n-2}$	
합계	$TSS = \sum_{i=1}^{n}(Y_i - \overline{Y})^2$	$n-1$		

[표 6-9]에서 두 평균제곱의 비율인 MSR/MSE은 F분포를 따릅니다.

예제 6-10 **단순 회귀분석**

부모와 자식의 키 데이터를 이용하여 부모의 키가 자식의 키에 영향을 준다고 할 때 부모의 키를 독립변수로, 자식의 키를 종속변수로 하여 회귀분석을 실시하고 가설을 검정하시오. 추가로 산점도를 그리고 추정된 회귀직선을 나타내시오.

| 풀이 |

파이썬에서 산점도(scatter plot)와 회귀직선(line plot)을 동시에 나타내는데 함수 regplot()을 사용하고, 회귀분석은 분산분석에서 설명한 함수 ols()(〈예제 6-7〉 참고)를 이용합니다.

함수 anova_lm()	함수 인자
`seaborn.regplot(x, y, data)`	• x, y: 배열 데이터 • 만약 첫 번째와 두 번째 인자가 문자열로 표현된 경우는 x축과 y축의 범례로 사용하고 data 인자를 사용

함수 ols()	함수 인자
`model=statsmodels.formula.api.ols(formula, data).fit()`	• formula: 분산분석에 사용할 model(문자열로 표시) • data=데이터 이름

1885년 연구에서 프란시스 골턴이 사용한 데이터[5]에는 총 6개의 변수(가족 구분, 아버지의 키, 어머니의 키, 자식의 성별, 자식의 키, 자녀의 수)가 포함되어 있지만, 〈예제 6-10〉의 프로그램(예제6-10.py)에서는 아버지의 키(독립변수)와 딸의 키(종속변수) 두 가지 변수를 이용하기로 합니다. 원 자료의 단위는 인치(inch)이지만, 2.54를 곱하여 cm 단위로 사용하였습니다.

▌단순 회귀분석(예제6-10.py)

```
import pandas as pd
import matplotlib.pyplot as plt

df = pd.DataFrame(pd.read_excel("..\데이터\Galtons Height Data_딸.xlsx"))
df = 2.54 * df
```

5) 프란시스 골턴(Francis Galton), Harvard Dataverse(https://dataverse.harvard.edu/)

```
import seaborn as sns
sns.regplot(x=df.father, y=df.daughter)
plt.show()
```

[결과 1] 참고

```
from statsmodels.formula.api import ols
res = ols('df.daughter ~ df.father', data=df).fit()
print(res.summary())
```

[결과 2] 참고

| 결과 1 |

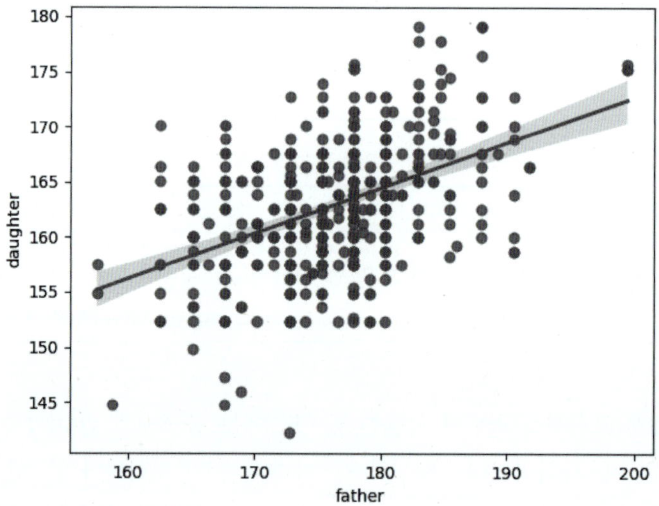

| 결과 2 |

```
                            OLS Regression Results
==============================================================================
Dep. Variable:            df.daughter   R-squared:                       0.210
Model:                            OLS   Adj. R-squared:                  0.209
Method:                 Least Squares   F-statistic:                     114.9
Date:                Wed, 05 Oct 2022   Prob (F-statistic):           6.36e-24
Time:                        07:59:52   Log-Likelihood:                -1340.1
No. Observations:                 433   AIC:                             2684.
Df Residuals:                     431   BIC:                             2692.
Df Model:                           1
Covariance Type:            nonrobust
==============================================================================
                 coef    std err          t      P>|t|      [0.025      0.975]
------------------------------------------------------------------------------
Intercept     90.3865      6.764     13.362      0.000      77.091     103.682
df.father      0.4116      0.038     10.719      0.000       0.336       0.487
==============================================================================
Omnibus:                        0.354   Durbin-Watson:                   1.440
Prob(Omnibus):                  0.838   Jarque-Bera (JB):                0.410
Skew:                          -0.067   Prob(JB):                        0.815
Kurtosis:                       2.931   Cond. No.                     4.63e+03
==============================================================================
```

| 결과 설명 |

[결과 1]은 아버지의 키를 x축으로, 딸의 키를 y축으로 산점도를 나타냈고, 추정된 회귀직선을 표시하였습니다. 산점도에서 x축에 대해 수직 방향의 점들이 많이 나타나는 것은 특정 아버지의 딸이 여러 명 있는 경우에 아버지의 키(x)가 고정된 상태에서 딸의 키(y)를 표시했기 때문입니다. 회귀직선의 식은 [결과 2]에 나타나 있습니다.

[결과 2]에서 결정계수는 0.2, 회귀모형의 적합성을 검정한 결과 p값이 거의 0에 가까우므로 다음의 H_0 가설(귀무가설)을 기각합니다.

• H_0: $\beta = 0$	[가설]
• H_1: $\beta \neq 0$	양측검정

회귀계수에 대한 검정에서 절편(intercept, 90.3865)와 계수(df.father, 0.4116) 모두 통계적으로 유의하며, 추정된 회귀식은 다음과 같습니다. 이 결과는 1885년도의 자료를 이용한 것이기에 최근의 다른 표본을 이용한다면 표본 회귀식은 달라질 수 있습니다.

표본 회귀식
$\hat{Y} = a + bX$ 즉, 딸의 키 = 90.4 + 0.41 × 아버지의 키

[참고 10] 회귀란 무슨 뜻인가?

프란시스 골턴(Francis Galton, 1822~1911)은 영국의 인류학자이며, 우생학자이다. 골턴이 조사한 자료와 연구는 부모 키와 자녀 키에 대한 데이터를 통해 부모와 자식 간의 유전 관계를 알아보려 했고, 부모의 키가 크면 자식도 키 큰 유전자를 물려받는다는 것을 알게 되었다. 그러나 키가 큰 부모의 자식이 부모만큼 크지는 못한다는 사실에 주목했고 이를 조사한 결과, 부모의 키가 커도 자식의 키는 보통보다는 크지만 평균에 가까워지고, 부모의 키가 아무리 작아도 자식의 키는 보통보다는 작지만, 역시 평균에 가까워진다는 것을 평균으로의 회귀[6](regression toward the mean)라고 표현하였다.

회귀의 사전적 정의는 '한 바퀴 돌아 제자리로 돌아가다'라는 뜻인데 결국 세대를 거듭할수록 큰 키를 가진 부모의 자식이나 작은 키를 가진 부모의 자식들 키가 평균에 근접해 간다는 의미이다. 오늘날의 회귀분석과 골턴의 회귀는 방법이나 계산에 있어서 차이가 있지만, 단지 그 용어를 처음 쓴 이유로 통계학 역사에 이름이 남은 사람으로 소개되기도 한다.[7]

6) https://en.wikipedia.org/wiki/Francis_Galton

7) Jae Keun, Jo.(2006), Francis Galton in the History of Statistics, The Korean Communications in Statistics Vol. 13 No. 3, 479~490

단원 정리 6.4

■ 상관분석

상관분석은 변수 간의 단순한 상호 관계성의 정도를 분석하는 통계적 기법이다. 상관분석은 두 변수의 순서쌍으로 구성된 n개의 표본 요소 (X, Y)에 대해서 두 변수 간의 상관관계를 표본 상관계수 r을 통해 나타낸다. 상관계수의 특징은 다음과 같다.

1. r은 측정 단위가 없다.
2. $-1 \leq r \leq 1$
3. 변수 X와 Y가 서로 독립이라면 $r = 0$

■ 회귀분석

상관분석은 변수 간의 단순한 관련성의 정도를 파악하는 것이고, 회귀분석은 변수 간의 인과관계를 분석하는 방법으로 변수 중 하나를 종속변수(영향을 받는 변수)로, 나머지를 독립변수(영향을 주는 변수)로 하여 이들의 함수관계를 통해 한 변수의 값으로부터 다른 변수의 값을 예측할 때 사용하는 분석 방법이다.

■ 회귀모형

독립변수를 X라 하고 종속변수를 Y라 할 때 회귀분석의 기초가 되는 모집단 모형(model)을 단순 회귀모형이라 한다.

모집단 회귀모형	표본 회귀식
$Y_i = \alpha + \beta X_i + \epsilon_i \ (i = 1, 2, \cdots, n)$	$\hat{Y} = a + bX$

회귀분석을 통해 궁극적으로 얻고자 하는 것은 회귀모형에서 모수인 α와 β에 대한 추정을 통해 위의 표본 회귀식과 같이 a와 b를 계산해 내는 것이다. 이는 오차항 ϵ_i에 대한 제곱합을 최소로 만드는 회귀계수 a와 b를 찾는 것이고 최소제곱법으로 계산한다.

$$SSE = \sum_{i=1}^{n} \epsilon_i^2 = \sum_{i=1}^{n} \{Y_i - (a + bX_i)\}^2$$

■ 추정된 회귀직선의 정도

최소제곱법(OLS)으로 추정된 회귀직선이 독립변수 X와 종속변수 Y 사이의 관계를 얼마나 잘 설명해 주고 있는가를 확인하는 방법으로 결정계수를 이용하거나 추정된 표준오차를 이용하는 방법이 있다. 결정계수는 추정된 회귀직선이 종속변수 Y의 변동을 얼마나 잘 설명하는가를 하나의 수치로 나타내는 방법이고, 추정된 표준오차는 실제 관찰값이 추정된 회귀직선 주위에 흩어진 정도를 측정한다.

■ 회귀계수에 대한 추론

회귀분석의 가설검정은 회귀모형 $Y_i = \alpha + \beta X_i + \varepsilon_i (i = 1,\ 2,\ \cdots,\ n)$에 대해 회귀계수이자 회귀직선의 기울기인 β에 대한 것이다.

• H_0: $\beta = 0$ • H_1: $\beta \neq 0$	[양측검정]

회귀직선의 기울기인 β가 0이라는 것은 독립변수 X와 종속변수 Y 사이에 선형 관계가 존재하지 않는다는 것이며, 독립변수 X는 종속변수 Y에 대해 아무런 영향을 주지 않는다는 것이다. 이에 대한 검정 방법으로 t검정과 F검정이 있다.

파이썬에서 산점도(scatter plot)와 회귀직선(line plot)을 동시에 나타내는데 함수 regplot()을 사용하고 회귀분석은 함수 ols()(〈예제 6-7〉 참고)를 이용한다.

함수 anova_lm()	함수 인자
`seaborn.regplot(x, y, data)`	• x, y: 배열 데이터 • 만약 첫 번째와 두 번째 인자가 문자열로 표현된 경우는 x축과 y축의 범례로 사용하고 data 인자를 사용

함수 ols()	함수 인자
`model=statsmodels.formula.api.ols(formula, data).fit()`	• formula: 분산분석에 사용할 model(문자열로 표시) • data=데이터 이름

연습문제 6.4

1. 상관계수에 관한 설명 중 바르지 못한 것은?

① 변수 사이의 상관관계를 측정한다.

② 공분산과 두 변수 표준편차의 곱의 비로 표현한다.

③ 상관계수는 0과 1 사이의 값을 갖는다.

④ 상관계수의 값이 1이면 완전상관이다.

2. 다음 변수들 간의 상관관계 중에서 양의 상관관계인 것은?

① 산의 높이와 기압

② 체중과 신장

③ 월 수입과 엥겔계수

④ 수요 또는 공급에 따른 가격변화

3. 상관계수 r에 대한 설명 중 잘못된 것은?

① 단위를 바꾸더라도 값은 바뀌지 않는다.

② $-1 \leq r \leq 1$

③ 두 변수 X와 Y를 서로 바꾸어 계산해도 상관계수는 같다.

④ 두 변수 간의 인과관계를 나타낸다.

4. B 고등학교 3학년 30명에 대해 조사(영어성적 상관관계.xlsx)한 2학년 때와 3학년 때의 영어 성적 간의 상관관계를 계산하시오.

5. 초등학생의 키와 몸무게(초등학생 키와몸무게.xlsx)의 상관관계를 계산하고 키를 독립변수로, 몸무게를 종속변수로 회귀분석을 실시하시오.

6. 연도별 평균 기온와 강수량 데이터(강수량데이터.xlsx)를 이용하여 회귀분석을 실시하고 결과를 해석하시오.

7. 어느 과수원의 수확량이 그 해의 평균온도와 어떤 관계가 있는가를 알아보기 위하여 과거 10년간 조사한 데이터(과수원수확량.xlsx)를 이용하여 회귀분석을 실시하고 결과를 해석하시오.

6.5 카이제곱 분석

성별에 따라 특정 제품의 선호도에 차이가 있는지, 학력에 따라 월 임금 수준에 차이가 있는지를 분석하고자 할 때 다음의 표와 같이 범주별로 데이터를 분류하여 얻은 도수들을 정리한 표를 이용하는데 이를 분할표(contingency table)라고 합니다. 카이제곱(χ^2) 분석은 [표 6-10], [표 6-11]과 같은 분할표를 통해 변수 간의 관련성 존재 여부를 검정하기 위해 관측 도수(observed frequency)와 기대 도수(expected frequency)와의 차이에 근거를 둔 검정통계량 χ^2을 이용합니다.

[표 6-10] 휴게실 이용 만족도(단위: 명)

만족도 \ 성별	남	여
만족	23	15
보통	41	24
불만족	14	37

[표 6-11] 선호하는 영화 장르(연령별)(단위: 명)

영화 장르 \ 나이	10대	20대	30대
액션	10	14	14
SF	6	17	22
공포	4	15	11
코미디	15	10	8

검정통계량 χ^2은 관측 도수와 기대 도수와의 차이에 근거를 두고 있으며, 다음과 같이 분할표의 각 조합에 대해 관측 도수(O_i)와 기대 도수(E_i) 간 차이의 제곱을 기대 도수(E_i)로 나눈 값들의 합으로 계산합니다. 기대 도수의 계산은 예제를 통해서 설명합니다.

$$\chi^2 = \sum_{i=1}^{k} \frac{(O_i - E_i)^2}{E_i} \qquad \text{[식 1]}$$

[식 1]의 값 χ^2은 자유도 $(k-1)$의 카이제곱(χ^2) 분포를 따릅니다. 위의 검정통계량에 대해 관측 도수와 기대 도수와의 차이가 없으면 χ^2은 0에 가까울 것이고, 반대로 관측 도수와 기대 도수와의 차이가 클수록 χ^2은 커질 것입니다. 검정통계량 χ^2 값이 커지면 p값이 작아지므로 귀무가설을 기각할 확률이 커진다는 것을 의미합니다.

카이제곱 분석은 적합도 검정, 독립성 검정 그리고 동질성 검정으로 구분합니다. 적합도 검정(goodness of fit test)은 관측값이 특정한 확률분포를 따르는지는 검정하는 방법이고 독립성 검정(independence test)은 분할표 상에서 변수 간의 연관성을 검정합니다. 동질성 검정(homogeneity test)은 분할표 상의 두 변수에 대해서 모집단 비율이 같은지를 검정하는 방법입니다. 동질성 검정과 독립성 검정은 단지 가설에서 차이가 나며, 검정 방법은 동일합니다.

6.5.1 적합도 검정

적합도 검정은 관측값(또는 표본)이 특정한 확률분포를 따르는지는 검정할 때 사용하는 분석 방법으로 주사위의 각 눈금에 대한 도수를 이용하여 이 주사위가 균등하게 만들어진 것인지, 소득의 분포가 균등한지 또는 월 생활비를 조사하기 위해 추출한 표본은 정규분포를 따르는지를 알아보고자 할 때 사용합니다.

예제 6-11 주사위에 대한 적합도 검정

주사위를 120번 던져서 나온 눈금의 도수는 다음과 같습니다. 표의 도수를 이용하여 이 주사위가 균등하게 만들어진 것인지에 대해 가설을 세우고 유의수준 5% 하에서 검정하시오.

[120번 던져서 나온 주사위 눈금의 도수와 기대 도수]

주사위 눈금	1	2	3	4	5	6	합계
관측 도수	22	19	26	25	17	11	120
기대 도수	20	20	20	20	20	20	120

| 풀이 |

만약 이 주사위가 이상적으로 만들어진 것이라면 각 눈금이 나올 확률은 1/6입니다. 따라서 적합도 검정은 주사위를 120번 던졌을 경우 1의 눈이 나온 도수가 이론적인 기대 도수 20회에 적합한지를 검정하는 방법입니다.

이 예제에서 주사위 눈금에 대한 분포는 모든 눈금에 대한 발생 확률이 1/6로 균등하므로 균등분포(uniform distribution)를 따르고 가설은 다음과 같습니다.

- H_0: 각 눈금의 확률은 동일하다(균등분포를 따른다).
- H_1: 각 눈금의 확률은 동일하지 않다(균등분포를 따르지 않는다).

[가설]

파이썬에서 적합도 검정은 함수 chisquare()를 사용합니다.

함수 chisquare()	함수 인자
scipy.stats.chisquare(f_obs, f_exp=None)	• f_obs: 관측 도수 배열 • f_exp: 기대 도수 배열 f_exp=None (default)

▌ 주사위에 대한 적합도 검정(예제6-11.py)

```
import pandas as pd
obs_freq = [22, 19, 26, 25, 17, 11]
exp_freq = [20, 20, 20, 20, 20, 20]

from scipy.stats import chisquare
result = chisquare(obs_freq, f_exp=exp_freq)
print(result)

Power_divergenceResult(statistic=7.8, pvalue=0.1676079313513126)
```

| 결과 설명 |

statistics=7.8은 검정 통계량인 $\chi^2 = \sum_{i=1}^{6} \frac{(O_i - E_i)^2}{E_i}$ 의 결과이며, 계산된 p값은 0.168로써 유의수준(0.05)보다 크므로 H_0 가설(귀무가설)을 기각할 수 없습니다. 결론적으로 이 주사위는 각 눈금이 나올 확률이 동일하다는 가설을 기각할 수 없고 균등하게 만들어졌다고 할 수 있습니다.

6.5.2 독립성 검정

흡연과 폐암, 교육 수준과 임금 수준, 성별과 정당 선호도와 같이 두 변수 간의 관계가 서로 독립인지 아닌지를 분석하는 방법을 독립성 검정이라 합니다. 독립성 검정 결과는 두 변수가 서로 독립인지 아닌지를 판단하며, 만약 독립이 아니라면 두 변수 간에 관련성이 있다고 해석합니다.

예제 6-12 남녀 간 만족도 차이에 대한 독립성 검정

학생식당 이용자 100명을 대상으로 식당의 만족도가 성별에 따라 차이가 있는지에 대해 가설을 세우고 유의수준 5% 하에서 검정하시오.

[표 6-12] 학생식당 만족도(단위: 명)

만족도 \ 성별	남	여	계
만족	26	10	36
보통	20	15	35
불만족	11	18	29
계	57	43	100

| 풀이 |

〈예제 6-12〉는 학생 식당의 만족도와 성별이 관계가 있는지를 알아보려는 것으로 가설은 다음과 같습니다.

- H_0: 성별과 만족도는 독립적이다(관계가 없다).
- H_1: 성별과 만족도는 독립적이 아니다(관계가 있다).

[가설]

두 변수 간의 독립성 검정에서 검정 통계량 χ^2은 행과 열에 대해서 다음과 같이 계산합니다.

$$\chi^2 = \sum_{i=1}^{r}\sum_{j=1}^{k}\frac{(O_{ij}-E_{ij})^2}{E_{ij}} \quad (r\text{: 행의 수, } k\text{: 열의 수}) \qquad \text{[식 2]}$$

[식 2]에 대해서 기대 도수 E_{ij}는 [식 3]과 같이 계산한 도수와 확률의 곱으로 계산합니다.

$$E_{ij} = n_i p_i = \text{행}_i\text{의 합계} \times \left(\frac{\text{열}_j\text{의 합계}}{\text{전체 합계}}\right) = \frac{\text{행}_i\text{의 합계} \times \text{열}_j\text{의 합계}}{\text{전체 합계}} \qquad \text{[식 3]}$$

두 변수가 서로 독립적이라면 결합 확률 $P(A \cap B)$는 주변 확률의 곱인 $P(A) \times P(B)$와 같습니다. 따라서 기대 도수 E_{ij}는 (i행의 합)×(전체 합계 중에서 j열의 합계가 차지하는 비율)로써 만약 두 변수가 서로 독립이라면 뒷부분인 전체 합계 중에서 j열의 합계가 차지하는 비율은 모든 행에 대해서 같은 값을 가집니다. 따라서 관측 도수 20($i=2$, $j=1$, 남자의 보통 만족)에 대한 기대 도수는 다음과 같이 계산합니다.

$$E_{21} = \frac{\text{행}_{i=2}\text{의 합계} \times \text{열}_{j=1}\text{의 합계}}{\text{전체 합계}} = \frac{35 \times 57}{100} = 19.95$$

[표 6-12] 학생식당 만족도(단위: 명)

만족도 \ 성별	남	여	계
만족	26	10	36
보통	20	15	35
불만족	11	18	29
계	57	43	100

[표 6-13] 학생식당 만족도의 기대 도수

만족도 \ 성별	남	여	계
만족	20.52	15.48	36
보통	19.95	15.05	35
불만족	16.53	12.47	29
계	57	43	100

파이썬에서 독립성 검정은 함수 chi2_contingency()를 사용합니다.

함수 chi2_contingency()	함수 인자
scipy.stats.chi2_contingency(obs, correction)	• obs: 관측 도수 배열 • correction: True이면 Yates의 수정 적용 • correction = True

▌남녀 간 만족도 차이에 대한 독립성 검정(예제6-12.py)

```
import pandas as pd
obs = pd.DataFrame({'남':[26, 20, 11], '여': [10, 15, 18]})
obs.index=['만족', '보통', '불만족']
from scipy.stats import chi2_contingency
result = chi2_contingency(obs, correction = False)
print(result)
```

```
(7.706091389035719, 0.021215023459771897, 2
array([[20.52, 15.48], [19.95, 15.05], [16.53, 12.47]]))
```

| 결과 설명 |

검정통계량은 7.7, p값은 0.02이므로 유의수준 5% 하에서 H_0 가설(귀무가설)을 기각하고 성별과 식당 만족도는 독립이 아니며, 남녀별로 만족도에 차이가 있다는 결론을 내립니다.

숫자 2는 자유도, array는 [표 6-13]과 같은 기대 도수를 나타냅니다.

6.5.3 동질성 검정

동질성 검정은 분할표 상의 두 변수에 대해서 모집단 비율이 같은지를 검정하는 방법입니다. 동질성 검정과 독립성 검정은 단지 가설에서 차이가 나며, 검정 방법은 같습니다. 동질성 검정은 표본집단이 동일한 모집단 비율을 갖는 모집단으로부터 추출된 것인지를 확인하기 위해서 독립성 검정과는 달리 표본의 크기를 같게 해야 합니다.

예제 6-13 찬반 의견에 대한 동질성 검정

직장인 남녀 각각 100명에 대해 근무 시 개인적인 인터넷 사용 규제에 대해 찬반 의견을 종합한 결과는 [표 6-14]와 같습니다. 이 표를 근거로 남녀 간 찬반 의견에 차이가 있는지를 가설을 세우고 유의수준 5% 하에서 검정하시오.

[표 6-14] 규제에 대한 찬반의견(단위: 명)

찬반 \ 성별	남	여	계
찬성	25	45	70
반대	75	55	130
계	100	100	200

[표 6-15] 기대 도수(단위: 명)

찬반 \ 성별	남	여	계
찬성	35	35	70
반대	65	65	130
계	100	100	200

| 풀이 |

이 예제에 대한 가설은 다음과 같습니다.

- H_0: 남녀 간에 찬반 의견의 비율은 같다.
- H_1: 남녀 간에 찬반 의견의 비율은 다르다.

[가설]

기대 도수는 앞서 독립성 검정과 같은 방법으로 계산하고 함수 chi2_contingency()를 사용합니다.

찬반 의견에 대한 동질성 검정(예제6-13.py)

```
import pandas as pd
obs = pd.DataFrame({'남':[25, 75], '여': [45, 55]})
obs.index=['찬성', '반대']
from scipy.stats import chi2_contingency
result = chi2_contingency(obs, correction = False)
print(result)
```

```
(8.791208791208792, 0.003026856189129367, 1, array([[35., 35.], [65., 65.]]))
```

| 결과 설명 |

검정 통계량은 8.79, 계산된 p값은 0.003으로서 유의수준(0.05)보다 작으므로 H_0 가설(귀무가설, 남녀 간에 찬반 의견의 비율은 같다)을 기각합니다. 결론적으로 성별에 따른 인터넷 규제에 대한 찬반 의견의 비율은 다르다(차이가 있다)고 할 수 있습니다. array는 [표 6-15]의 기대 도수를 나타냅니다.

단원 정리 6.5

■ 카이제곱 분석

성별에 따라 특정 제품의 선호도에 차이가 있는지, 학력에 따라 월 임금 수준에 차이가 있는지를 분석하고자 할 때 다음과 같이 범주별로 데이터를 분류하여 얻은 도수들을 정리한 표를 이용하는데 이를 분할표라 한다. 카이제곱(χ^2) 분석은 분할표를 통해 변수 간 관련성의 존재 여부를 검정하기 위해 관측 도수와 기대 도수(expected frequency)와의 차이에 근거를 둔 검정 통계량 χ^2을 이용한다. 카이제곱 분석의 검정통계량 χ^2은 관측 도수와 기대 도수와의 차이에 근거를 두고 있다.

$$\chi^2 = \sum_{i=1}^{k} \frac{(O_i - E_i)^2}{E_i}$$

위의 검정통계량 χ^2은 자유도 $(k-1)$의 카이제곱(χ^2) 분포를 따른다.

■ 카이제곱 분석의 종류

적합도 검정(goodness of fit test)은 관측값(또는 표본)이 특정한 확률분포를 따르는지는 검정하는 방법이고 독립성 검정(independence test)은 분할표 상에서 변수 간의 연관성을 검정한다. 동질성 검정(homogeneity test)은 분할표 상의 두 변수에 대해서 모집단 비율이 같은지를 검정하는 방법이다. 동질성 검정과 독립성 검정은 단지 가설에서 차이가 나며, 검정 방법은 동일하다.

<table>
<tr><th>구분</th><th>데이터</th><th>가설</th></tr>
<tr><td>적합도 검정</td><td>120번 던져서 나온 눈금의 도수
<table>
<tr><th>눈금</th><th>1</th><th>2</th><th>3</th><th>4</th><th>5</th><th>6</th><th>합계</th></tr>
<tr><td>도수</td><td>22</td><td>19</td><td>26</td><td>25</td><td>17</td><td>11</td><td>120</td></tr>
</table></td><td>• H_0: 각 눈금의 확률은 동일하다(균등분포를 따른다).
• H_1: 각 눈금의 확률은 동일하지 않다(균등분포를 따르지 않는다).</td></tr>
<tr><td>독립성 검정</td><td>자판기 이용 만족도(단위: 명)
<table>
<tr><th>만족도 \ 성별</th><th>남</th><th>여</th></tr>
<tr><td>만족</td><td>26</td><td>10</td></tr>
<tr><td>보통</td><td>20</td><td>15</td></tr>
<tr><td>불만족</td><td>11</td><td>18</td></tr>
</table></td><td>• H_0: 성별과 만족도는 독립적이다(관계가 없다).
• H_1: 성별과 만족도는 독립적이 아니다(관계가 있다).</td></tr>
</table>

<table>
<tr>
<td>동질성
검정</td>
<td>인터넷 규제에 대한 찬반 의견(단위: 명)
<table>
<tr><th>찬반 \ 성별</th><th>남</th><th>여</th></tr>
<tr><td>찬성</td><td>25</td><td>45</td></tr>
<tr><td>반대</td><td>75</td><td>55</td></tr>
<tr><td>계</td><td>100</td><td>100</td></tr>
</table>
</td>
<td>• H_0: 남녀 간에 찬반 의견의 비율은 같다.
• H_1: 남녀 간에 찬반 의견의 비율은 다르다.</td>
</tr>
</table>

파이썬에서 적합도 검정은 함수 chisquare()를 사용한다.

함수 chisquare()	함수 인자
`scipy.stats.chisquare(f_obs, f_exp=None)`	• f_obs: 관측 도수 배열 • f_exp: 기대 도수 배열 f_exp=None (default)

파이썬에서 독립성 검정과 동일성 검정은 함수 chi2_contingency()를 사용한다.

함수 chi2_contingency()	함수 인자
`scipy.stats.chi2_contingency(obs, correction)`	• obs: 관측 도수 배열 • correction: True이면 Yates의 수정 적용 • correction = True

[단측검정의 경우]

검정	p값>유의수준(α)	p값≤유의수준(α)
결론	H_0 가설(귀무가설)을 기각하지 않음	H_0 가설(귀무가설)을 기각함
해석	H_0 가설을 사실로 유지	H_1 가설을 새로운 사실로 채택

[양측검정의 경우]

검정	(p값×2)>유의수준(α)	(p값×2)≤유의수준(α)
결론	H_0 가설(귀무가설)을 기각하지 않음	H_0 가설(귀무가설)을 기각함
해석	H_0 가설을 사실로 유지	H_1 가설을 새로운 사실로 채택

연습문제 6.5

1. 다음의 표는 주사위를 600번 던져서 나온 눈금의 횟수이다. 이 결과에 대해 이 주사위가 정상적인 주사위인지에 대해 가설을 세우고 유의수준 5% 하에서 검정하시오.

눈금	1	2	3	4	5	6
횟수	109	95	92	105	101	98

2. 1회부터 최근까지 로또 당첨 번호 통계를 이용하여 로또 번호가 임의로 출현하였는지에 대해 가설을 세우고, 유의수준 5% 하에서 검정하시오(참고: http://www.lotto.co.kr/).

3. 남녀별로 선호하는 스마트폰 사용 기능에 차이가 있는지를 알기 위해 조사한 결과는 다음과 같다. 이 결과를 토대로 남녀별로 스마트폰 사용 기능에 차이가 있는지에 대해 가설을 세우고 유의수준 5%로 검정하시오.

구분	인터넷	어플	통화나 문자
남	68	43	25
여	45	36	15

4. 어느 회사에서 근무 중 개인적인 인터넷 사용에 대한 찬반 의견을 종합한 데이터는 다음과 같다. 이 데이터를 토대로 어떤 통계적 분석이 가능한지 설명하고 유의수준 5%로 가설을 검정하시오.

구분	인터넷 사용 찬성	인터넷 사용 반대
남자	25	36
여자	35	4

5. 비타민C가 감기 예방에 효과가 있는지를 알아보기 위해 200명을 대상으로 각각 100명씩 두 개의 그룹으로 나누어 한 그룹에는 매일 비타민C 200mg의 알약을, 나머지 그룹에는 가짜 약(placebo)를 투약하여 환절기 3개월 동안 감기에 걸린 사람을 조사한 내용은 다음과 같다. 이 결과로 비타민C가 감기 예방에 효과가 있는지에 대해 가설을 세우고 유의수준 5%로 가설을 검정하시오.

구분	감기에 걸리지 않음	감기에 걸림
가짜약	55	45
비타민C	75	25

6. 어느 회사에서 사내 복지정책의 만족도에 대해 남녀별로 차이가 있는지를 알아보기 위해 남녀 각각 50명을 임의로 추출하여 조사한 결과는 다음과 같다. 이 결과를 토대로 사내 복지정책의 만족도에 대해 남녀별로 차이가 있는지 가설을 세우고 유의수준 5%로 검정하시오.

구분	만족	보통	불만족
남	41	6	3
여	30	15	5

CHAPTER

07

모의실험을 위한 특정한 확률분포를 따르는 난수를 만들어보기

난수는 주로 컴퓨터를 이용한 모의실험에서 사용합니다. 패키지 numpy와 scipy를 활용하여 특정 확률분포를 따르는 난수를 생성하고 이를 응용하는 방법에 대해서 알아봅니다.

contents

CHAPTER 07

모의실험을 위한 특정한 확률분포를 따르는 난수를 만들어보기

| 이 장에서 학습할 내용 |

1. 균등분포를 따르는 난수 생성과 응용
2. 이항분포를 따르는 난수 생성
3. 정규분포를 따르는 난수 생성

난수(random number)란 특정한 배열 순서나 규칙을 가지지 않는, 연속적인 임의의 수를 말합니다. 난수는 컴퓨터 게임에서 사용자가 예측할 수 없는 상황을 만드는 데 활용하며, 직접 실행해보기 어려운 실험을 컴퓨터로 대체하여 이용하는 모의실험(simulation)에 사용합니다. 그러나 컴퓨터를 이용하여 난수를 생성하려면 적절한 수식을 이용하게 되므로 엄밀한 의미에서 예측이 가능하고 복사할 수 있으므로 모조(pseudo) 난수라 합니다.

난수를 생성하기 위해서 대부분 점화식을 이용하는데 이때 첫 번째 점화식에 사용할 상수를 시드(seed)라 하며, 초깃값이라 부릅니다. 따라서 난수를 생성할 때 초깃값에 따라 일정 주기를 갖는 난수를 생성할 수 있으며, 실험에서 동일한 난수를 이용할 경우 동일한 초깃값을 이용합니다. 패키지 numpy를 활용한 numpy.random과 관련된 함수들은 [표

7-1]과 같고, 패키지 scipy를 활용한 scipy.stats의 난수와 관련된 함수들은 [표 7-2]와 같습니다.

[표 7-1] numpy.random의 난수 관련 함수들

함수	내용	참고 예제
seed	난수 생성을 위한 초깃값 설정	〈예제 7-6〉
choice	표본 추출	〈예제 7-8〉
rand	균등분포 [0, 1]을 따르는 난수 생성	〈예제 7-1〉
uniform	균등분포 [a, b]를 따르는 난수 생성	〈예제 7-2〉
randint	균등분포를 따르는 정수 난수 생성	〈예제 7-7〉
randn	표준정규분포를 따르는 난수 생성	〈예제 7-12〉
binomial	이항분포를 따르는 난수 생성	〈예제 7-10〉
normal	정규분포를 따르는 난수 생성	〈예제 7-11〉

[표 7-2] scipy.stats의 난수 관련 함수들

함수	내용	예제와 참고
uniform.rvs	균등분포를 따르는 난수 생성	5장 [참고 1], 〈예제 7-3〉
binom.rvs	이항분포를 따르는 난수 생성	〈예제 7-10〉
norm.rvs	정규분포를 따르는 난수 생성	〈예제 7-11〉

7.1 균등분포와 난수

균등분포(uniform distribution)는 모든 확률변수에 X에 대해 폐구간 $[a, b]$ 사이의 모든 영역에서 균등한(일정한) 확률을 갖는 분포를 말합니다.

■ 확률밀도함수(pdf, probability density function)

$$f(x) = \begin{cases} \dfrac{1}{b-a}, & a \le x \le b \\ 0 \quad , & elsewhere \end{cases}$$

함수 pdf()	함수 인자	반환 값
`scipy.stats.uniform.pdf(x, loc, scale)`	• x: 확률변수 • loc: 기본값 0 • scale: 기본값 1	확률변수 X에 대한 확률 계산

■ 누적분포함수(cdf, cumulative distribution function)

$$F(x)=\begin{cases}0 & , \quad x<a \\ \frac{x-a}{b-a}, & a \le x \le b \\ 1 & , \quad x>b\end{cases}$$

함수 cdf()	함수 인자	반환 값
`scipy.stats.uniform.cdf(x, loc, scale)`	• x: 확률변수 • loc: 기본값 0 • scale: 기본값 1	확률변수 X에 대한 누적 확률 계산

균등분포를 따르는 임의의 난수를 생성할 때 몇 가지 함수들을 이용할 수 있는데 이 함수들의 사용 방법과 결과에서 차이가 있습니다. 라이브러리 numpy의 함수 np.random.rand()와 np.random.uniform()을 이용할 수 있고, scipy.stats의 함수 uniform.rvs()를 이용할 수도 있습니다.

예제 7-1 함수 np.random.rand()를 이용한 난수 생성

폐구간 [0, 1] 사이의 균등분포를 따르는 임의의 확률변수를 생성합니다. 프로그램(예제 7-1.py)에서 함수 np.random.rand()의 인자 수를 늘려나갈 때마다 차원이 하나씩 증가하는 것을 볼 수 있습니다.

함수 np.random.rand()	함수 인자
`np.random.rand(d0, d1, … , dn)`	d_0, d_1, ⋯ , d_n은 생성할 난수의 배열에 대한 차원을 결정

함수 np.random.rand()를 이용한 난수 생성(예제7-1.py)

```
import numpy as np
size=5
x = np.zeros(size)

x = np.random.rand(2)
print(x,'\n')
```

```
[0.74979295 0.48215364]
```

```
x = np.random.rand(2, 3)
print(x, '\n')
```

```
[[0.6513371  0.80458437 0.97013931]
 [0.07383902 0.96721108 0.23946974]]
```

```
x = np.random.rand(2, 3, 4)
print(x, '\n')
```

```
[[[0.78252612 0.85656772 0.996362   0.43402115]
  [0.46975159 0.44776487 0.82647482 0.72518954]
  [0.692602   0.78779618 0.93613627 0.31138272]]

 [[0.05129886 0.17299884 0.06625926 0.21997166]
  [0.61706393 0.96148075 0.20837402 0.95640316]
  [0.69140387 0.48420084 0.89058033 0.26433044]]]
```

예제 7-2 함수 np.random.uniform()을 이용한 난수 생성

numpy의 함수 np.random.uniform()은 폐구간 $[a, b]$ 사이의 균등분포를 따르는 임의의 난수를 생성합니다. 프로그램(예제7-2.py)에서 0부터 1 사이와 1부터 5 사이의 균등분포를 따르는 난수를 생성합니다.

함수 np.random.uniform()	함수 인자
`np.random.uniform(low, high, size)`	• low: 구간의 최소값 • high: 구간의 최대값 • size: 생성할 개수

▌함수 np.random.uniform()을 이용한 난수 생성(예제7-2.py)

```
import numpy as np

size=5

x = np.zeros(size)


# 0부터 1 사이의 균등분포를 따르는 난수 5개 생성

for i in range(0, size):

    x[i]=np.random.uniform()

    print('x[',i,']=',x[i])

print('\n')
```

```
x[ 0 ]= 0.5613828097747215
x[ 1 ]= 0.32861859010889793
x[ 2 ]= 0.734184822555123
x[ 3 ]= 0.8097016377027457
x[ 4 ]= 0.4956340650054991
```

```
# 1부터 5 사이의 균등분포를 따르는 난수 5개 생성

x = np.random.uniform(1, 5, size)

print(x)
```

```
[3.49285407 2.51616406 2.41542336 3.81367486 3.76241028]
```

예제 7-3 scipy.stats의 함수 uniform.rvs()를 이용한 난수 생성

〈예제 7-2〉의 모듈 scipy.stats의 함수 uniform.rvs()는 함수 np.random.uniform()과 유사하게 폐구간 [loc, loc+scale] 사이의 균등분포를 따르는 난수를 생성한 것입니다.

함수 uniform.rvs()	함수 인자
`scipy.stats.uniform.rvs(loc, scale, size)`	• loc: 시작 위치 • scale: 범위 • size: 생성할 개수

▎scipy.stats의 함수 uniform.rvs()를 이용한 난수 생성(예제7-3.py)

```
import numpy as np
import scipy.stats as st

size=5
x = np.zeros(size)
x = st.uniform.rvs(3, 10, size)
print(x)
[ 3.88201011  9.60118741 12.61781732 12.7857078   9.43678889]
```

예제 7-4 표본의 크기와 표준오차에 대한 모의실험

표본평균의 표준편차를 표준오차(standard error)라 하고 $\frac{\sigma}{\sqrt{n}}$로 계산하는데 n은 표본의 크기이므로 표본을 많이 뽑을수록 표준오차는 작아집니다. 이를 확인하기 위하여 다음과 같이 모의실험을 할 수 있습니다.

첫 번째로

균등분포를 따르는 난수 5개를 생성하여 평균을 계산합니다.

윗 부분을 100번 반복하여 100개의 평균에 대한 표준편차를 계산합니다.

두 번째로

균등분포를 따르는 난수 10개를 생성하여 평균을 계산합니다.

윗 부분을 100번 반복하여 100개의 평균에 대한 표준편차를 계산합니다.

⋮

n번째로

균등분포를 따르는 난수 $5 \times n$개를 생성하여 평균을 계산합니다.

윗 부분을 100번 반복하여 100개의 평균에 대한 표준편차를 계산합니다.

프로그램(예제7-4.py)은 이런 방법으로 표본의 크기를 5, 10, 15, ⋯ , 95로 늘려나가면서 계산한 19개의 표준오차를 발생한 순서대로 선 그래프를 작성한 것입니다. 이와 같은 과정을 처리하기 위하여 중첩된 반복문을 사용하였습니다.

[실행 결과]를 보면 표본의 크기가 늘어날수록 표본평균의 표준편차, 즉 표준오차의 크기가 점점 줄어들고 있는 것을 확인할 수 있습니다. 프로그램에서 균등분포를 따르는 난수는 함수 uniform.rvs()를 이용합니다.

표본 크기와 표준오차의 모의시험(예제7-4.py)

```
import numpy as np
from scipy.stats import uniform
import matplotlib.pyplot as plt

x = np.arange(5, 100, 5)

np.random.seed(10)
sample_std = np.zeros(len(x))
for i in range(0, len(x)):
    sample_mean = np.zeros(100)
    for j in range(0, 100):
        sample = uniform.rvs(size = x[i])
        sample_mean[j] = np.mean(sample)
    sample_std[i] = np.std(sample_mean, ddof=1)

plt.plot(x, sample_std)
plt.xlabel('number of samples')
plt.ylabel('std of means')
plt.show()
```

| 실행 결과 |

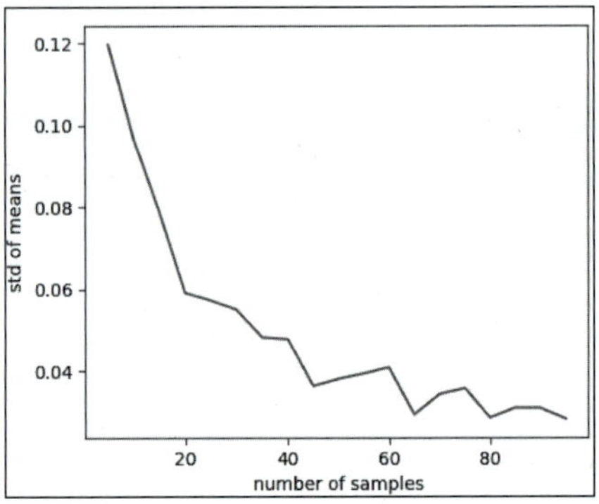

예제 7-5 중심극한정리에 대한 모의실험

중심극한정리는 모집단 분포가 정규분포가 아니더라도 모집단 분포와 상관없이 표본평균의 확률분포는 정규분포 $\overline{X} \sim N\left(\mu, \frac{\sigma^2}{n}\right)$을 따른다는 것입니다. 실험을 통해 이를 확인해 보도록 합니다.

0에서 1 사이의 균등분포를 따르는 확률변수 100개에 대해서 평균을 계산하여 각각 배열에 저장하는데 이 과정을 1,000번 반복하여 배열에 저장한 1,000개의 평균에 대해 히스토그램을 그려보는 것입니다. 프로그램과 결과(5장의 [참고 1])는 다음과 같습니다.

확률변수가 0에서 1 사이의 균등분포를 따르므로 모집단 평균은 0.5이며, 히스토그램 상에서도 0.5를 중심으로 좌우 대칭 형태인 정규분포 모양을 확인할 수 있습니다.

▌중심극한정리에 대한 모의실험(예제7-5.py)

```
import numpy as np
from scipy.stats import uniform
import matplotlib.pyplot as plt

np.random.seed(10)
mean_array = np.zeros(1000)
var_array = np.zeros(1000)
for i in range(0, 1000):
    sample = uniform.rvs(size = 100)
    mean_array[i] = np.mean(sample)
import seaborn as sns
sns.histplot(mean_array, bins=20, kde=True)
plt.show()
```

| 실행 결과 |

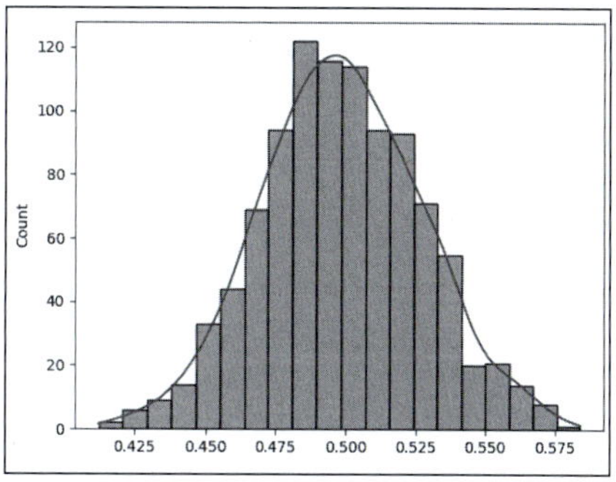

예제 7-6 동일한 난수를 생성하는 함수 seed의 사용법

프로그램(예제7-6.py)은 동일한 난수를 생성할 때 초깃값을 이용하는 예이며, 이때 함수 np.random.seed()를 사용합니다. 결과를 보면 case1의 결과와 case3의 결과가 동일한 것을 확인할 수 있습니다.

함수 np.random.seed()	함수 인자
np.random.seed(seed)	seed: 초깃값

▌동일한 난수를 생성하는 함수 seed의 사용법(예제7-6.py)

```
import numpy as np

size=5
x = np.zeros(size)

np.random.seed(1)
# case1: 0부터 1 사이의 균등분포를 따르는 난수 5개 생성
x=np.random.uniform(0, 1, size)
print('case1: ', x,'\n')
```

```
case1:  [4.17022005e-01 7.20324493e-01 1.14374817e-04 3.02332573e-01 1.46755891e-01]
```

```
# case2: 0부터 1 사이의 균등분포를 따르는 난수 5개 생성(case1과 다름)
x=np.random.uniform(0, 1, size)
print('case2: ', x,'\n')
```

```
case2:  [0.09233859 0.18626021 0.34556073 0.39676747 0.53881673]


np.random.seed(1)
# case3: 0부터 1 사이의 균등분포를 따르는 난수 5개 생성(case1과 동일)
x=np.random.uniform(0, 1, size)
print('case3: ', x,'\n')

case3:  [4.17022005e-01 7.20324493e-01 1.14374817e-04 3.02332573e-01 1.46755891e-01]
```

예제 7-7 구간 사이의 정수 난수를 생성하는 함수 randint()

이 예제에서는 구간 [low, high] 사이의 정수 난수를 생성하기 위하여 함수 randint()를 사용합니다. 프로그램(예제7-7.py)에서 1부터 45 사이의 정수 난수 6개를 생성하는 과정을 총 10번 반복하였습니다.

함수 np.random.randint()	함수 인자
np.random.randint(low, high, size)	• low: 구간의 최솟값 • high: 구간의 최댓값 • size: 생성할 개수

▌구간 사이의 정수 난수를 생성하는 함수 randint()(예제7-7.py)

```
import numpy as np

size=6
x = np.zeros(size)

for i in range(0, 10):
   x=np.random.randint(1, 46, size)
   print(x)

[ 8 19 30 27  6  8]
[28 40 34 40 42 13]
[35  1 20 43 28  1]
[23  1 19 38 15 45]
[20 26 34 30  7 35]
[10 11  4 19 20 23]
[19  7 16 12 19 14]
[18 36  7 16 26 28]
[ 9 23  4 40 35 31]
[ 9 10 23 38 31  9]
```

예제 7-8 **함수 choice()를 이용한 비복원 추출**

〈예제 7-7〉의 경우에는 생성된 6개의 숫자 중에서 중복된 난수가 발생할 수 있습니다. 이를 보완하기 위해서 프로그램(예제7-8.py)에서 함수 choice()를 이용하여 1부터 45 사이의 정수 중에서 6개를 비복원으로 추출하는 방법으로 처리할 수 있습니다.

함수 np.random.choice()	함수 인자
`numpy.random.choice(a, size, replace, p)`	• a: 배열 • size: 추출할 표본 수 • replace: 복원이면 replace=True • p: 데이터가 선택될 수 있는 확률

▌〈예제 7-8〉 함수 choice()를 이용한 비복원 추출(예제7-8.py)

```
import numpy as np

size=6
x = np.zeros(size)

for i in range(0, 10):
    x=np.random.randint(1, 46, size)
    x=np.random.choice(x, size, replace = False)
    print(x)
```

```
[39 33  6 25 17 37]
[10 41 20 36 31 17]
[16 43 22 19 13 33]
[10 23 17 40 33 30]
[ 9 40 23 43  7 31]
[14 15 42 39 25 20]
[28 12 26 12 17  1]
[31 44 21 16 40 37]
[33 18 26 23 42  7]
[41 12 35 43  5 29]
```

예제 7-9 **난수 중에서 표본을 추출하여 계산한 평균들의 분포**

이 예제는 생성한 난수로부터 임의의 개수만큼 표본을 추출하고 추출한 표본의 평균을 계산하는 프로그램입니다. 구체적으로 설명하면 다음과 같습니다.

0에서 1 사이의 균등분포를 따르는 난수 1,000개를 생성하고 이 중에서 100개의 표본을 추출하여 평균을 mean[i]에 저장합니다.

위와 같은 과정을 1,000번 반복하고 이 과정에 의해 만들어진 1,000개의 평균에 대해서 히스토그램으로 나타낸 것입니다. 이를 표본분포(5.1.1 표본들의 평균은 어떤 분포인가?)라 합니다.

난수 중에서 표본을 추출하여 계산한 평균들의 분포(예제7-9.py)

```
import numpy as np
from matplotlib import pyplot as plt

n=1000
size=100
x = np.zeros(n)
mean = np.zeros(n)

for i in range(0, n):
   x=np.random.uniform(0, 1, n)
   x=np.random.choice(x, size)
   mean[i]=x.mean()

plt.hist(mean, bins=20)
plt.show()
```

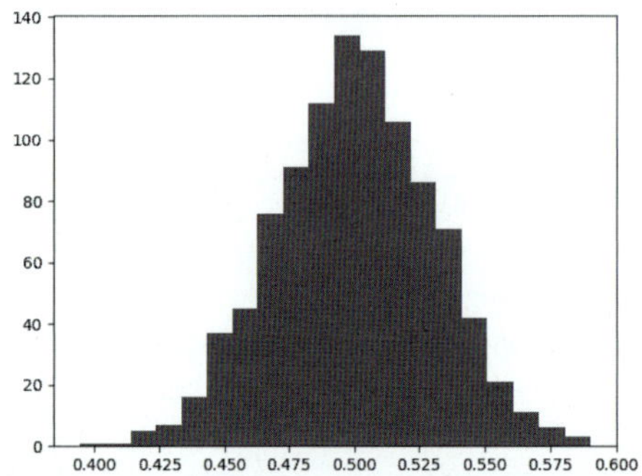

7.2 이항분포와 난수

오직 두 가지의 사상(성공과 실패)만 존재하는 실험을 n회 반복적으로 시행한다고 할 때, 성공할 횟수(또는 실패할 횟수)를 나타내는 확률변수 X가 갖게 될 분포를 이항확률분포(binomial probability distribution)라 합니다.

일반적으로 한 번의 시행에서 사건 A가 일어날 확률(성공할 확률)이 p일 때, n번의 독립시행에서 사건 A가 일어나는 횟수를 확률변수 X라 하면 X의 확률은 다음과 같습니다.

■ 확률질량함수(pmf: probability mass function)

$$P(X=x) = {}_nC_x p^x (1-p)^{n-x} = \binom{10}{x} p^x (1-p)^{n-x}$$
$$= \frac{n!}{x!(n-x)!} p^x (1-p)^{n-x} \quad (\text{단}, x = 0, 1, 2, \cdots, n)$$

함수 scipy.stats.binom.pmf() 〈예제 4-2〉 참고	함수 인자	반환 값
`scipy.stats.binom.pmf(x, n, p)`	• x: 확률변수(0~n) • n: 시행 횟수 • p: 성공할 확률	확률변수 X에 대한 확률 계산

■ 누적분포함수(cdf: cumulative distribution function)

$$F(x,\ n,\ p) = P(X \le x) = \sum_{j=0}^{x} \binom{n}{j} p^j (1-p)^{n-j}$$

함수 scipy.stats.binom.cdf() 〈예제 4-3〉 참고	함수 인자	반환 값
`scipy.stats.binom.cdf(x, n, p)`	• x: 확률변수(0~n) • n: 시행 횟수 • p: 성공할 확률	확률변수 X에 대한 누적확률 계산

■ 누적분포함수의 역함수(inverse cumulative distribution function)

파이썬에서는 함수 ppf(percent point function)로 계산합니다.

함수 scipy.stats.binom.ppf() 〈예제 4-4〉 참고	함수 인자	반환 값
`scipy.stats.binom.ppf(q, n, p)`	• q: percent point • n: 시행 횟수 • p: 성공할 확률	percent point q를 만족하는 확률변수 계산

예제 7-10 이항분포를 따르는 난수 생성

이 예제는 성공할 확률이 0.5, 반복 시행이 10인 경우에 이항분포를 따르는 난수 5개를 함수 binomial()과 binom.rvs()를 이용하여 출력한 것입니다. 결과는 0(실패)과 1(성공)로 표시되는데 이 경우는 동전 던지기로 생각하여 앞면은 0, 뒷면은 1로 생각할 수 있습니다.

함수 binomial()	함수 인자	반환 값
np.random.binomial(n, p, size)	• n: 시행 횟수 • p: 성공할 확률 • size: 생성할 개수	이항분포를 따르는 난수 생성

함수 binom.rvs()	함수 인자	반환 값
scipy.stats.binom.rvs(n, p, size)	• n: 시행 횟수 • p: 성공할 확률 • size: 생성할 개수	이항분포를 따르는 난수 생성

이항분포를 따르는 난수 생성(예제7-10.py)

```
import numpy as np
import scipy.stats as st

n=1
p=0.5
x = np.zeros(10)

x = np.random.binomial(n, p, size=10)
print(x)
```

```
[0 0 1 0 0 0 0 1 0 1]
```

```
x=st.binom.rvs(n, p, size=10)
print(x)
```

```
[0 0 0 1 0 0 0 1 1 1]
```

7.3 정규분포와 난수

연속확률변수 X의 확률밀도함수 $f(x)$가 다음과 같이 정해지는 확률분포를 정규분포라 하고, 정규분포는 평균 μ와 표준편차 σ에 의해 결정됩니다. 즉, 분포의 모양은 평균 μ와 표준편차 σ에 따라 달라집니다.

■ 확률밀도함수(pdf, probability density function)

$$f(x) = \frac{1}{\sigma\sqrt{2\pi}} e^{-\frac{1}{2}\left(\frac{x-\mu}{\sigma}\right)^2}, \quad -\infty < x < +\infty$$

- μ : 평균
- σ : 표준편차
- e: 상수 2.7183
- π : 원주율 3.14159

함수 scipy.stats.norm.pdf() 〈예제 4-5〉	함수 인자	반환 값
`scipy.stats.norm.pdf(x, m, s)`	• x: 확률변수 • m: 평균 • s: 표준편차	확률변수 X에 대한 확률밀도함수 계산 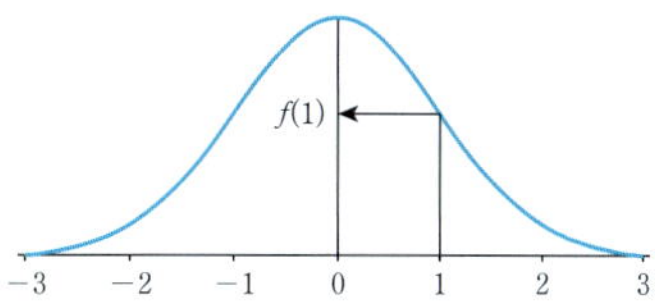

■ 누적분포함수(cdf, cumulative distribution function)

$$F(x) = \int_{-\infty}^{x} f_x(x)dx$$

함수 scipy.stats.norm.cdf() 〈예제 4-8〉	함수 인자	반환 값
`scipy.stats.norm.cdf(x, m, s)`	• x: 확률변수 • m: 평균 • s: 표준편차	확률변수 X에 대한 누적확률 계산 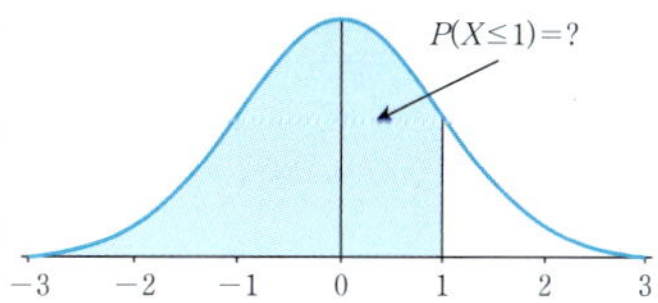

■ 누적분포함수의 역함수(inverse cumulative distribution function)

파이썬에서는 함수 ppf(percent point function)로 계산합니다.

함수 scipy.stats.norm.ppf() 〈예제 4-9〉	함수 인자	반환 값
`scipy.stats.norm.ppf(q, loc, scale)`	• q: percent point • loc: 평균 • scale: 표준편차	percent point q를 만족하는 확률변수 계산 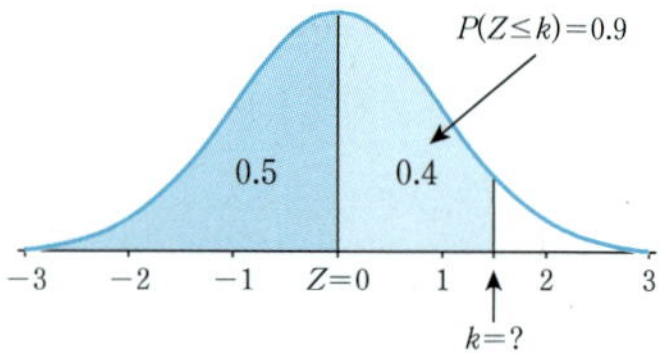

예제 7-11 **정규분포를 따르는 난수 생성**

이 예제는 평균이 70이고 표준편차가 15인 정규분포를 따르는 난수 5개를 함수 normal()과 normal.rvs()를 이용하여 출력한 것입니다.

함수 normal()	함수 인자	반환 값
`np.random.normal(loc, scale, size)`	• loc: 평균 • scale: 표준편차 • size: 생성할 개수	정규분포를 따르는 난수 생성

함수 norm.rvs()	함수 인자	반환 값
`scipy.stats.norm.rvs(loc, scale, size)`	• loc: 평균 • scale: 표준편차 • size: 생성할 개수	정규분포를 따르는 난수 생성

▌정규분포를 따르는 난수 생성(예제7-11.py)

```
import numpy as np
import scipy.stats as st

loc = 70
scale = 15
x = np.zeros(5)

x = np.random.normal(loc, scale, size=5)
print(x)
```

```
[64.42072785 41.70223688 63.60200322 70.59780168 68.3480532 ]

x = st.norm.rvs(loc, scale, size=5)
print(x)

[43.02855148 63.59674216 71.95619991 77.65125825 88.84106345]
```

예제 7-12 함수 randn()을 이용한 난수 생성

평균이 0이고 표준편차가 1인 표준정규분포를 따르는 난수는 앞의 함수 norm.rvs()와 np.random.randn()을 이용할 수 있습니다. 함수 np.random.randn()의 인자에 대한 사용 방법은 〈예제 7-1〉의 함수 np.random.rand()와 같습니다.

함수 np.random.randn()	함수 인자
np.random.randn(d_0, d_1, … , d_n)	d_0, d_1, ⋯ , d_n은 생성할 난수의 배열에 대한 차원을 결정

▌함수 randn()를 이용한 난수 생성(예제7-12.py)

```
import numpy as np
size=5
x = np.zeros(size)

x = np.random.randn(2)
print(x,'\n')

[-0.17246977  0.33128145]

x = np.random.randn(2, 3)
print(x, '\n')

[[ 0.05087938 -2.01544441 -0.66049145]
 [ 0.14641549 -0.93206579 -0.01334472]]

x = np.random.randn(2, 3, 4)
print(x, '\n')

[[[ 0.56315778  1.48032431 -0.81539933 -0.41354818]
  [ 0.20193983  0.01162872 -1.67928854 -1.46043593]
  [-0.03397895  0.04443469  0.46067902  0.44382984]]

 [[ 1.07558522  1.30924502 -0.88347637 -0.21645163]
  [-1.19113674 -0.59656223  1.20096376 -0.7573375 ]
  [ 1.29165502 -0.3529142  -0.92348485  1.14983488]]]
```

단원 정리

- 난수(random number)란 특정한 배열 순서나 규칙을 가지지 않는 연속적인 임의의 수를 말한다. 컴퓨터를 이용하여 난수를 생성하려면 적절한 수식을 이용하므로 엄밀한 의미에서 예측이 가능하고 복사할 수 있다.
- 난수를 생성하기 위해서 대부분 점화식을 이용하는데 이때 첫 번째 점화식에 사용할 상수를 시드(seed)라 하며, 초기값이라 한다. 실험에서 동일한 난수를 이용할 경우에 동일한 초기값을 이용한다. 패키지 numpy를 활용한 numpy.random과 관련된 함수들과 패키지 scipy를 활용한 scipy.stats의 난수 관련 함수들은 다음과 같다.

■ 모듈 numpy.random의 난수 관련 함수들

함수와 인자	내용
seed(seed)	난수 생성을 위한 초깃값 설정
choice(a, size, replace, p)	복원 또는 비복원 표본 추출
rand(d_0, d_1, … , d_n)	균등분포 [0, 1]을 따르는 난수 생성
uniform(low, high, size)	균등분포 [low, high]를 따르는 난수 생성
randint(low, high, size)	균등분포 [low, high]를 따르는 정수 난수 생성
randn(d_0, d_1, … , d_n)	표준정규분포를 따르는 난수 생성
binomial(n, p, size)	이항분포(시행 횟수 n, 성공할 확률 p, 개수 size)를 따르는 난수 생성
normal(loc, scale, size)	정규분포(평균 loc, 표준편차 scale, 개수 size)를 따르는 난수 생성

■ 모듈 scipy.stats의 난수 관련 함수들

함수와 인자	내용
uniform.rvs(loc, scale, size)	범위 [loc, loc+scale] 사이의 균등분포를 따르는 난수 생성
binom.rvs(n, p, size)	이항분포(시행 횟수 n, 성공할 확률 p, 개수 size)를 따르는 난수 생성
norm.rvs(loc, scale, size)	정규분포(평균 loc, 표준편차 scale, 개수 size)를 따르는 난수 생성

연습문제

1. 다음의 프로그램을 작성하시오.

(1) 모의실험으로 다음의 과정을 1,000번 반복했을 때 앞면이 나타난 횟수에 대해 히스토그램으로 나타내시오.

동전 던지기를 1,000번 한다고 할 때 앞면이 나타난 횟수를 카운트하시오.

(2) 모의실험으로 주사위 던지기를 1,000번 한다고 할 때 각 눈금이 나온 횟수와 확률을 계산하시오. 각 눈금이 나온 횟수의 합과 확률의 합도 나타내시오.

(3) 6개의 숫자로 이루어진 로또 번호의 생성을 100번 반복하여 각 숫자들의 빈도를 계산하여 출력하고 가장 빈도가 높은 숫자와 빈도수를 나타내시오. 각 숫자가 나타난 횟수가 600이 되는지도 확인하시오.

(4) 모의실험으로 다음의 과정을 1,000번 반복하여 얻은 결과에 대해서 평균과 표준편차를 계산하고 평균의 분포를 나타내시오. 평균과 표준편차가 $\mu = 50$ 과 $\sigma/\sqrt{n} = 10/\sqrt{10} = 3.162278$ 에 근접하는지 확인하시오,

평균이 50이고 표준편차가 10인 정규분포를 따르는 난수 100개 중에서 10개를 추출하여 평균 계산

CHAPTER

08

대화형 도형을 통해 데이터에 숨겨진 정보와 변화를 탐색해보기

도형이 작성된 이후에도 사용자의 명령 또는 지시를 인식하여 동적으로 반응하는 대화 형식의 기능에 대해서 알아봅니다. 이러한 기능은 데이터에 포함된 정보를 탐색하거나 표현하는 방법에 응용할 수 있습니다.

contents

CHAPTER

08 대화형 도형을 통해 데이터에 숨겨진 정보와 변화를 탐색해보기

| 이 장에서 학습할 내용 |

1. 슬라이더로 조절하는 도형의 사용 예
2. 버튼으로 조절하는 도형의 사용 예
3. 프레임을 이용한 애니메이션의 구현

앞서 3장에서 소개했던 그래프와 도형은 한 번 작성되어 표현된 이후에는 수정할 수 없고, 도형을 다른 모양으로 바꾸거나 수정된 데이터를 반영하기 위해서 다시 작성해야만 하는 정적(static)인 도형들이었습니다. 그러나 이 장에는 도형이 표현된 이후에도 사용자의 명령 또는 지시를 인식하여 동적(dynamic)으로 반응하는 대화 형식의 기능을 추가하는 방법을 설명하고자 합니다.

대화형 도형의 예로 히스토그램 막대의 수를 변화시켜 보았습니다. 히스토그램은 동일한 데이터에 대해 막대의 개수를 몇 개로 나타내느냐에 따라 분포 모양이 달라집니다. 다음의 그림은 평균이 70, 표준편차가 15인 정규분포를 따르는 난수 100개를 생성한 다음 동일한 난수에 대해 슬라이더를 이용한 마우스 클릭(또는 드래그)으로 막대의 수(bins)를 5개에서 15개로 변화시키면서 분포의 모양을 관찰한 것입니다.

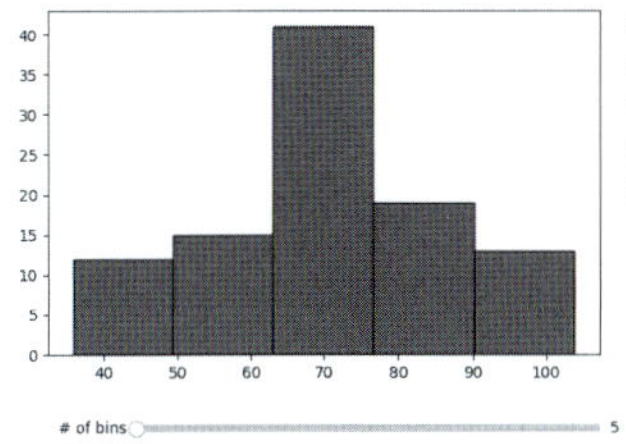

막대의 수 = 5

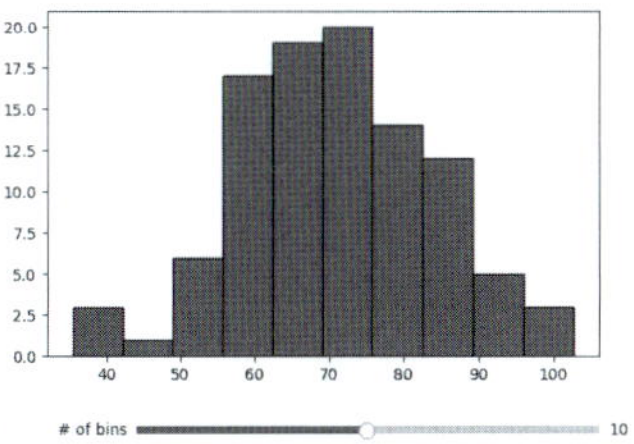

막대의 수 = 10

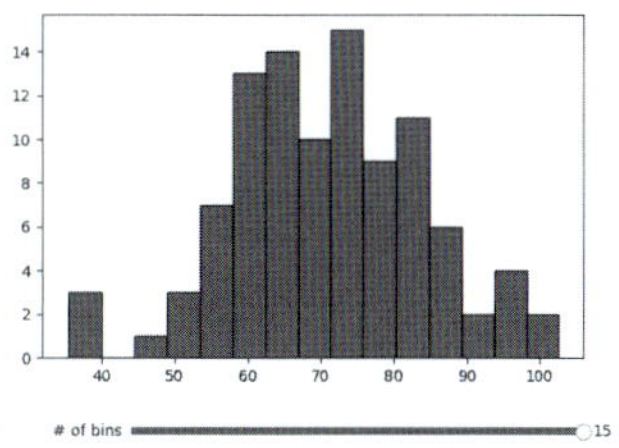

막대의 수 = 15

이 장에서 소개하려는 대화형 도형의 방법은 matplotlib.widget[1], Slider[2], Radio Buttons[3]를 참고하였고 프레임을 이용하는 애니메이션은 matplotlib.animation[4]을 참고하였습니다. 대화형 도형의 방법을 구현하기 위해 기본적으로 모듈 matplotlib.widget이 필요하며, 애니메이션 효과는 matplotlib.animation을 사용할 수 있습니다.

[그림 8-1]은 matplotlib.animation 중에서 버튼에 의해서 sine 곡선이 변화하는 것을 나타내는 애니메이션입니다.

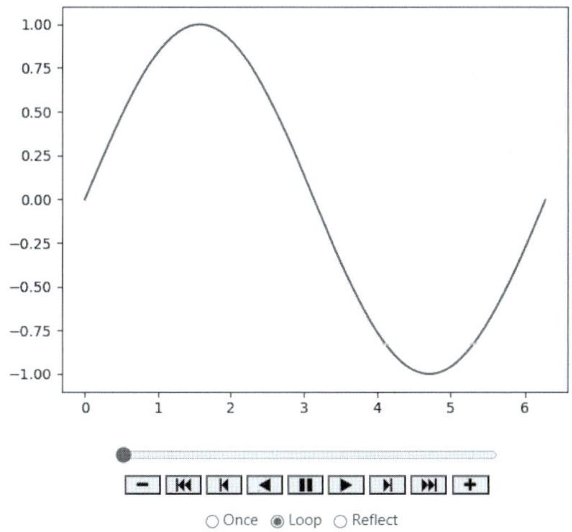

[그림 8-1] sine 곡선의 변화

1) https://matplotlib.org/stable/api/widgets_api.html
2) https://matplotlib.org/stable/gallery/widgets/slider_demo.html
3) https://matplotlib.org/3.5.0/gallery/widgets/radio_buttons.html
4) https://matplotlib.org/stable/api/animation_api.html

8.1 도형의 기본 요소와 슬라이더의 활용

3장에서 여러 가지 도형을 나타내기 위하여 함수의 사용법 위주로 설명하였습니다. 그러나 대화 형식으로 도형을 조작하기 위해서 도형 자체의 기능과 역할에 대해서 살펴볼 필요가 있습니다. [그림 8-2]는 Python Plotting With Matplotlib(Guide)[5]에서 발췌한 내용입니다.

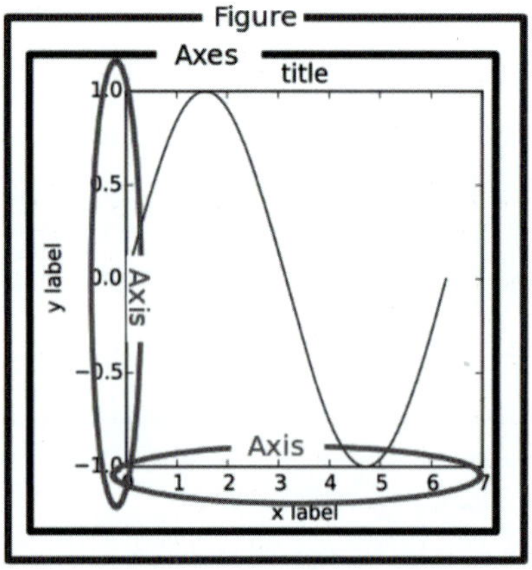

[그림 8-2] Figure, Axes, Axis의 구분

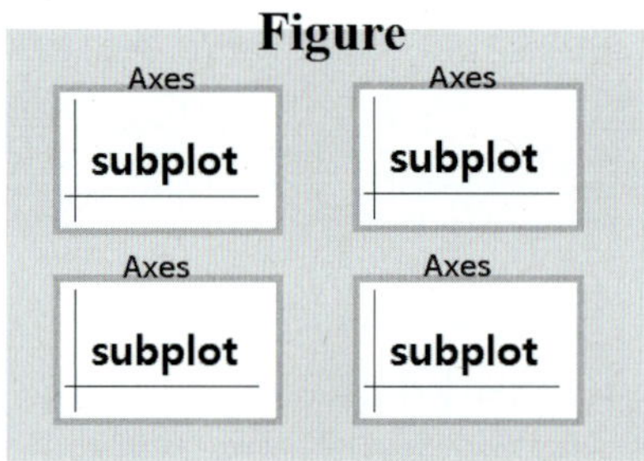

[그림 8-3] 4개의 axes로 이루어진 figure

[그림 8-2]에서 도형의 Figure 부분은 그림의 모든 요소가 표시된 canvas로 볼 수 있으며, Figure를 구성하는 하위 구성요소로 Axes가 있습니다. Figure에는 최소한 한 개의 Axes가 포함됩니다. 그리고 각각의 Axes는 하나 이상의 Axis(수평-x축, 수직-y축 또는 3차원의 z축)로 구성되어 있습니다.

[그림 8-3]의 예에서는 한 개의 Figure 안에 4개의 Axes가 있습니다. 이렇게 하나의 Figure 안에 여러 개의 도형(subplot)을 작성할 때 함수 subplot(), add_subplot() 또는 subplots() 등을 사용할 수 있고 사용 방법은 비슷하지만, 여기에서는 함수 subplots()를 이용하기로 합니다.

〈예제 8-1〉의 프로그램을 기준으로 설명하고자 합니다. Figure 안에 오직 한 개의 도형만을 생성한다면 다음과 같이 작성할 수 있습니다. 여기에서 fig는 [그림 8-2]에서 canvas 전체 영역인 Figure의 객체이고, ax는 [그림 8-2]에서 도형의 영역 Axes의 객체를 의미합니다.

5) https://realpython.com/python-matplotlib-guide/

```
fig, ax = plt.subplots()
```

슬라이더를 Figure에 나타내기 위하여 도형의 위치를 조정해야 합니다. 만약 아랫부분에 슬라이더를 위치시키려면 아랫(bottom)부분의 간격을 조정해야 하며, 크기는 백분율로 나타냅니다. 이 예에서는 아랫(bottom)부분의 여백(여분)을 25%로 잡은 것이고, 같은 방법으로 상(top), 하(bottom), 좌(left), 우(right)에 대해 여백을 조정할 수 있습니다.

```
fig.subplots_adjust(bottom=0.25)
# 또는 plt.subplots_adjust(bottom=0.25)
```

이제 슬라이더의 영역과 객체를 생성합니다. 우선 슬라이더의 영역을 조정해야 하며, 함수 axes()는 왼쪽, 아래, 폭, 높이의 4개 인자를 필요로 합니다. 이어서 함수 Slider는 영역, 이름, 표시할 값의 범위, 초깃값, 증가값의 인자를 필요로 합니다.

```
num_bin = plt.axes([0.25, 0.1, 0.65, 0.03], facecolor='blue')
slider_value = Slider(num_bin, '# of bins', 5, 15, valinit=5, valstep=1)
```

이제 사용자의 선택으로 슬라이더의 값이 변해야 하며, 동시에 이 내용이 도형에 전달되어야 하므로 다음의 내용이 필요합니다. 함수 update()는 슬라이더의 값에 따라 도형에 어떤 변화를 줄 것인가를 결정하고, 함수 on changed()는 슬라이더의 값이 변할 때 호출할 함수를 선택하는 메소드입니다. 여기에서는 함수 update()를 호출하고 함수 인자의 현재 슬라이더 값인 val입니다.

```
def update(val):
 함수 내용
slider_value.on_changed(update)
```

따라서 함수 update()에 포함될 내용은 우선 기존의 도형이 그려진 Axes(여기서는 ax.axes)를 지우는(clear) 부분과 다시 그 Axes에 슬라이더의 값(val)에 의해 변화된 도형을 나타내는 부분으로 구성됩니다.

예제 8-1 **슬라이더를 통해 막대의 수를 변화시키는 히스토그램**

다음은 정규분포를 따르는 100개의 난수를 생성(〈예제 7-9〉 참고)하여 히스토그램의 데이터로 사용하되, 막대의 수를 슬라이더로 변화시키면서 동시에 그 변화가 히스토그램에 반영되도록 작성한 것입니다. 이를 구현하는 함수 slider()와 메소드에 대한 설명은 다음과 같습니다.

함수 Slider()	함수 인자
`matplotlib.widgets.Slider(ax, label, valmin, valmax, valinit, valstep)`	• ax: Slider가 위치할 Axes • label: 텍스트 내용 • valmin: Slider 최솟값 • valmax: Slider 최댓값 • valinit: Slider 초기값 • valstep: Slider 증가값

함수 Slider의 메소드	내용
`on_changed(self, func)`	Slider의 값이 변할 때 함수 func를 호출하면서 Slider 값을 인자로 반환
`reset(self)`	Slider의 값을 초깃값으로 변환(초기화)
`set_val(self, val)`	Slider의 값을 val에 저장

슬라이더를 통해 막대의 수를 변화시키는 히스토그램(예제8-1.py)

```
import numpy as np
from matplotlib import pyplot as plt
from matplotlib.widgets import Slider

np.random.seed(1)

n = 100
loc = 70
scale =15
x = np.zeros(n)
# 평균 70, 표준편차 15인 정규분포 난수 100개 생성
x = np.random.normal(loc, scale, size=n)

fig, ax = plt.subplots()
fig.subplots_adjust(bottom=0.25)

# 최초의 도형(앞서 생성한 100개의 난수에 대해 막대 수 5개로 히스토그램 작성)
ax.hist(x, bins = 5, edgecolor='black')
```

| 실행 결과 |

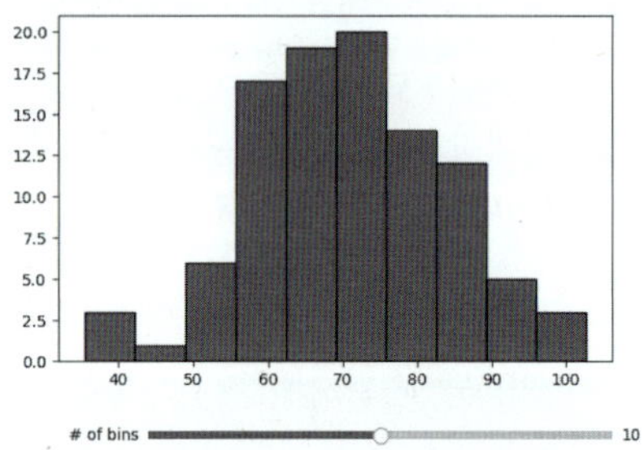

```
# slider 생성
num_bin = plt.axes([0.25, 0.1, 0.65, 0.03], facecolor='blue')
slider_value = Slider(num_bin, '# of bins', 5, 15, valinit=5, valstep=1)

def update(val):
   ax.axes.clear()
   ax.hist(x, bins = val, edgecolor='black')  # val 값에 따라 히스토그램 막대 수 변경

slider_value.on_changed(update)
plt.show()
```

예제 8-2 **표본 수에 따른 표본분포의 변화**

이 예제는 표본의 수를 변화시켜 가면서 표본평균의 분포가 어떤 모양으로 나타나는지를 연속적으로 확인하기 위하여 슬라이더를 활용하는 것입니다. 즉, 슬라이더를 통해 표본의 수를 증가시켜감에 따라 표본분포의 모양을 확인해보는 것입니다.

〈예제 8-2〉에서 사용한 모집단 분포는 균등분포이고 [0, 1] 구간의 균등분포에 대해 난수 10,000개를 생성한 다음 이 모집단으로부터 표본의 개수를 2부터 2개씩 30까지 증가시키면서 표본평균이 어떻게 변화하는지를 확인하는 것입니다. 표본 수의 변화에 따른 분포 모양의 변화는 〈예제 8-2〉의 실행 결과 모음과 같습니다.

예제의 대부분은 프로그램을 설명하고 [실행 결과]를 나타냈지만, 이 예제(〈예제 8-2〉)에서는 이해를 돕기 위해서 [실행 결과]를 프로그램보다 먼저 표시하였습니다.

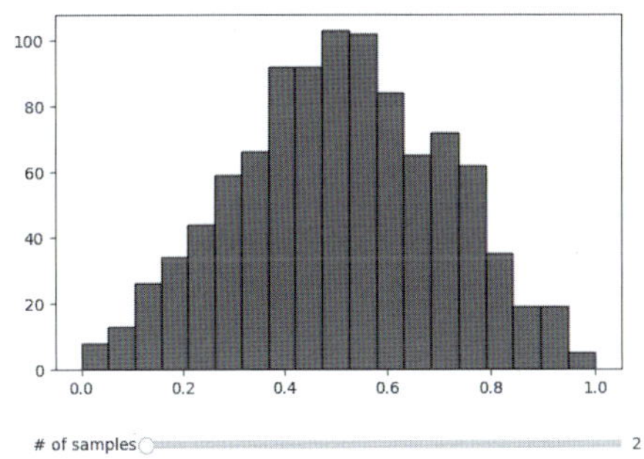

표본 수 = 2

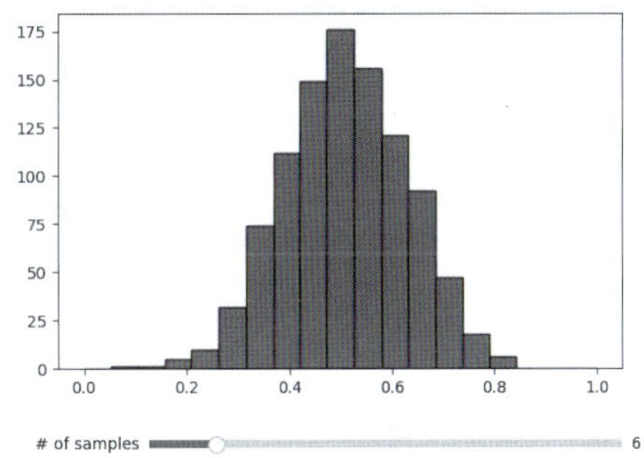

표본 수 = 6

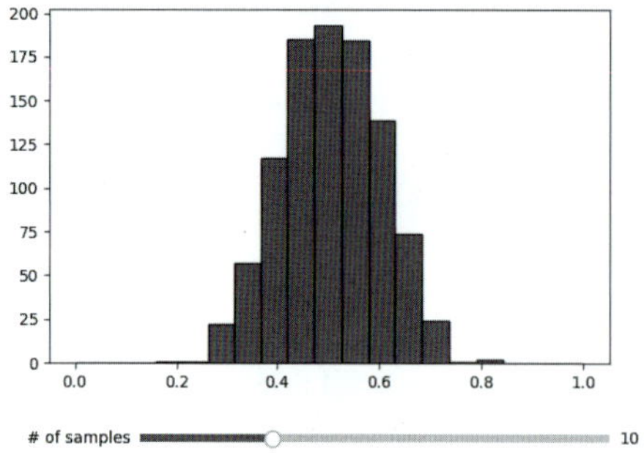

표본 수 = 10

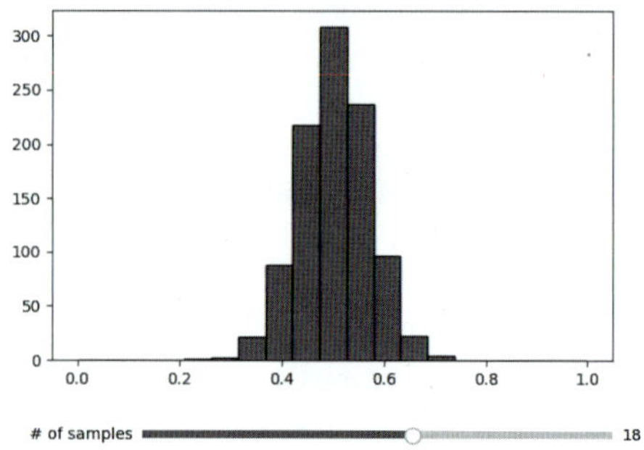

표본 수 = 18

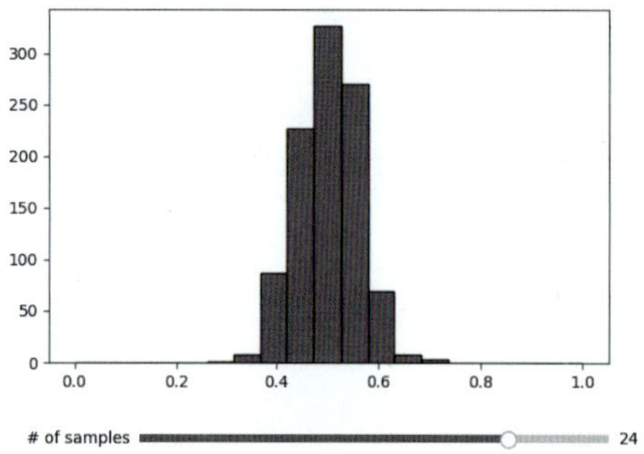

표본 수 = 24

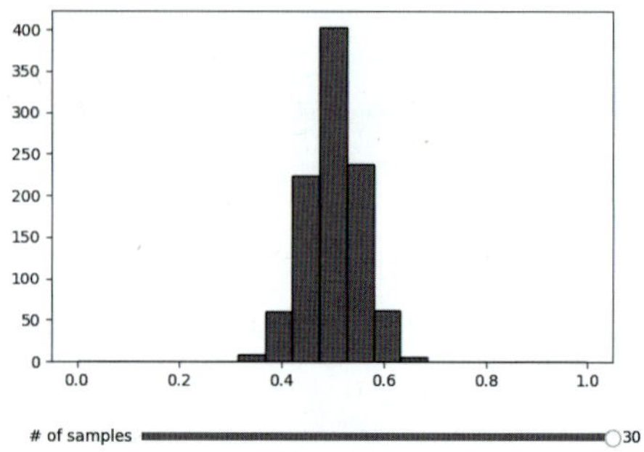

표본 수 = 30

이와 같은 실험을 통해 중심극한정리를 확인해 볼 수 있습니다. 모집단 분포가 균등분포이나 표본의 수가 18개만 되더라도 표본분포는, 즉 표본의 평균은 모집단 평균(0.5)에 밀집한 정규분포 모양이 나타남을 알 수 있습니다.

표본 수에 따른 표본분포의 변화(예제8-2.py)

```
import numpy as np
from matplotlib import pyplot as plt
from matplotlib.widgets import Slider

np.random.seed(30)

n = 1000
x = np.zeros(n)
mean = np.zeros(n)

HIST_BINS = np.linspace(0, 1, 20)
x = np.random.uniform(0, 1, 10000)

fig, ax  = plt.subplots()
```

```
fig.subplots_adjust(bottom=0.25)
# 표본 수에 따라 표본을 추출하고 평균값을 mean에 저장(number는 표본 수)
def samples(number):
    for i in range(0, 1000):
        sample = np.zeros(number)
        sample = np.random.choice(x, size=number)
        mean[i]=sample.mean()
    return mean

# 초기 도형 생성(표본 수 2)
ax.hist(samples(2), HIST_BINS, edgecolor='black')

# slider 생성
num_bin = plt.axes([0.25, 0.1, 0.65, 0.03], facecolor='blue')
slider_value = Slider(num_bin, '# of samples', 2, 30, valinit=2, valstep=2)

def update(val):
    ax.axes.clear()
    ax.hist(samples(val), HIST_BINS, edgecolor='black')

slider_value.on_changed(update)
plt.show()
```

8.2 버튼으로 조절하는 도형

matplotlib.widgets에는 앞서 슬라이더 외에 버튼, 체크 버튼, 라디오 버튼 등이 있습니다. 버튼은 주로 [저장], [확인] 또는 [취소] 등에 사용하는 직사각형 모양의 버튼이고, 체크 버튼은 표시된 항목 중에서 여러 개를 선택할 때 사용하고, 라디오 버튼은 항목 중에서 오직 한 개만을 선택할 때 사용합니다.

버튼(Buttons)	체크 버튼(CheckButtons)	라디오 버튼(RadioButtons)

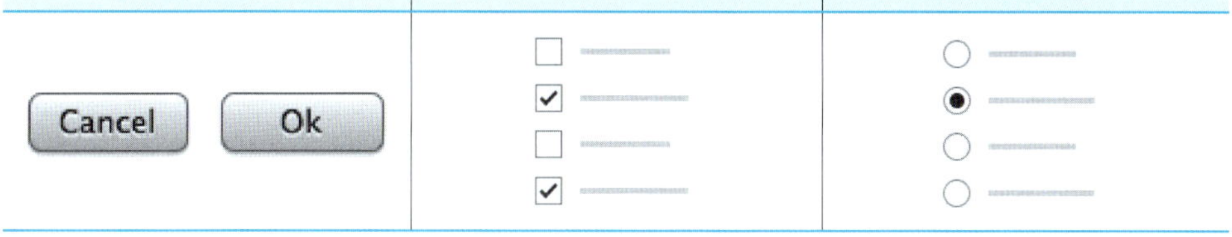

예제 8-3 **라디오 버튼의 선택에 따라 히스토그램의 색상 변경**

이 예제는 라디오 버튼의 사용 예로 네 가지 색상 중에서 한 개를 선택하면 그 색상으로 히스토그램의 색상을 바꾸도록 한 것입니다. 라디오 버튼의 선택에 따른 색상 변화는 다음과 같습니다. 초기 상태의 색상은 노란색(yellow)입니다.

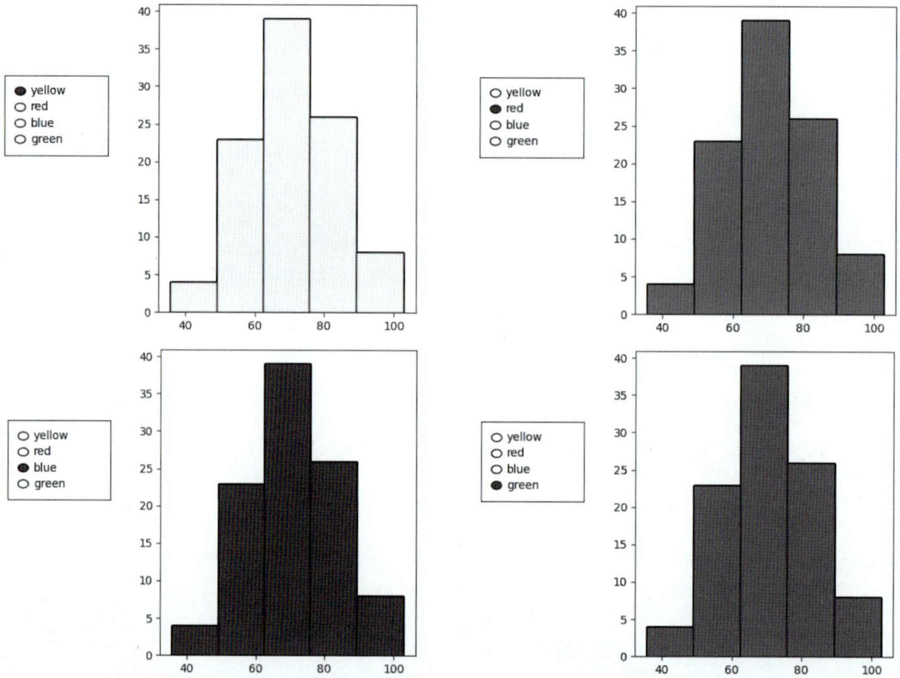

함수 RadioButtons	함수 인자
`matplotlib.widgets.RadioButtons(ax, labels, activecolor='blue')`	• ax: 버튼이 위치할 Axes • labe: 텍스트 내용 • activecolor: 버튼을 눌렀을 때 색상(blue가 기본)

함수 RadioButtons의 메소드	내용
`on_clicked(func)`	버튼을 선택(click)할 때 함수 func()를 호출하면서 Slider 값을 인자로 반환
`set_active(index)`	index로 버튼 선택

▌라디오 버튼의 선택에 따라 히스토그램의 색상 변경(예제8-3py)

```
import numpy as np
from matplotlib import pyplot as plt
from matplotlib.widgets import RadioButtons

np.random.seed(1)

n = 100
loc = 70
scale =15
x = np.zeros(n)
# 평균 70, 표준편차 15인 정규분포 난수 100개
x = np.random.normal(loc, scale, size=n)

fig, ax  = plt.subplots()
fig.subplots_adjust(left=0.4)
# 초기 도형(앞서 생성한 100개의 난수에 대해 막대 수 5개로 히스토그램 작성)
ax.hist(x, bins = 5, color='yellow', edgecolor='black')

# RadioButton 생성
rax = plt.axes([0.1, 0.5, 0.2, 0.2])
radio_button = RadioButtons(rax, ('yellow', 'red', 'blue', 'green'))

def colorfunc(label):
   ax.hist(x, bins = 5, color=label, edgecolor='black')
   plt.draw()

radio_button.on_clicked(colorfunc)
plt.show()
```

| 실행 결과 |

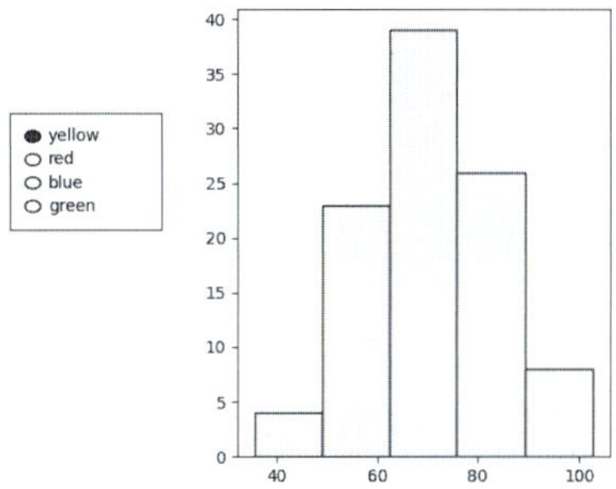

8.3 애니메이션을 이용하여 표본분포의 변화 확인

파이썬에서 애니메이션을 구현하는 방법의 하나로 모듈 matplotlib.animation의 함수(클래스) FuncAnimation을 이용할 수 있으며, 만화와 같이 프레임(frame) 단위를 연속적으로 보여줌으로써 애니메이션을 구현합니다. 그리고 애니메이션을 일시 정지시키거나 재생하는 메소드가 포함되어 있으므로 이 기능을 버튼으로 구현하여 사용하고자 합니다.

함수 FuncAnimation()	함수 인자
`matplotlib.animation.FuncAnimation(fig, func, frames, ...)`	• fig: 작동시킬 Figure • func: 각 프레임에서 호출하는 함수 • frames: 애니메이션의 프레임

함수 FuncAnimation의 메소드	내용
`pause()`	애니메이션을 일시 정지시킴
`resume()`	애니메이션을 다시 시작함
`save((filename[...]))`	애니메이션을 영화 형태로 저장함

단순하게 설명하기 위해서 앞서 〈예제 8-2〉에서 슬라이더의 변화에 따라 나타냈던 도형을 예로 들어 봅니다. 슬라이더를 클릭할 때마다 나타난 도형을 프레임의 한 단위로 생각할 수 있습니다. 즉, 슬라이더를 연속적으로 클릭하면 마치 도형이 움직이는 것처럼 보이는 과정을 사용하는 것입니다.

예전에 몇몇 친구들이 수첩의 귀퉁이에 작은 도형(점 또는 원)을 페이지마다 순차적으로 그려놓고 수첩 종이를 빠르게 넘기면 마치 도형이 살아 움직이는 듯한 착각을 주었던 기억이 있을 것입니다. 바로 그 방법으로 애니메이션을 구현하는 것입니다.

예제 8-4 **〈예제 8-2〉에 대한 애니메이션**

이 예제는 이해하기 쉽게 나타내기 위하여 두 개의 부분으로 나누어서 표현하였습니다. 〈예제 8-4〉의 첫 번째 부분(part 1)은 필요한 라이브러리를 호출하는 것과 도형의 아랫부분에 버튼을 위치시키고자 함수 subplots_adjust를 이용하여 여백 조절(bottom=0.15) 한 것을 제외하고는 〈예제 8-2〉와 동일합니다. 〈예제 8-4〉의 첫 번째 부분(part 1) FuncAnimation을 사용하기 위해서 모듈 matplotlib.animation을, Button을 사용하기 위해서 모듈 matplotlib.widgets를 불러와야 합니다.

〈예제 8-4〉의 두 번째 부분(part 2)은 크게 두 부분으로 구성되어 있습니다.

첫 번째 부분([버튼의 생성과 역할])은 두 개의 버튼, 즉 애니메이션 동작을 멈추기 위한 button_pause와 애니메이션을 다시 재생시키기 위한 button_resume의 생성과 역할을 정의하고 있습니다. 이 내용은 앞서 슬라이더를 생성하고 슬라이더를 클릭했을 때의 역할을 정의하는 함수와 유사한 방법을 사용하고 있습니다.

버튼 button_pause를 클릭(button_pause.on_clicked)했을 때 함수 pause를 호출하고 함수 pause의 역할을 객체 animation에 대해 일시 정지 메소드인 pause()를 호출합니다. 두 번째 버튼인 button_play는 같은 방법으로 button_play를 클릭(button_play.on_clicked)했을 때 함수 play()를 호출하고 함수 play의 역할을 객체 animation에 대해 다시 시작하는 메소드인 resume()을 호출합니다.

[버튼의 생성과 역할]

```
# 일시 정지 버튼
pauseax = plt.axes([0.8, 0.025, 0.1, 0.04])
button_pause = Button(pauseax, 'Pause', color='gray')
def pause(event):
    animation.pause()
button_pause.on_clicked(pause)

# 다시 재생 버튼
playax = plt.axes([0.6, 0.025, 0.1, 0.04])
button_play = Button(playax, 'Resume', color='gray')
def play(event):
    animation.resume()
button_play.on_clicked(play)
```

두 번째 부분([객체 animation의 역할])은 함수(클래스)인 FuncAnimation에 의해 생성된 인스턴스 animation에 관한 것입니다. animation이 작동하기 위해서는 프레임(frames)이 필요한데 여기에서 프레임은 함수 np.arange()에 의해 1부터 20까지 숫자로 이루어진 배열입니다.

즉, 이 배열의 값들이 각각 하나의 프레임을 구성하므로 이 애니메이션의 프레임은 총 20개가 됩니다. 단, 프레임과 프레임 사이의 시간 간격은 interval로 조정(단위는 millisecond)하며, 마지막 프레임에 이어서 첫 번째 프레임으로의 계속된 반복을 위해 repeat=True를 사용하였습니다.

FuncAnimation의 첫 번째 인자는 현재 대상이 되는 도형(fig)이고 두 번째 인자는 함수인데 이 함수는 프레임이 바뀔 때마다 호출할 함수(update)입니다. 〈예제 8-4〉의 함수 update()는 〈예제 8-2〉의 함수 update()와 거의 같으며, 달라진 부분은 프레임이 바뀔 때마다 도형의 제목 부분에 표본의 수를 표시한 것입니다.

〈예제 8-4〉를 실행하면 표본 수가 1부터 20까지 변화하는 동안 표본분포의 모양이 연속적으로 변하며, 버튼 [Pause]와 [Resume]에 의해서 일시 정지와 다시 시작을 사용할 수 있습니다.

[객체 animation의 역할]

```
# 프레임에서 불러올 함수
def update(frame):
    ax.axes.clear()
    ax.set_title('# of samples = '+str(frame))
    ax.hist(samples(frame), HIST_BINS, edgecolor='black')

# 애니메이션의 구성
animation = FuncAnimation(fig, update, frames=np.arange(1, 20, 1), interval=800,
repeat=True)
plt.show()
```

〈예제 8-2〉에 대한 애니메이션 part 1(예제8-4.py)

```
import numpy as np
import matplotlib.pyplot as plt
from matplotlib.animation import FuncAnimation
from matplotlib.widgets import Button

np.random.seed(30)

n = 1000
x = np.zeros(n)
mean = np.zeros(n)

HIST_BINS =  np.linspace(0, 1, 20)
x = np.random.uniform(0, 1, 10000)

fig, ax  = plt.subplots()
fig.subplots_adjust(bottom=0.15)

# 표본 수에 따라 표본을 추출하고 평균값을 mean에 저장(number는 표본 수)
def samples(number):
    for i in range(0, 1000):
        sample = np.zeros(number)
        sample = np.random.choice(x, size=number)
        mean[i]=sample.mean()
    return mean
```

[실행 예 1]

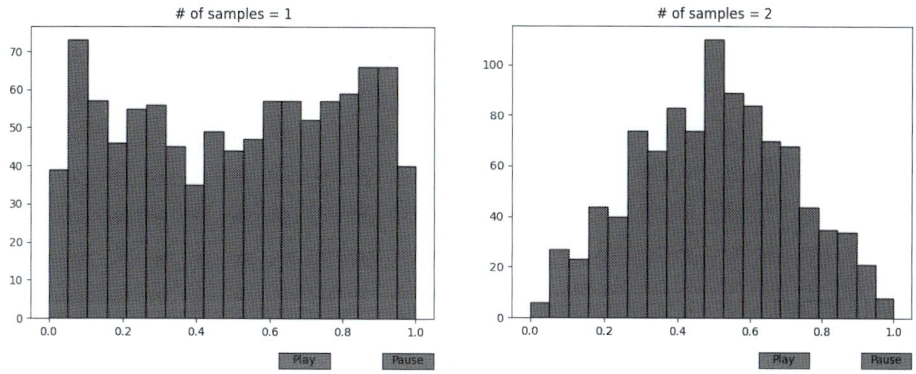

〈예제 8-2〉에 대한 애니메이션 part 2(예제8-4.py)

```
def update(frame):
    ax.axes.clear()
    ax.set_title('# of samples = '+str(frame))
    ax.hist(samples(frame), HIST_BINS, edgecolor='black')

pauseax = plt.axes([0.8, 0.025, 0.1, 0.04])
button_pause = Button(pauseax, 'Pause', color='gray')
def pause(event):
    animation.pause()
button_pause.on_clicked(pause)

playax = plt.axes([0.6, 0.025, 0.1, 0.04])
button_play = Button(playax, 'Play', color='gray')
def play(event):
    animation.resume()
button_play.on_clicked(play)

animation = FuncAnimation(fig, update, frames=np.arange(1, 50, 1), interval=800,
repeat=True)
plt.show()
```

[실행 예 2]

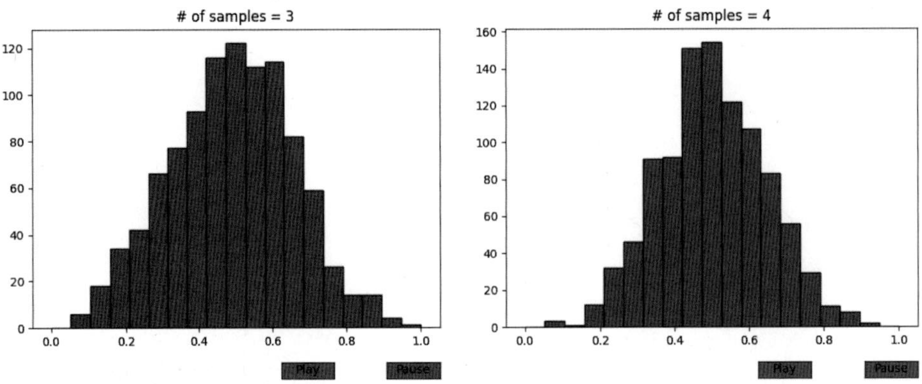
# of samples = 3
120
100
80
60
40
20
0
0.0
0.2
0.4
0.6
0.8
1.0
Play
Pause
# of samples = 4
160
140
120
100
80
60
40
20
0
0.0
0.2
0.4
0.6
0.8
1.0
Play
Pause

단원 정리

도형의 Figure 부분은 그림의 모든 요소가 표시된 canvas로 볼 수 있으며, Figure를 구성하는 하위 구성요소인 Axes가 있다. Figure에는 최소한 한 개의 Axes가 포함되며, 각각의 Axes는 하나 이상의 Axis(수평-x축, 수직-y축 또는 3차원의 z축)로 구성되어 있다.

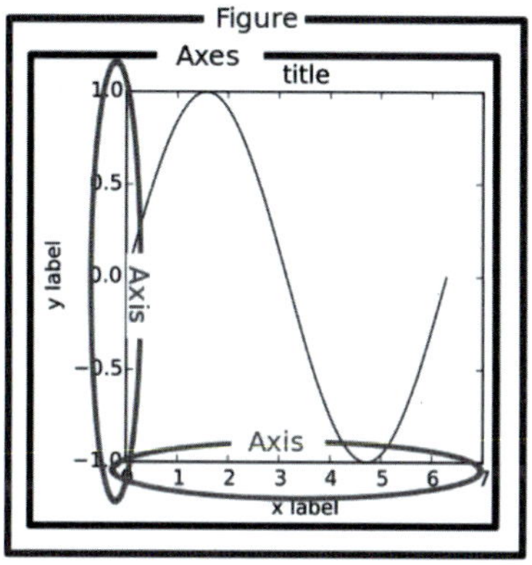

Figure, Axes, Axis의 구분

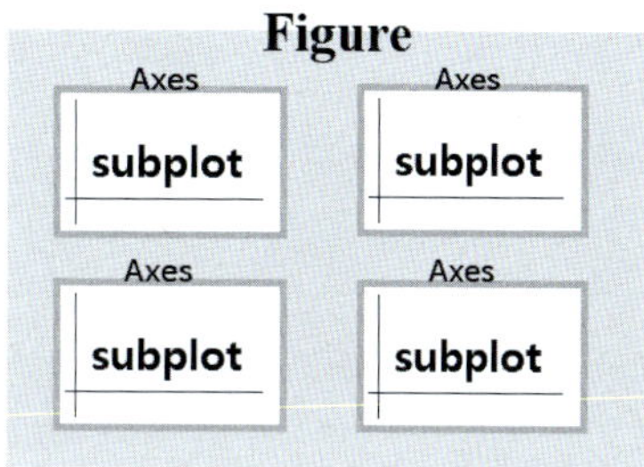

4개의 axes로 이루어진 figure

파이썬에서 대화형 도형을 작성하기 위해 기본적으로 모듈 matplotlib.widget이 필요하며, 프레임을 이용한 애니메이션을 작성하려면 matplotlib.animation이 필요하다.

- 슬라이더 함수와 메소드

함수 Slider	함수 인자
`matplotlib.widgets.Slider(ax, label, valmin, valmax, valinit, valstep)`	• ax: Slider가 위치할 Axes • label: 텍스트 내용 • valmin: Slider 최솟값 • valmax: Slider 최댓값 • valinit: Slider 초기값 • valstep: Slider 증가값

함수 Slider의 메소드	내용
`on_changed(self, func)`	Slider의 값이 변할 때 함수 func를 호출하면서 Slider 값을 인자로 반환
`reset(self)`	Slider의 값을 초기값으로 변환(초기화)
`set_val(self, val)`	Slider의 값을 val에 저장

■ 라디오 버튼 함수와 메소드

함수 RadioButtons	함수 인자
`matplotlib.widgets.RadioButtons(ax, labels, activecolor='blue')`	• ax: 버튼이 위치할 Axes • label: 텍스트 내용 • activecolor: 버튼을 눌렀을 때 색상(blue가 기본)

함수 RadioButtons의 메소드	내용
on_clicked(func)	버튼을 선택(click)할 때 함수 func를 호출하면서 Slider 값을 인자로 반환
set_active(index)	index로 버튼 선택

■ 애니메이션 함수와 메소드

함수 FuncAnimation	함수 인자
`matplotlib.animation.FuncAnimation(fig, func, frames, ...)`	• fig: 작동시킬 Figure • func: 각 프레임에서 호출하는 함수 • frames: 애니메이션의 프레임

함수 FuncAnimation의 메소드	내용
pause()	애니메이션을 일시 정지시킴
resume()	애니메이션을 다시 시작함
save((filename[...]))	애니메이션을 영화 형태로 저장함

연습문제

1. 평균이 μ이고 표준편차가 σ인 정규분포에 대해서 다음의 프로그램을 작성하시오. 단, 평균 또는 표준편차의 변화는 슬라이더를 사용하시오.

   ① 표준편차가 고정된 상태에서 평균만 변할 때 분포가 어떻게 변하는지를 나타내시오.

   ② 평균이 고정된 상태에서 표준편차만 변할 때 분포가 어떻게 변하는지를 나타내시오.

2. 학생건강검사 자료 중 고등학생의 키와 몸무게 자료(고등학생_남자_키와 몸무게.xlsx)에 대해서 표본수를 10, 50, 100, 500, 1,000, 5,000, 10,000, 15,000으로 늘릴 때 산포도와 추정된 회귀직선의 변화를 나타내시오. 단, 표본수의 변화는 슬라이더를 사용하시오.

3. 문제 1과 문제 2에 대해서 애니메이션으로 구현하시오.

부 록

contents

부 록

[부록 1] 표준정규분포표

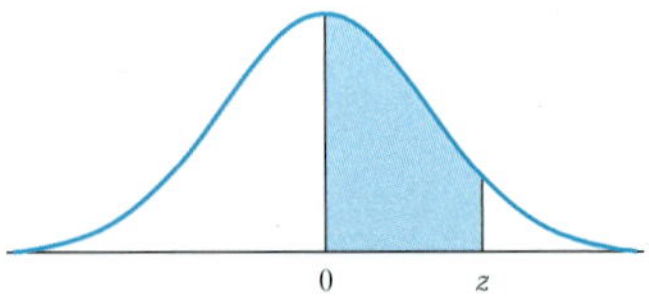

Z	0.00	0.01	0.02	0.03	0.04	0.05	0.06	0.07	0.08	0.09
0.0	0.0000	0.0040	0.0080	0.0120	0.0160	0.0199	0.0239	0.0279	0.0319	0.0359
0.1	0.0398	0.0438	0.0478	0.0517	0.0557	0.0596	0.0636	0.0675	0.0714	0.0753
0.2	0.0793	0.0832	0.0871	0.0910	0.0948	0.0987	0.1026	0.1064	0.1103	0.1141
0.3	0.1179	0.1217	0.1255	0.1293	0.1331	0.1368	0.1406	0.1443	0.1480	0.1517
0.4	0.1554	0.1591	0.1628	0.1664	0.1700	0.1736	0.1772	0.1808	0.1844	0.1879
0.5	0.1915	0.1950	0.1985	0.2019	0.2054	0.2088	0.2123	0.2157	0.2190	0.2224
0.6	0.2257	0.2291	0.2324	0.2357	0.2389	0.2422	0.2454	0.2486	0.2517	0.2549
0.7	0.2580	0.2611	0.2642	0.2673	0.2704	0.2734	0.2764	0.2794	0.2823	0.2852
0.8	0.2881	0.2910	0.2939	0.2967	0.2995	0.3023	0.3051	0.3078	0.3106	0.3133
0.9	0.3159	0.3186	0.3212	0.3238	0.3264	0.3289	0.3315	0.3340	0.3365	0.3389
1.0	0.3413	0.3438	0.3461	0.3485	0.3508	0.3531	0.3554	0.3577	0.3599	0.3621
1.1	0.3643	0.3665	0.3686	0.3708	0.3729	0.3749	0.3770	0.3790	0.3810	0.3830
1.2	0.3849	0.3869	0.3888	0.3907	0.3925	0.3944	0.3962	0.3980	0.3997	0.4015
1.3	0.4032	0.4049	0.4066	0.4082	0.4099	0.4115	0.4131	0.4147	0.4162	0.4177
1.4	0.4192	0.4207	0.4222	0.4236	0.4251	0.4265	0.4279	0.4292	0.4306	0.4319
1.5	0.4332	0.4345	0.4357	0.4370	0.4382	0.4394	0.4406	0.4418	0.4429	0.4441
1.6	0.4452	0.4463	0.4474	0.4484	0.4495	0.4505	0.4515	0.4525	0.4535	0.4545
1.7	0.4554	0.4564	0.4573	0.4582	0.4591	0.4599	0.4608	0.4616	0.4625	0.4633
1.8	0.4641	0.4649	0.4656	0.4664	0.4671	0.4678	0.4686	0.4693	0.4699	0.4706
1.9	0.4713	0.4719	0.4726	0.4732	0.4738	0.4744	0.4750	0.4756	0.4761	0.4767
2.0	0.4772	0.4778	0.4783	0.4788	0.4793	0.4798	0.4803	0.4808	0.4812	0.4817
2.1	0.4821	0.4826	0.4830	0.4834	0.4838	0.4842	0.4846	0.4850	0.4854	0.4857
2.2	0.4861	0.4864	0.4868	0.4871	0.4875	0.4878	0.4881	0.4884	0.4887	0.4890
2.3	0.4893	0.4896	0.4898	0.4901	0.4904	0.4906	0.4909	0.4911	0.4913	0.4916
2.4	0.4918	0.4920	0.4922	0.4925	0.4927	0.4929	0.4931	0.4932	0.4934	0.4936
2.5	0.4938	0.4940	0.4941	0.4943	0.4945	0.4946	0.4948	0.4949	0.4951	0.4952
2.6	0.4953	0.4955	0.4956	0.4957	0.4959	0.4960	0.4961	0.4962	0.4963	0.4964
2.7	0.4965	0.4966	0.4967	0.4968	0.4969	0.4970	0.4971	0.4972	0.4973	0.4974
2.8	0.4974	0.4975	0.4976	0.4977	0.4977	0.4978	0.4979	0.4979	0.4980	0.4981
2.9	0.4981	0.4982	0.4982	0.4983	0.4984	0.4984	0.4985	0.4985	0.4986	0.4986
3.0	0.4987	0.4987	0.4987	0.4988	0.4988	0.4989	0.4989	0.4989	0.4990	0.4990
3.1	0.4990	0.4991	0.4991	0.4991	0.4992	0.4992	0.4992	0.4992	0.4993	0.4993
3.2	0.4993	0.4993	0.4994	0.4994	0.4994	0.4994	0.4994	0.4995	0.4995	0.4995
3.3	0.4995	0.4995	0.4995	0.4996	0.4996	0.4996	0.4996	0.4996	0.4996	0.4997
3.4	0.4997	0.4997	0.4997	0.4997	0.4997	0.4997	0.4997	0.4997	0.4997	0.4998
3.5	0.4998	0.4998	0.4998	0.4998	0.4998	0.4998	0.4998	0.4998	0.4998	0.4998

[부록 2] t-분포표

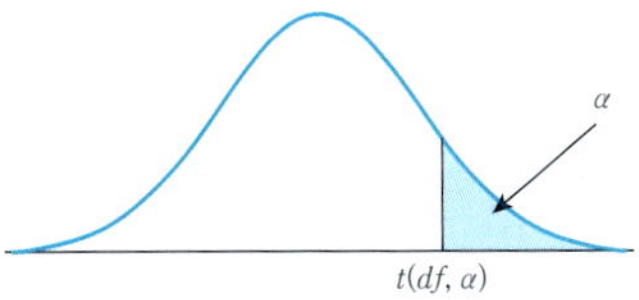

예로 $t_{0.025}$는 그보다 클 확률이 0.025가 되는 t-값을 의미한다.

df	$t(0.1)$	$t(0.05)$	$t(0.025)$	$t(0.01)$	$t(0.005)$	$t(0.001)$	$t(0.0005)$
1	3.078	6.314	12.706	31.821	63.657	318.309	636.619
2	1.886	2.920	4.303	6.965	9.925	22.327	31.599
3	1.638	2.353	3.182	4.541	5.841	10.215	12.924
4	1.533	2.132	2.776	3.747	4.604	7.173	8.610
5	1.476	2.015	2.571	3.365	4.032	5.893	6.869
6	1.440	1.943	2.447	3.143	3.707	5.208	5.959
7	1.415	1.895	2.365	2.998	3.499	4.785	5.408
8	1.397	1.860	2.306	2.896	3.355	4.501	5.041
9	1.383	1.833	2.262	2.821	3.250	4.297	4.781
10	1.372	1.812	2.228	2.764	3.169	4.144	4.587
11	1.363	1.796	2.201	2.718	3.106	4.025	4.437
12	1.356	1.782	2.179	2.681	3.055	3.930	4.318
13	1.350	1.771	2.160	2.650	3.012	3.852	4.221
14	1.345	1.761	2.145	2.624	2.977	3.787	4.140
15	1.341	1.753	2.131	2.602	2.947	3.733	4.073
16	1.337	1.746	2.120	2.583	2.921	3.686	4.015
17	1.333	1.740	2.110	2.567	2.898	3.646	3.965
18	1.330	1.734	2.101	2.552	2.878	3.610	3.922
19	1.328	1.729	2.093	2.539	2.861	3.579	3.883
20	1.325	1.725	2.086	2.528	2.845	3.552	3.850
21	1.323	1.721	2.080	2.518	2.831	3.527	3.819
22	1.321	1.717	2.074	2.508	2.819	3.505	3.792
23	1.319	1.714	2.069	2.500	2.807	3.485	3.768
24	1.318	1.711	2.064	2.492	2.797	3.467	3.745
25	1.316	1.708	2.060	2.485	2.787	3.450	3.725
26	1.315	1.706	2.056	2.479	2.779	3.435	3.707
27	1.314	1.703	2.052	2.473	2.771	3.421	3.690
28	1.313	1.701	2.048	2.467	2.763	3.408	3.674
29	1.311	1.699	2.045	2.462	2.756	3.396	3.659
30	1.310	1.697	2.042	2.457	2.750	3.385	3.646
120	1.289	1.658	1.980	2.358	2.617	3.160	3.373
∞	1.282	1.646	1.961	2.328	2.578	3.094	3.295

[부록 3] 파이썬 함수 요약

1. 도형의 작성

(1) 히스토그램 작성
(2) 막대그래프 작성
(3) 파이 차트(pie chart) 작성
(4) 선 그래프(line chart) 작성
(5) 상자 도형(box plot) 작성
(6) 산점도(scatter plot) 작성
(7) 산점도 행렬(scatter plot matrix) 작성

2. 대푯값과 산포도

(1) 평균(mean) 계산
(2) 중앙값(median) 계산
(3) 최빈값(mode) 계산
(4) 절사평균(trimmed mean) 계산
(5) 대푯값과 산포도 모두 계산 1
(6) 대푯값과 산포도 모두 계산 2

3. 확률분포

(1) 이항확률분포 관련 메소드
(2) 정규분포 관련 메소드
(3) *t*분포 관련 메소드

4. 통계처리 및 가설검정

(1) 신뢰구간 계산(*t*분포 이용)
(2) 일표본 평균 차이 *t*검정
(3) 독립인 두 표본에 대한 *t*검정(등분산 가정)
(4) 독립인 두 표본에 대한 *t*검정(이분산 가정)
(5) 기술통계 결과를 이용하는 독립인 두 표본에 대한 *t*검정

(6) 두 집단 분산이 같은가를 검정하는 방법(Levene의 등분산 검정, 양측검정)

(7) 대응 표본에 대한 t검정

(8) 일원 분산분석

(9) 다중비교(Tuckey's Honestly Significant Difference)

(10) 반복이 없는 이원 분산분석

(11) 반복이 있는 이원 분산분석

(12) 산점도와 상관계수

(13) 단순 회귀분석

(14) 카이제곱 검정(적합도 검정)

(15) 카이제곱 검정(독립성 검정)

(16) 카이제곱 검정(동질성 검정)

1. 도형의 작성

(1) 히스토그램 작성

함수	matplotlib.pyplot.hist	
인자	x	배열 데이터
	bins	막대 수 정수, 기본값: 10
	cumulative	누적 히스토그램 표시, 기본값: False
	range	x축의 범위 지정
	density	• 막대의 높이를 해당 구간의 개수로 표시(기본값: density=False) • 막대의 높이를 해당 구간의 상대빈도로 표시(density=True)
	histtype	• 히스토그램의 종류 지정(bar, barstacked, step, stepfilled) • 기본값: bar
	label	레이블 표시
	color	bar의 색상 지정
	edgecolor	막대 테두리 색상 지정
	legend	도형을 plt.hist()로 작성한 후에 레이블 표시, plt.legend()
히스토그램 종류	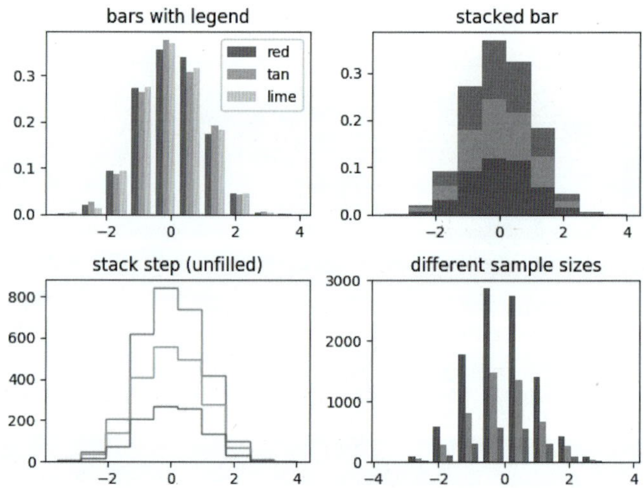	
프로그램	〈예제 3-1〉 막대 수의 변화에 따른 히스토그램 작성(예제3-1.py)	
참고 및 참조	https://matplotlib.org/3.5.0/gallery/statistics/histogram_histtypes.html	

(2) 막대그래프 작성

함수	matplotlib.pyplot.bar	
인자	x	x축 배열 데이터
	height	y축 배열 데이터
	width	막대의 폭 지정(기본값: 0.8)
	color	색상 지정
	edgecolor	막대 테두리의 색상 지정
	linewidth	막대 테두리 두께
	xlabel	• 도형을 plt.bar()로 작성한 후에 레이블 표시 • plt.xlabel(' 내용 ', fontsize=15)
	xticks	도형을 plt.bar()로 작성한 후에 x축에 표시할 tick
	title	도형을 plt.bar()로 작성한 후에 도형의 제목 표시

예

```
import matplotlib.pyplot as plt
year = [2001, 2002, 2003, 2004, 2005, 2006]
unit = [50, 60, 75, 45, 70, 105]
plot = plt.bar(year, unit)
plt.title("Bar Chart")
plt.xlabel("Year")
plt.ylabel("Unit")
plt.show()
```

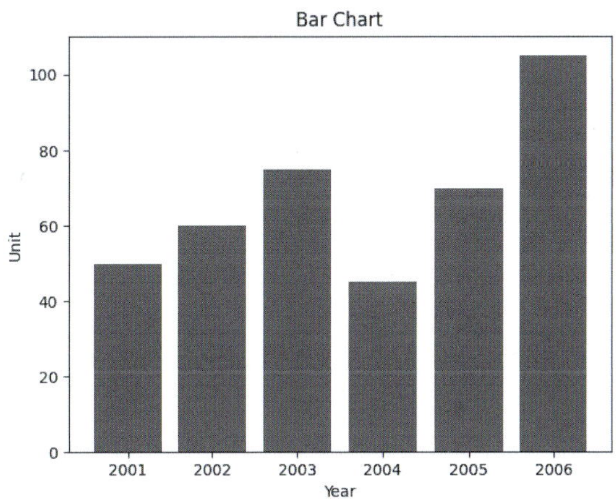

프로그램	〈예제 3-2〉 월별 확진자 수에 대한 막대그래프 작성(예제3-2.py)
참고 및 참조	https://matplotlib.org/3.5.0/api/_as_gen/matplotlib.pyplot.bar.html

(3) 파이 차트(pie chart) 작성

<table>
<tr><td>함수</td><td colspan="2"><code>matplotlib.pyplot.pie</code></td></tr>
<tr><td rowspan="5">인자</td><td>x</td><td>배열 데이터</td></tr>
<tr><td>explode</td><td>부채꼴 모양의 조각을 원의 중심으로부터 얼마나 떨어져서 표시할 것인지를 지정하는 리스트(x의 데이터 개수와 일치해야 함)</td></tr>
<tr><td>labels</td><td>리스트 형식의 레이블(x의 데이터 개수와 일치해야 함)</td></tr>
<tr><td>color</td><td>리스트 형식의 색상 지정(x의 데이터 개수와 일치해야 함)</td></tr>
<tr><td>autopct</td><td>도형 안에 표시할 숫자 형식, autopct='%.1f%%'(소수 이하 첫째 자리까지 퍼센트로 표시)</td></tr>
<tr><td rowspan="2">예</td><td colspan="2">

```
from matplotlib import pyplot as plt

languages = ['C/C++', 'Python', 'Java', 'HTML', 'MATLAB']
wieght = [17,23,35,29,12]
explode = [0.01, 0.01, 0.01, 0.01, 0.01]

plt.pie(wieght, labels = languages , autopct='%1.2f%%', explode=explode)

plt.show()
```

</td></tr>
<tr><td colspan="2">

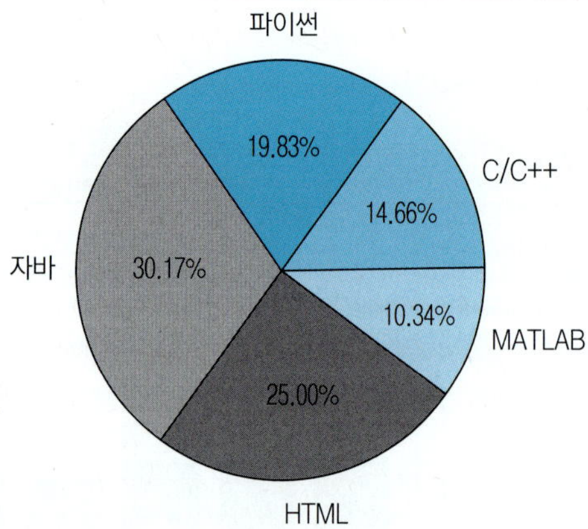

</td></tr>
<tr><td>프로그램</td><td colspan="2">〈예제 3-3〉 외식 선호도에 대한 파이 차트 작성(예제3-3.py)</td></tr>
<tr><td>참고 및 참조</td><td colspan="2">https://matplotlib.org/stable/api/_as_gen/matplotlib.pyplot.pie.html</td></tr>
</table>

(4) 선 그래프(line chart) 작성

함수	matplotlib.pyplot.plot	
인자	x, y	x축 데이터, y축 데이터
	color	색상 지정
	linestyle	solid, dotted, dashed, dashdot
	title	• 도형을 plt.plot()으로 작성한 후에 도형의 제목 표시 • plt.title(' 내용 ')
	xlable	• 도형을 plt.plot()으로 작성한 후에 x축 레이블 표시 • plt.xlable(' 내용 ')
	ylable	• 도형을 plt.plot()으로 작성한 후에 y축 레이블 표시 • plt.ylable(' 내용 ')
	legend	• 도형을 plt.plot()으로 작성한 후에 레이블 표시 • plt.legend()

예

```
import matplotlib.pyplot as plt
prod1 = [1, 5, 8, 9, 7, 11, 8, 12, 14, 9, 5]
prod2 = [3, 7, 9, 6, 4, 5, 14, 7, 6, 16, 12]
plt.plot(range(1,12), prod1, 'g')
plt.plot(range(1,12), prod2, 'm')
plt.title('Line plot Using Matplotlib')
plt.xlabel('Product')
plt.ylabel('Month')
plt.legend(['2020', '2021'], loc=4)
plt.show()
```

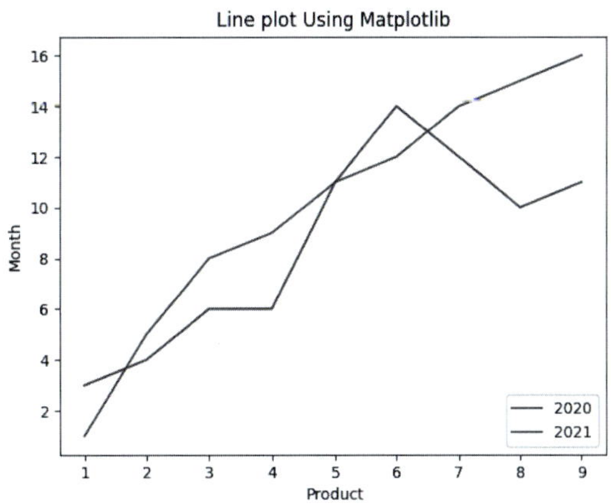

프로그램	〈예제 3-4〉 인터넷 이용 시간에 대한 선 그래프 작성(예제3-4.py)
참고 및 참조	https://matplotlib.org/3.5.0/api/_as_gen/matplotlib.pyplot.plot.html

(5) 상자 도형(box plot) 작성

<table>
<tr><td>함수</td><td colspan="2">matplotlib.pyplot.boxplot</td></tr>
<tr><td rowspan="4">인자</td><td>x</td><td>배열 데이터</td></tr>
<tr><td>notch</td><td>notch=True로 설정하면 중앙값을 기준으로 95% 신뢰구간을 표시함(기본값: False)</td></tr>
<tr><td>vert</td><td>vert=False로 설정하면 수평의 상자 도형 작성(기본값: True)</td></tr>
<tr><td>title</td><td>• 도형을 plt.plot()으로 작성한 후에 도형의 제목 표시
• plt.title(‘ 내용 ’)</td></tr>
<tr><td rowspan="2">예</td><td colspan="2">

```
import matplotlib.pyplot as plt
x=[4,5,5,8,8,9,10,10,11,11,12,13,14,15,15,15,17,18,19,22,23,25,35]
plt.boxplot(x, notch=True)
plt.title("Boxplot Using Matplotlib")
plt.show()
```

</td></tr>
<tr><td colspan="2">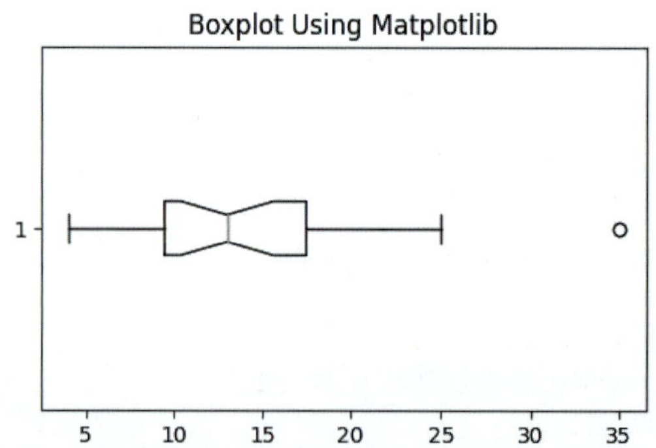
</td></tr>
<tr><td>프로그램</td><td colspan="2">〈예제 3-5〉 주당 스마트폰 이용 시간에 대한 상자 도형 작성(예제3-5.py)</td></tr>
<tr><td>참고 및 참조</td><td colspan="2">https://matplotlib.org/3.5.0/api/_as_gen/matplotlib.pyplot.boxplot.html</td></tr>
</table>

(6) 산점도(scatter plot) 작성

함수	matplotlib.pyplot.scatter	
인자	x, y	x축 데이터, y축 데이터
	s	maker의 크기(size)
	c	maker의 색상
	alpha	maker의 투명도 설정(0부터 1 사이의 값)
	xlable	• 도형을 plt.plot()으로 작성한 후에 x축 레이블 표시 • plt.xlable(' 내용 ')
	ylable	• 도형을 plt.plot()으로 작성한 후에 y축 레이블 표시 • plt.ylable(' 내용 ')
	legend	• 도형을 plt.plot()으로 작성한 후에 레이블 표시 • plt.legend()
예	import numpy as np import matplotlib.pyplot as plt N = 50 x = np.random.rand(N) y = np.random.rand(N) plt.scatter(x, y) plt.title('Random Number') plt.xlabel('x rand') plt.ylabel('y rand') plt.legend() plt.show()	
	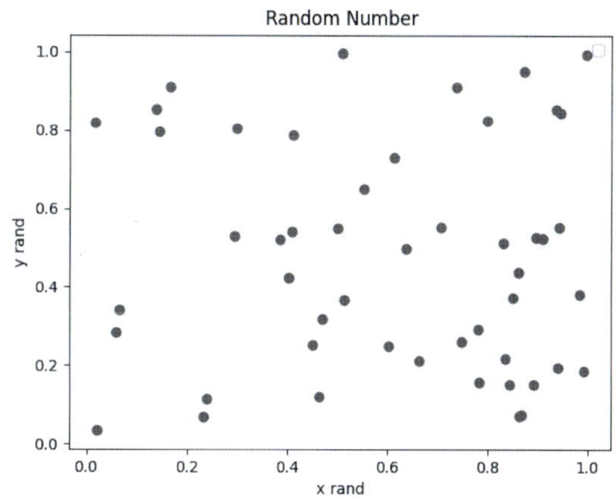	
프로그램	〈예제 3-6〉 초등학생의 키와 몸무게에 대한 산점도 작성(예제3-6.py)	
참고 및 참조	https://matplotlib.org/3.5.0/api/_as_gen/matplotlib.pyplot.scatter.html	

(7) 산점도 행렬(scatter plot matrix) 작성

<table>
<tr><td>함수</td><td colspan="2">sns.pairplot</td></tr>
<tr><td rowspan="5">인자</td><td>data</td><td>pandas의 DataFrame</td></tr>
<tr><td>hue</td><td>서로 다른 색으로 구분할 범주형 데이터의 변수 이름</td></tr>
<tr><td>hue_order</td><td>scatter, kde, hist, reg</td></tr>
<tr><td>kind</td><td>작성할 도형 선택(scatter, kde, hist, reg)</td></tr>
<tr><td>diag_kind</td><td>대각선 부분에 표시할 도형 선택(auto, hist, kde, None)</td></tr>
<tr><td rowspan="2">예</td><td colspan="2">

```
import seaborn as sns
import matplotlib.pyplot as plt
penguins = sns.load_dataset("penguins")
sns.pairplot(penguins, hue="species", diag_kind="hist")
plt.show()
```

</td></tr>
<tr><td colspan="2">

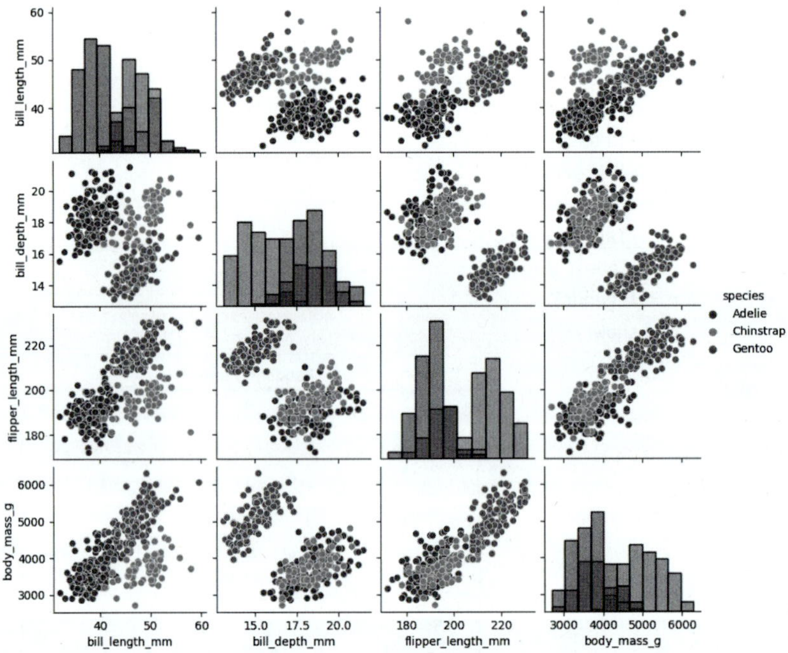

</td></tr>
<tr><td>프로그램</td><td colspan="2">〈예제 3-7〉 아이리스 데이터에 대한 산점도 행렬 작성(예제3-7.py)</td></tr>
<tr><td>참고 및 참조</td><td colspan="2">https://seaborn.pydata.org/generated/seaborn.pairplot.html</td></tr>
</table>

2. 대푯값과 산포도

(1) 평균(mean) 계산

<table>
<tr><td>함수</td><td colspan="2">numpy.mean</td></tr>
<tr><td rowspan="4">인자</td><td>a</td><td>배열 데이터</td></tr>
<tr><td>axis</td><td>평균을 계산할 축 설정</td></tr>
<tr><td>dtype</td><td>데이터 유형</td></tr>
<tr><td>out</td><td>결과가 저장될 변수</td></tr>
<tr><td>예</td><td><pre>import numpy as np
a = np.array([[1, 2], [3, 4]])
print(np.mean(a))
print(np.mean(a, axis=0))
x=np.arange(2, dtype=np.float32)
np.mean(a, axis=1, out=x)
print(x)</pre></td><td>| 실행 결과 |<pre>2.5
[2. 3.]
[1.5 3.5]</pre></td></tr>
<tr><td>프로그램</td><td colspan="2">〈예제 2-7〉 배열에서 메소드를 사용한 기술통계 사용의 예(예제2-7.py)</td></tr>
<tr><td>참고 및 참조</td><td colspan="2">https://numpy.org/doc/stable/reference/generated/numpy.mean.html</td></tr>
</table>

<table>
<tr><td>함수</td><td colspan="2">numpy.average</td></tr>
<tr><td rowspan="3">인자</td><td>a</td><td>배열 데이터</td></tr>
<tr><td>axis</td><td>평균을 계산할 축 설정</td></tr>
<tr><td>weights</td><td>가중값</td></tr>
<tr><td>예</td><td><pre>import numpy as np
a = np.array([1, 2, 3, 4])
w = np.array([0.1, 0.2, 0.3, 0.4])
print(np.average(a, weights=w))</pre></td><td>| 실행 결과 |<pre>3</pre></td></tr>
<tr><td>프로그램</td><td colspan="2">〈예제 3-8〉 중학교 남학생들의 몸무게에 대한 대푯값 출력(예제3-8.py)</td></tr>
<tr><td>참고 및 참조</td><td colspan="2">https://numpy.org/doc/stable/reference/generated/numpy.average.html</td></tr>
</table>

(2) 중앙값(median) 계산

함수	numpy.median	
인자	a	배열 데이터
	axis	중앙값을 계산할 축 설정
	out	결과가 저장될 변수
예	import numpy as np a = np.array([[1, 2, 4], [3, 4, 9]]) print(np.median(a)) print(np.median(a, axis=0)) x=np.arange(2, dtype=np.float32) np.median(a, axis=1, out=x) print(x)	**| 실행 결과 |** 3.5 [2. 3. 6.5] [2. 4.]
프로그램	〈예제 3-8〉 중학교 남학생들의 몸무게에 대한 대푯값 출력(예제3-8.py)	
참고 및 참조	https://numpy.org/doc/stable/reference/generated/numpy.median.html	

(3) 최빈값(mode) 계산

함수	scipy.stats.mode	
인자	a	배열 데이터
	axis	최빈값을 계산할 축 설정
예	from scipy import stats import numpy as np a = np.array([1, 2, 3, 3, 4, 4, 4, 5, 6]) print(stats.mode(a)) ModeResult(mode=array([4]), count=array([3]))	
프로그램	〈예제 3-8〉 중학교 남학생들의 몸무게에 대한 대푯값 출력(예제3-8.py)	
참고 및 참조	https://docs.scipy.org/doc/scipy/reference/generated/scipy.stats.mode.html	

(4) 절사평균(trimmed mean) 계산

함수	scipy.stats.trim_mean	
인자	a	배열 데이터
	axis	절사평균을 계산할 축 설정
예	from scipy import stats import numpy as np a = np.array([1, 2, 3, 4, 5, 6, 7, 8, 9, 100]) print(stats.trim_mean(a, 0.1)) 5.5 a = np.array([2, 3, 4, 5, 6, 7, 8, 9]) print(np.mean(a)) 5.5	
프로그램	3장 [참고 2] 절사평균(절사평균.py)	
참고 및 참조	https://docs.scipy.org/doc/scipy/reference/generated/scipy.stats.trim_mean.html	

(5) 대푯값과 산포도 모두 계산 1

함수	pandas.DataFrame.describe	
인자	percentile	분위수 설정, 기본값 [0.25, 0.5, 0.75]
예	import pandas as pd data = pd.Series([11, 13, 17, 19, 21, 23, 33, 45]) print(data.describe()) count 8.000000 mean 22.750000 std 11.234513 min 11.000000 25% 16.000000 50% 20.000000 75% 25.500000 max 45.000000 dtype: float64	
프로그램	〈예제 3-10〉 대푯값과 산포도 모두 출력(예제3-10.py)	
참고 및 참조	https://pandas.pydata.org/docs/reference/api/pandas.DataFrame.describe.html	

(6) 대푯값과 산포도 모두 계산 2

<table>
<tr><td>함수</td><td colspan="2">scipy.stats.describe</td></tr>
<tr><td rowspan="3">인자</td><td>a</td><td>배열 데이터</td></tr>
<tr><td>axis</td><td>통계량을 계산할 축 설정</td></tr>
<tr><td>ddof</td><td>자유도(degree of freedom): 분산에 대한 자유도 1(default)</td></tr>
<tr><td>예</td><td colspan="2">

```
import pandas as pd
from scipy import stats
data = pd.Series([11, 13, 17, 19, 21, 23, 33, 45])
print(stats.describe(data))
```

```
DescribeResult(nobs=8, minmax=(11, 45), mean=22.75, variance=126.21428571428571,
skewness=1.0010894298113941, kurtosis=-0.07370169769678592)
```

</td></tr>
<tr><td>프로그램</td><td colspan="2">〈예제 3-10〉 대푯값과 산포도 모두 출력(예제3-10.py)</td></tr>
<tr><td>참고 및 참조</td><td colspan="2">https://docs.scipy.org/doc/scipy/reference/generated/scipy.stats.describe.html</td></tr>
</table>

3. 확률분포

(1) 이항확률분포 관련 메소드

함수	scipy.stats.binom	
메소드	pmf(x, n, p)	확률변수 X에 대한 확률 계산(확률질량함수)(n: 시행횟수, p: 성공할 확률)
	cdf(x, n, p)	확률변수 k에 대한 누적확률 계산
	ppf(q, n, p)	percent point q를 만족하는 확률변수 계산
	stats(n, p)	평균과 분산 계산
예	import numpy as np from matplotlib import pyplot as plt from scipy.stats import binom n=5 p=0.5 # 0~(n)까지의 리스트 생성(확률변수) x = np.arange(n+1) mean, var = binom.stats(n, p) print('mean=', mean, 'var=', var) prob = binom.pmf(x, n, p) print(prob) print(binom.cdf(3, n, p)) print(binom.ppf(0.8125, n, p))	**| 출력 결과 |** mean= 2.5 var= 1.25 [0.03125 0.15625 0.3125 0.3125 0.15625 0.03125] 0.8125 3.0
프로그램	〈예제 4-2〉, 〈예제 4-3〉, 〈예제 4-4〉	
참고 및 참조	https://docs.scipy.org/doc/scipy-0.14.0/reference/generated/scipy.stats.binom.html	

(2) 정규분포 관련 메소드

함수	scipy.stats.norm	
메소드	`pdf(x, loc, scale)`	확률변수 X에 대한 확률 계산(확률밀도함수)(loc: 평균, scale: 표준편차)
	`cdf(x, loc, scale)`	확률변수 X에 대한 누적확률 계산(누적분포함수)
	`ppf(q, loc, scale)`	percent point q를 만족하는 확률변수 계산

예

```
import numpy as np
from matplotlib import pyplot as plt
from scipy.stats import norm
mu=0
scale=1
x = np.arange(mu-3, mu+3, 0.5)
print(x)
```

```
[-3.  -2.5 -2.  -1.5 -1.  -0.5  0.   0.5  1.   1.5  2.   2.5]
```

```
y = norm.pdf(x, mu, scale)
print(y)
```

```
[0.00443185 0.0175283  0.05399097 0.1295176  0.24197072 0.35206533
 0.39894228 0.35206533 0.24197072 0.1295176  0.05399097 0.0175283 ]
```

```
prob = norm.cdf(1.645, mu, scale)
print(prob)
```

```
0.9500150944608786
```

```
x = norm.ppf(0.95, mu, scale)
print(x)
```

```
1.6448536269514722
```

프로그램	〈예제 4-5〉, 〈예제 4-8〉, 〈예제 4-9〉
참고 및 참조	https://docs.scipy.org/doc/scipy/reference/generated/scipy.stats.norm.html

확률밀도함수 계산	누적확률 계산(누적분포함수)	누적분포함수의 역함수 (percent point function)
(1)	(2)	(3)

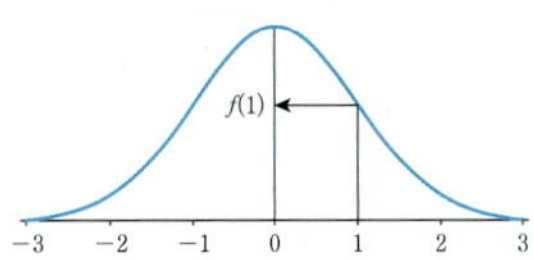

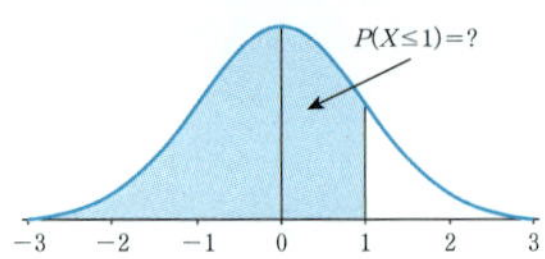

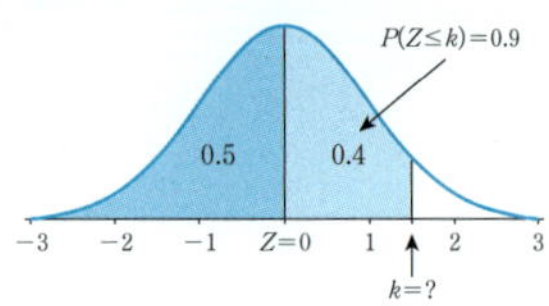

(3) t분포 관련 메소드

<table>
<tr><td>함수</td><td colspan="2">scipy.stats.t</td></tr>
<tr><td rowspan="4">메소드</td><td>pdf(x, df)</td><td>확률변수 X에 대한 확률 계산(df: 자유도)</td></tr>
<tr><td>cdf(x, df)</td><td>확률변수 X에 대한 누적확률 계산</td></tr>
<tr><td>ppf(q, df)</td><td>percent point q를 만족하는 확률변수 계산</td></tr>
<tr><td>inteval(a, df, loc, scale)</td><td>신뢰수준 a에 대한 신뢰구간 계산</td></tr>
<tr><td>예</td><td colspan="2"><pre>
import numpy as np
from matplotlib import pyplot as plt
from scipy.stats import t
df=30
x = np.arange(-3, 3, 1)

 [-3 -2 -1 0 1 2]

print(x)
y = t.pdf(x, df)
print(y)

 [0.00677906 0.05685228 0.23799334 0.39563218 0.23799334 0.05685228]

prob = t.cdf(1.69, df)
print(prob)

 0.9493024137158922

x = t.ppf(0.95, df)
print(x)

 1.6972608943617378
</pre></td></tr>
<tr><td>프로그램</td><td colspan="2">〈예제 5-1〉, 〈예제 5-2〉, 〈예제 5-3〉</td></tr>
<tr><td>참고 및 참조</td><td colspan="2">https://docs.scipy.org/doc/scipy/reference/generated/scipy.stats.t.html</td></tr>
</table>

확률밀도함수 계산	누적확률 계산(누적분포함수)	누적분포함수의 역함수 (percent point function)
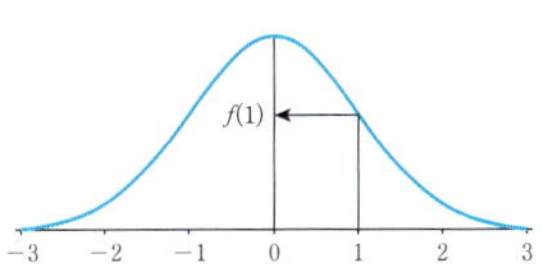	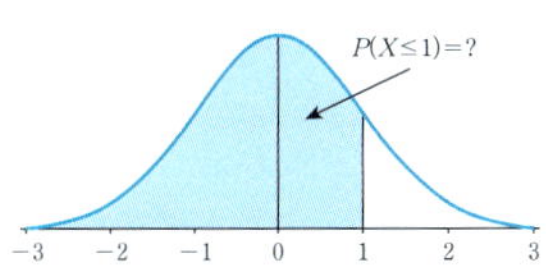	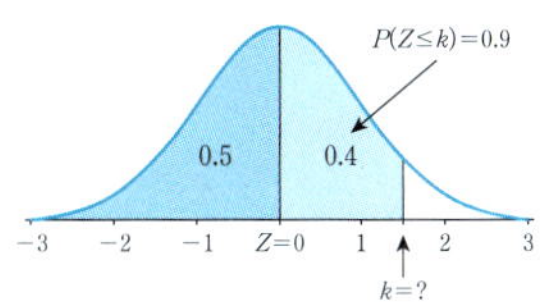

4. 통계처리 및 가설검정

(1) 신뢰구간 계산(t분포 이용)

<table>
<tr><td>함수</td><td colspan="2"><code>scipy.stats.t</code></td></tr>
<tr><td>메소드</td><td><code>inteval(confidence, df, loc=0, scale=1)</code></td><td>• confidence: 신뢰수준
• df: 자유도
• loc: 평균(default 0)
• scale: 표준편차(default 1)</td></tr>
<tr><td>예</td><td colspan="2"><pre>import numpy as np
import scipy.stats as st
from scipy.stats import t
a = [260, 265, 250, 270, 272, 258, 262, 268, 270, 252]
print(st.t.interval(0.95, len(a)-1, loc=np.mean(a), scale=st.sem(a)))</pre><pre>(257.19955091641583, 268.20044908358415)</pre></td></tr>
<tr><td>프로그램</td><td colspan="2">〈예제 5-8〉 모집단 표준편차를 모르고 표본의 크기 n이 작은 경우 ($n \leqq 30$) 의 구간추정(예제 5-8.py)</td></tr>
<tr><td>참고 및 참조</td><td colspan="2">https://docs.scipy.org/doc/scipy/reference/generated/scipy.stats.t.html</td></tr>
</table>

(2) 일표본 평균 차이 t검정

<table>
<tr><td>함수</td><td colspan="3">scipy.stats.ttest_1samp</td></tr>
<tr><td rowspan="5">인자</td><td>a</td><td colspan="2">배열 데이터</td></tr>
<tr><td>popmean</td><td colspan="2">모집단 평균</td></tr>
<tr><td rowspan="3">alternative</td><td colspan="2">• alternative='two-sided'(양측검정, default)
• H_1: 가설 H_0의 평균값 $\neq$ 모집단 평균(μ)</td></tr>
<tr><td rowspan="2">단측
검정</td><td>• alternative='less'
• H_1: 모집단 평균(μ) $<$ 가설 H_0의 평균값</td></tr>
<tr><td>• alternative='greater'
• H_1: 가설 H_0의 평균값 $<$ 모집단 평균(μ)</td></tr>
<tr><td>예</td><td colspan="3"><pre>import pandas as pd
from scipy import stats
data = pd.DataFrame(pd.read_excel("엑셀 데이터"))
# H0 : μ = 3055
mu = 3055

# data에 대한 기술통계량 출력
print(data.describe())

plt.hist(data, label='Coffee Price', bins=7) # 막대 수 7개
plt.legend()   # 범례('bins=5')를 배치함
plt.show()   # 히스토그램을 화면에 출력

# 양측검정(H1: μ ≠ 3055)일 경우
result = stats.ttest_1samp(data, mu, alternative='two-sided')
print(result)

# 단측검정(H1: 3055 < μ)일 경우
result = stats.ttest_1samp(data, mu, alternative='greater')
print(result)

# 단측검정(H1: μ < 3055)일 경우
result = stats.ttest_1samp(data, mu, alternative='less')
print(result)</pre></td></tr>
<tr><td>프로그램</td><td colspan="3">〈예제 6-1〉 커피 가격에 대한 일표본 t검정(예제6-1.py)</td></tr>
<tr><td>참고 및
참조</td><td colspan="3">https://docs.scipy.org/doc/scipy/reference/generated/scipy.stats.ttest_1samp.html</td></tr>
</table>

(3) 독립인 두 표본에 대한 t검정(등분산 가정)

<table>
<tr><td>함수</td><td colspan="3">scipy.stats.ttest_ind</td></tr>
<tr><td rowspan="6">인자</td><td>a, b</td><td colspan="2">• 두 개의 배열 데이터(a와 b의 표본수가 다를 경우)
• 배열 데이터(a와 b의 표본수가 같을 경우)</td></tr>
<tr><td rowspan="2">equal_var</td><td colspan="2">기본값 equal_var='True'(두 표본에 대한 분산이 같다는 가정)</td></tr>
<tr><td colspan="2">• equal_var='Flase'(두 표본에 대한 분산이 다르다는 가정)
• Welch의 t-test를 실행함</td></tr>
<tr><td rowspan="3">alternative</td><td colspan="2">• alternative='two-sided'(양측검정, default)
• H_1: $\mu_1 \neq \mu_2$</td></tr>
<tr><td rowspan="2">단측
검정</td><td>alternative='less' H_1: $\mu_1 < \mu_2$</td></tr>
<tr><td>alternative='greater' H_1: $\mu_2 < \mu_1$</td></tr>
<tr><td>예</td><td colspan="3"><pre>import numpy as np
import pandas as pd
from scipy import stats
# 독립인 두 표본의 표본수가 다를 경우
x1 = pd.read_excel("첫 번째 독립표본 데이터")
x2 = pd.read_excel("두 번째 독립표본 데이터")

# 양측검정(H1: μ1 ≠ μ2)일 경우
result=stats.ttest_ind(d1, d2, alternative='two-sided')
print(result)

# 단측검정(H1: μ1 < μ2)일 경우
result=stats.ttest_ind(d1, d2, alternative='less')
print(result)

# 단측검정(H1: μ2 < μ1)일 경우
result=stats.ttest_ind(d1, d2, alternative='greater')
print(result)</pre></td></tr>
<tr><td>프로그램</td><td colspan="3">〈예제 6-2〉 독립인 두 표본에 대한 평균 차이의 t검정(등분산 가정)(예제6-2.py)</td></tr>
<tr><td>참고 및
참조</td><td colspan="3">https://docs.scipy.org/doc/scipy/reference/generated/scipy.stats.ttest_ind.html</td></tr>
</table>

(4) 독립인 두 표본에 대한 t검정(이분산 가정)

<table>
<tr><td>함수</td><td colspan="3">scipy.stats.ttest_ind</td></tr>
<tr><td rowspan="7">인자</td><td>a, b</td><td colspan="2">• 두 개의 배열 데이터(a와 b의 표본수가 다를 경우)
• 배열 데이터(a와 b의 표본수가 같을 경우)</td></tr>
<tr><td rowspan="2">equal_var</td><td colspan="2">기본값 equal_var='True'(두 표본에 대한 분산이 같다는 가정)</td></tr>
<tr><td colspan="2">• equal_var='Flase'(두 표본에 대한 분산이 다르다는 가정)
• Welch의 t-test를 실행함</td></tr>
<tr><td rowspan="3">alternative</td><td colspan="2">• alternative='two-sided'(양측검정, default)
• H_1: $\mu_1 \neq \mu_2$</td></tr>
<tr><td rowspan="2">단측 검정</td><td>alternative='less' H_1: $\mu_1 < \mu_2$</td></tr>
<tr><td>alternative='greater' H_1: $\mu_2 < \mu_1$</td></tr>
<tr><td colspan="3"></td></tr>
<tr><td>예</td><td colspan="3">

```
import numpy as np
import pandas as pd
from scipy import stats

x1 = pd.read_excel("첫 번째 독립표본 데이터")
x2 = pd.read_excel("두 번째 독립표본 데이터")

# 양측검정(H1: μ1 ≠ μ2)일 경우
result=stats.ttest_ind(x1, x2, equal_var='False', alternative='two-sided')
print(result)

# 단측검정(H1: μ1 < μ2)일 경우
result=stats.ttest_ind(x1, x2, equal_var='False', alternative='less')
print(result)

# 단측검정(H1: μ2 < μ1)일 경우
result=stats.ttest_ind(x1, x2, equal_var='False', alternative='greater')
print(result)
```

</td></tr>
<tr><td>프로그램</td><td colspan="3">〈예제 6-3〉 독립인 두 표본에 대한 평균 차이의 t검정(이분산 가정)(예제6-3.py)</td></tr>
<tr><td>참고 및 참조</td><td colspan="3">https://docs.scipy.org/doc/scipy/reference/generated/scipy.stats.ttest_ind.html</td></tr>
</table>

(5) 기술통계 결과를 이용하는 독립인 두 표본에 대한 t검정

구분			
함수	scipy.stats.ttest_ind_from_stats		
인자	mean1, std1, nobs1	첫 번째 독립표본에 대한 평균, 표준편차, 표본 수	
	mean2, std1, nobs1	두 번째 독립표본에 대한 평균, 표준편차, 표본 수	
	equal_var	기본값 equal_var='True'(두 표본에 대한 분산이 같다는 가정)	
		equal_var='False'(두 표본에 대한 분산이 다르다는 가정) Welch의 t-test를 실행함	
	alternative	• alternative='two-sided'(양측검정, default) • H_1: $\mu_1 \neq \mu_2$	
		단측검정	alternative='less' H_1: $\mu_1 < \mu_2$
			alternative='greater' H_1: $\mu_2 < \mu_1$

예	from scipy import stats
	
	# 이분산 가정, 양측검정(H_1: $\mu_1 \neq \mu_2$)일 경우
	result=stats.ttest_ind_from_stats(7.02, 1.86, 96, 6.42, 0.96, 99, equal_var='False')
	print(result)
	
	# 이분산 가정, 단측검정(H_1: $\mu_1 < \mu_2$)일 경우
	result=stats.ttest_ind_from_stats(7.02, 1.86, 96, 6.42, 0.96, 99, equal_var='False', alternative=alternative='less')
	print(result)
	
	# 등분산 가정, 단측검정(H_1: $\mu_2 < \mu_1$)일 경우
	result=stats.ttest_ind_from_stats(7.02, 1.86, 96, 6.42, 0.96, 99,
	alternative='greater')
	print(result)		

프로그램	〈예제 6-4〉 기술통계 결과를 이용하는 독립인 두 표본에 대한 t검정(예제6-4.py)		
참고 및 참조	https://docs.scipy.org/doc/scipy/reference/generated/scipy.stats.ttest_ind_from_stats.html		

(6) 두 집단 분산이 같은가를 검정하는 방법(Levene의 등분산 검정, 양측검정)

<table>
<tr><td>함수</td><td colspan="2">scipy.stats.levene</td></tr>
<tr><td rowspan="4">인자</td><td>a, b</td><td>두 개의 배열 데이터(a와 b의 표본수가 다를 경우)</td></tr>
<tr><td rowspan="3">center</td><td>• center='mean'
• 정규분포일 경우에 추천</td></tr>
<tr><td>• center='median' (default)
• 정규분포가 아닌 왜곡된(skewed) 분포에 추천</td></tr>
<tr><td>• center='trimmed'
• 두터운 꼬리(heavy-tailed)를 갖는 분포에 추천</td></tr>
<tr><td>예</td><td colspan="2">import numpy as np
import pandas as pd
from scipy import stats

a1 = pd.read_excel("첫 번째 독립표본 데이터")
a2 = pd.read_excel("두 번째 독립표본 데이터")

result1 = stats.levene(a1.male, a2.female, center='mean')
print(result1)

LeveneResult(statistic= 검정 통계량, pvalue=p값)</td></tr>
<tr><td>프로그램</td><td colspan="2">6장 [참고 2] 두 집단 분산이 같은가를 검정하는 방법(참고_levene_등분산검정.py)</td></tr>
<tr><td>참고 및 참조</td><td colspan="2">https://docs.scipy.org/doc/scipy/reference/generated/scipy.stats.levene.html</td></tr>
</table>

(7) 대응 표본에 대한 t검정

<table>
<tr><td>함수</td><td colspan="3">scipy.stats.ttest_rel</td></tr>
<tr><td rowspan="4">인자</td><td>a, b</td><td colspan="2">두 개의 배열 데이터(두 배열의 표본수가 같아야 함)</td></tr>
<tr><td rowspan="3">alternative</td><td colspan="2">alternative='two-sided'(양측검정, default)
H_1: $\mu_1 \neq \mu_2$</td></tr>
<tr><td rowspan="2">단측
검정</td><td>alternative='less' H_1: $\mu_1 < \mu_2$</td></tr>
<tr><td>alternative='greater' H_1: $\mu_2 < \mu_1$</td></tr>
<tr><td>예</td><td colspan="3">import numpy as np
import pandas as pd
from scipy import stats
data = pd.read_excel("대응표본 엑셀데이터")

# 기술통계량 출력
print(data.describe(), '\n')

from matplotlib import pyplot as plt
# 수평의 상자 도형(False의 F는 대문자로)
data.boxplot(column=["before", "after"], vert=False)
plt.show()

# 단측검정(H_1: $\mu_b < \mu_a$)일 경우
result=stats.ttest_rel(data.before, data.after, alternative='greater')
print(result)</td></tr>
<tr><td>프로그램</td><td colspan="3">〈예제 6-5〉 대응 표본에 대한 t검정(예제6-5.py)</td></tr>
<tr><td>참고 및
참조</td><td colspan="3">https://docs.scipy.org/doc/scipy/reference/generated/scipy.stats.ttest_rel.html</td></tr>
</table>

(8) 일원 분산분석

<table>
<tr><td>함수</td><td colspan="2">scipy.stats.f_oneway</td></tr>
<tr><td>인자</td><td>sample1, sample2, ..., sample_n</td><td>각 그룹별 표본 1, 표본 2, ..., 표본 n</td></tr>
<tr><td>예</td><td colspan="2"><pre>import pandas as pd
import numpy as np
import matplotlib.pyplot as plt
from scipy.stats import f_oneway

# enter data for three groups
a = [25, 29, 27, 23, 22, 25]
b = [34, 36, 38, 32, 35, 35]
c = [29, 31, 27, 26, 25, 27]

print('a mean=', np.mean(a), 'a std=', np.std(a))
print('b mean=', np.mean(b), 'b std=', np.std(b))
print('c mean=', np.mean(c), 'c std=', np.std(c),'\n')

# 상자 도형
plot_data = [a, b, c]
ax = plt.boxplot(plot_data, vert=True, meanline=True)
ax = plt.xticks([1, 2, 3], ['A', 'B', 'C'])
plt.show()

one-way ANOVA
print(f_oneway(a, b, c), '\n')</pre></td></tr>
<tr><td>프로그램</td><td colspan="2">〈예제 6-6〉 일원 분산분석(예제6-6.py)</td></tr>
<tr><td>참고 및 참조</td><td colspan="2">https://docs.scipy.org/doc/scipy/reference/generated/scipy.stats.f_oneway.html</td></tr>
</table>

※ 일원 분산분석의 가정

1. 각 그룹의 표본은 서로 독립이다.
2. 각 그룹의 표본은 정규모집단으로부터 추출되었다.
3. 각 그룹의 모집단 표준편차는 동일하다.

이러한 가정이 충족되지 않는다면 Kruskal-Wallis H-test를 사용하여 검정한다(https://docs.scipy.org/doc/scipy/reference/generated/scipy.stats.kruskal.html#scipy.stats.kruskal).

(9) 다중비교(Tuckey's Honestly Significant Difference)

함수	statsmodels.stats.multicomp.pairwise_tukeyhsd	
인자	endog	배열, 종속변수
	gropus	배열, 그룹(정수형 또는 문자, 문자열)
	alpha	유의수준

예

```
import pandas as pd
from statsmodels.stats.multicomp import pairwise_tukeyhsd
df=pd.DataFrame("엑셀 데이터")

tukey = pairwise_tukeyhsd(endog=df['product'], groups=df['group'], alpha=0.05)
```

프로그램	〈예제 6-6〉 일원 분산분석(예제6-6.py)

참고 및 참조

엑셀 데이터는 다음의 구조로 저장된 파일을 가정한다.

데이터 구조

25	A
29	A
34	B
36	B

엑셀 데이터의 예

	A	B
1	product	group
2	34	a
3	35	a
4	34	a
5	32	a
6	36	b
7	38	b
8	38	b
9	39	b
10	33	c
11	34	c
12	33	c
13	32	c

https://www.statsmodels.org/dev/generated/statsmodels.stats.multicomp.pairwise_tukeyhsd.html

(10) 반복이 없는 이원 분산분석

함수

```
model=statsmodels.formula.api.ols(formula, data).fit()
statsmodels.stats.anova.anovalm(model)
```

인자

인자	설명
formula	분산분석에 사용할 model(문자열로 표시)
data	배열 데이터(DataFrame)

예

```
import pandas as pd
from statsmodels.formula.api import ols
from statsmodels.stats.anova import anova_lm
df = pd.read_excel("반복이 없는 이원 분산분석 엑셀데이터")
model = ols('distance ~ C(road) + C(car)', data=df).fit()
print(anova_lm(model))

# Tukey's test distance by road
from statsmodels.stats.multicomp import pairwise_tukeyhsd
tukey = pairwise_tukeyhsd(endog=df['distance'], groups=df['road'], alpha=0.05)
print(tukey)

# Tukey's test distance by car
tukey = pairwise_tukeyhsd(endog=df['distance'], groups=df['car'], alpha=0.05)
print(tukey)
```

프로그램

〈예제 6-7〉 반복이 없는 이원 분산분석(예제6-7.py)

참고 및 참조

반복이 없는 이원 분산분석 엑셀 데이터의 예

	A	B	C	D
1	car	road	distance	
2	A	highway	13.5	
3	A	downtowr	13.1	
4	A	unpaved	12.8	
5	B	highway	11.5	
6	B	downtowr	9.4	
7	B	unpaved	7.9	
8	C	highway	10.1	
9	C	downtowr	9.2	
10	C	unpaved	8.2	

https://www.statsmodels.org/devel/generated/statsmodels.formula.api.ols.html

(11) 반복이 있는 이원 분산분석

함수

```
model=statsmodels.formula.api.ols(formula, data).fit()
statsmodels.stats.anova.anovalm(model)
```

인자

인자	설명
formula	분산분석에 사용할 model(문자열로 표시)
data	배열 데이터(DataFrame)

예

```
import pandas as pd
import matplotlib.pyplot as plt
from statsmodels.formula.api import ols
from statsmodels.stats.anova import anova_lm
df = pd.read_excel("반복이 있는 이원 분산분석 엑셀데이터")

# 교호작용 그래프
from statsmodels.graphics.factorplots import interaction_plot
fig = interaction_plot(df.area, df.service, df.sales)
plt.show()
model = ols('sales ~ C(area) + C(service) + C(area):C(service)', data=df).fit()
print(anova_lm(model))
```

프로그램

〈예제 6-8〉 반복이 있는 이원 분산분석(예제6-8.py)

참고 및 참조

반복이 있는 이원 분산분석 엑셀 데이터의 예

	A	B	C
1	area	service	sales
2	SS	5Y	53
3	SS	5Y	52
4	SS	5Y	54
5	SS	10Y	30
6	SS	10Y	29
7	SS	10Y	29
8	SS	11Y	10
9	SS	11Y	6
10	SS	11Y	7
11	TM	5Y	6
12	TM	5Y	5
13	TM	5Y	4
14	TM	10Y	11
15	TM	10Y	9
16	TM	10Y	10
17	TM	11Y	15
18	TM	11Y	17
19	TM	11Y	16

https://www.statsmodels.org/devel/generated/statsmodels.formula.api.ols.html

(12) 산점도와 상관계수

함수

```
matplotlib.pyplot.scatter(산점도)
scipy.stats.pearsonr(상관계수)
```

인자

<table>
<tr><td>x</td><td colspan="2">배열 또는 리스트(x축 데이터)</td></tr>
<tr><td>y</td><td colspan="2">배열 또는 리스트(y축 데이터)</td></tr>
<tr><td rowspan="3">alternative</td><td colspan="2">alternative='two-sided'(양측검정, default) H_1: $\rho \neq 0$</td></tr>
<tr><td rowspan="2">단측 검정</td><td>alternative='less' H_1: $\rho < 0$</td></tr>
<tr><td>alternative='greater' H_1: $\rho > 0$</td></tr>
</table>

예

```
import pandas as pd
import matplotlib.pyplot as plt
import scipy.stats as stats
df = pd.DataFrame(pd.read_excel("상관 데이터"))

plt.scatter(df.height, df.weight)    # 산점도
plt.xlabel("height")                 # x축 레이블
plt.ylabel("weight")                 # y축 레이블
plt.grid()                           # 격자 출력
plt.show()

corr = stats.pearsonr(df.height, df.weight)    # 피어슨 상관계수검정
print(corr)
```

프로그램

[부록 3] 1. (6) 산점도(scatter plot) 작성, 〈예제 6-9〉 산점도와 상관계수

참고 및 참조

상관 데이터의 예

	A	B
1	height	weight
2	124.8	20.1
3	123.5	28.4
4	112.8	18.5
5	124.9	21.8
6	116.9	21
7	125.1	20.9
8	125.2	23.2
9	110.9	18.3
10	117.6	31.2
11	115.2	19.2
12	120.6	19.7
13	117.3	25.1
14	120.3	26.4

https://docs.scipy.org/doc/scipy/reference/generated/scipy.stats.pearsonr.html

(13) 단순 회귀분석

함수

```
seaborn.regplot
statsmodels.formula.api.ols(formula, data).fit()
```

인자

인자	설명
formula	분산분석에 사용할 model(문자열로 표시)
data	배열 데이터(DataFrame)

예

```
import pandas as pd
import matplotlib.pyplot as plt
df = pd.DataFrame(pd.read_excel("상관 데이터"))

import seaborn as sns
sns.regplot(x=df.height, y=df.height)   # reg plot
plt.show()

from statsmodels.formula.api import ols
model = ols('df.height ~ df.weight', data=df).fit()
print(model.summary())
```

프로그램

[부록 3] 4. (10) 반복이 없는 이원 분산분석,
〈예제 6-10〉 단순 회귀분석(예제6-10.py)

참고 및 참조

회귀분석 데이터의 예

	A	B	C
1	area	service	sales
2	SS	5Y	19
3	SS	5Y	23
4	SS	5Y	22
5	SS	10Y	23
6	SS	10Y	25
7	SS	10Y	26
8	SS	11Y	18
9	SS	11Y	19
10	SS	11Y	16
11	TM	5Y	15
12	TM	5Y	18
13	TM	5Y	12
14	TM	10Y	16
15	TM	10Y	17
16	TM	10Y	15
17	TM	11Y	22
18	TM	11Y	26
19	TM	11Y	28

https://realpython.com/linear-regression-in-python/

(14) 카이제곱 검정(적합도 검정)

<table>
<tr><td>함수</td><td colspan="2"><code>scipy.stats.chisquare</code></td></tr>
<tr><td rowspan="3">인자</td><td>f_obs</td><td>관측 도수(observed frequencies)</td></tr>
<tr><td>f_exp</td><td>기대 도수(expected frequencies)</td></tr>
<tr><td>ddof</td><td>Delta degrees of freedom, 기본값은 0</td></tr>
<tr><td>예</td><td colspan="2"><pre>obs_freq = [22, 19, 26, 25, 17, 11]
exp_freq = [20, 20, 20, 20, 20, 20]

from scipy.stats import chisquare
result = chisquare(obs_freq, f_exp=exp_freq)
print(result)</pre><pre>Power_divergenceResult(statistic=검정통계량 , pvalue=p값)</pre></td></tr>
<tr><td>프로그램</td><td colspan="2">〈예제 6-11〉 주사위에 대한 적합도 검정(예제6-11.py)</td></tr>
<tr><td>참고 및 참조</td><td colspan="2">https://docs.scipy.org/doc/scipy/reference/generated/scipy.stats.chisquare.html</td></tr>
</table>

(15) 카이제곱 검정(독립성 검정)

흡연과 폐암, 교육 수준과 임금 수준, 성별과 정당 선호도와 같이 두 변수 간의 관계가 서로 독립인지 아닌지를 분석하는 방법을 독립성 검정이라 한다. 독립성 검정 결과는 두 변수가 서로 독립인지 아닌지를 판단하며, 만약 독립이 아니라면 두 변수 간에 관련성이 있다고 해석한다.

<table>
<tr><td>함수</td><td colspan="2">scipy.stats.chi2_contingency</td></tr>
<tr><td rowspan="3">인자</td><td>observed</td><td>분할표</td></tr>
<tr><td rowspan="2">correction</td><td>correction=True(자유도는 1, Yates의 연속성의 수정 적용)</td></tr>
<tr><td>correction=False(Yates의 연속성의 수정을 적용하지 않음)</td></tr>
<tr><td>예</td><td colspan="2"><pre>import pandas as pd
obs = pd.DataFrame({'남':[26, 20, 11], '여': [10, 15, 18]})
obs.index=['만족', '보통', '불만족']
from scipy.stats import chi2_contingency
result = chi2_contingency(obs, correction = False)
print(result)</pre>[결과]
(검정통계량, p값, 자유도, 기대도수)</td></tr>
<tr><td>프로그램</td><td colspan="2">〈예제 6-12〉 남녀 간 만족도 차이에 대한 독립성 검정(예제6-12.py)</td></tr>
<tr><td>참고 및 참조</td><td colspan="2">https://docs.scipy.org/doc/scipy/reference/generated/scipy.stats.chi2_contingency.html</td></tr>
</table>

(16) 카이제곱 검정(동질성 검정)

동질성 검정은 분할표 상의 두 변수에 대해서 모집단 비율이 같은지를 검정하는 방법이다. 동질성 검정과 독립성 검정은 단지 가설에서 차이가 나며, 검정 방법은 같다. 동질성 검정은 표본 집단이 동일한 모집단 비율을 갖는 모집단으로부터 추출된 것인지를 확인하기 위해서 독립성 검정과는 달리 표본의 크기를 같게 해야 한다.

<table>
<tr><td>함수</td><td colspan="2">scipy.stats.chi2_contingency</td></tr>
<tr><td rowspan="3">인자</td><td>observed</td><td>분할표</td></tr>
<tr><td rowspan="2">correction</td><td>correction=True(자유도는 1, Yates의 연속성의 수정 적용)</td></tr>
<tr><td>correction=False(Yates의 연속성의 수정을 적용하지 않음)</td></tr>
<tr><td>예</td><td colspan="2"><pre>import pandas as pd
obs = pd.DataFrame({'남':[25, 75], '여': [45, 55]})
obs.index=['찬성', '반대']
from scipy.stats import chi2_contingency
result = chi2_contingency(obs, correction = False)
print(result)</pre>
[결과]
(검정통계량, p값, 자유도, 기대도수)</td></tr>
<tr><td>프로그램</td><td colspan="2">〈예제 6-13〉 찬반 의견에 대한 동질성 검정(예제6-13.py)</td></tr>
<tr><td>참고 및 참조</td><td colspan="2">https://docs.scipy.org/doc/scipy/reference/generated/scipy.stats.chi2_contingency.html</td></tr>
</table>

찾아보기